WALTER LEISTIKOW

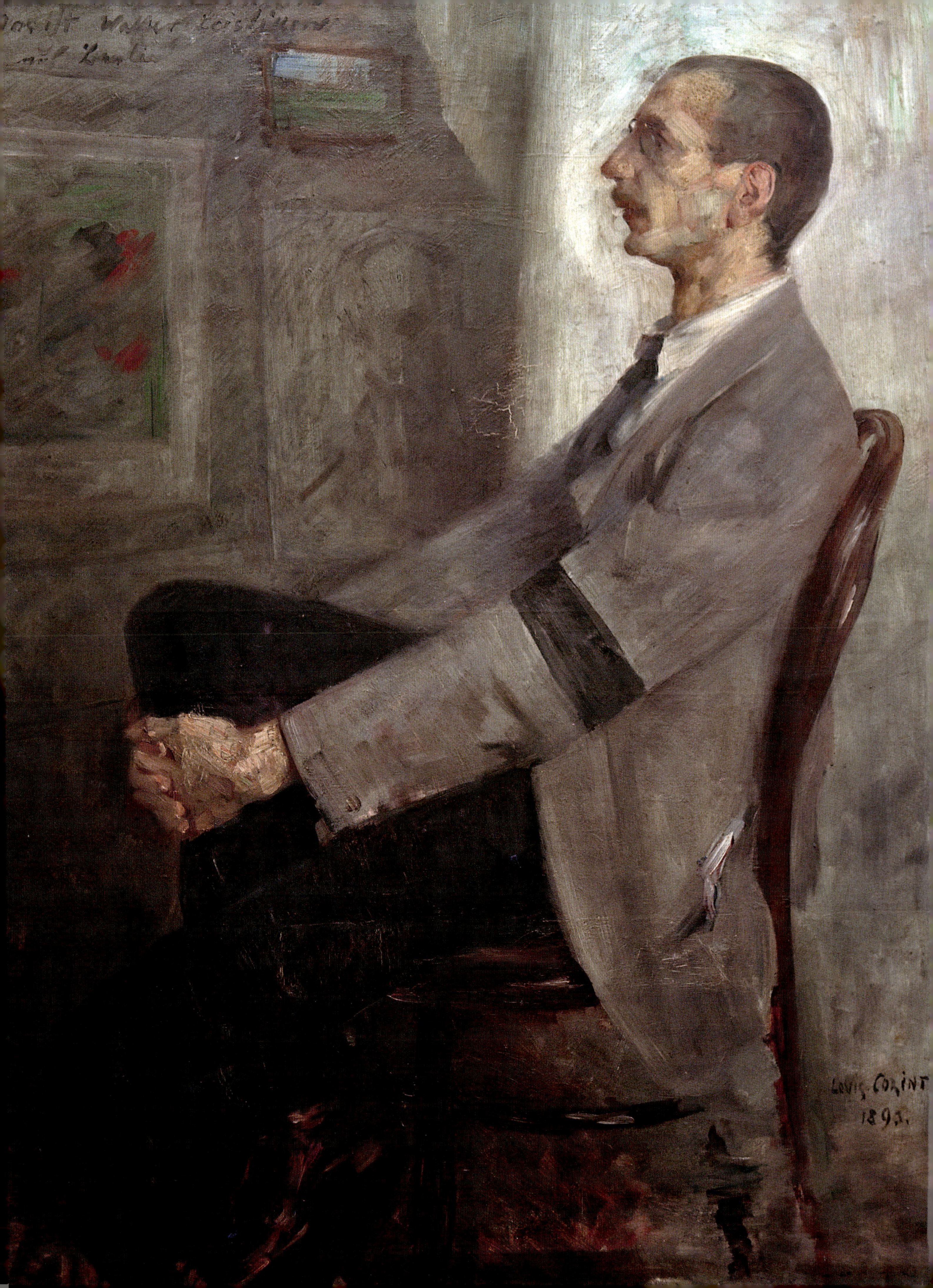
LOVIS CORINT

Nicole Bröhan

WALTER LEISTIKOW

Künstler der Moderne

Inhalt

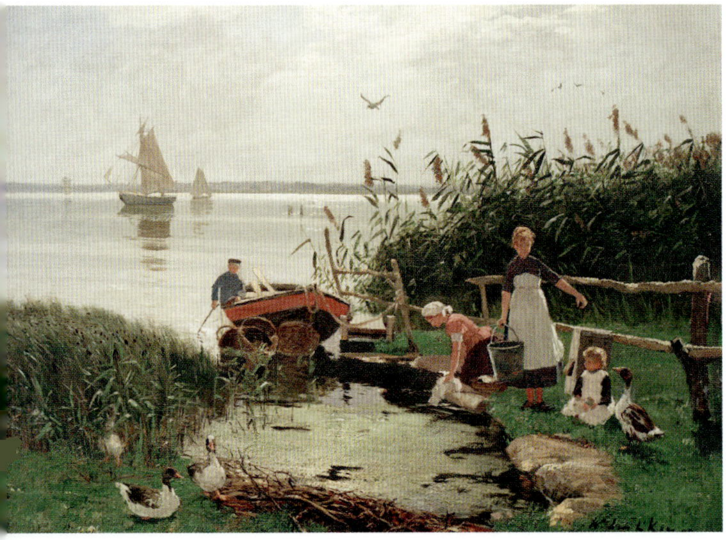

1 FRÜHE LANDSCHAFTEN
20 – 39

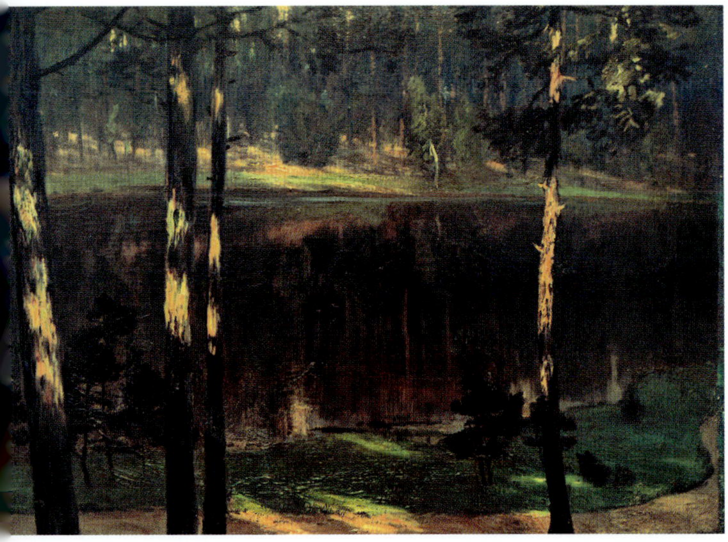

2 DIE MÄRKISCHE MOTIVWELT
40 – 59

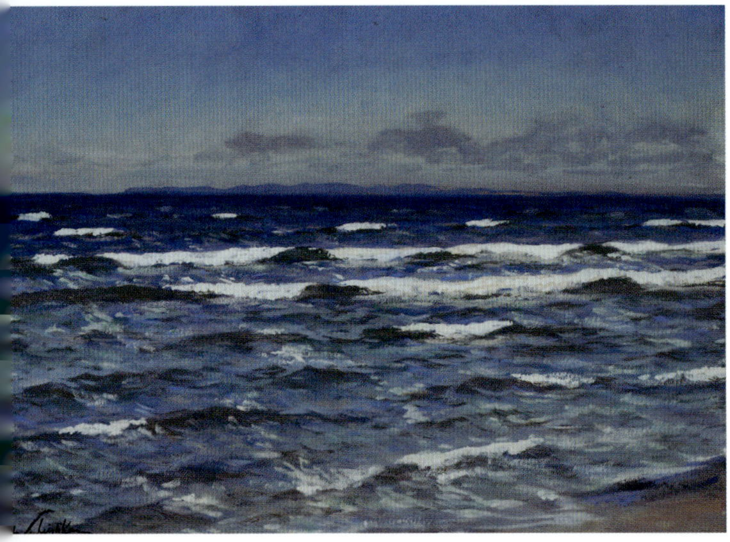

3 DIE KRAFT DES NORDENS
60 – 79

STIMMUNGSLANDSCHAFTEN 4
80 – 101

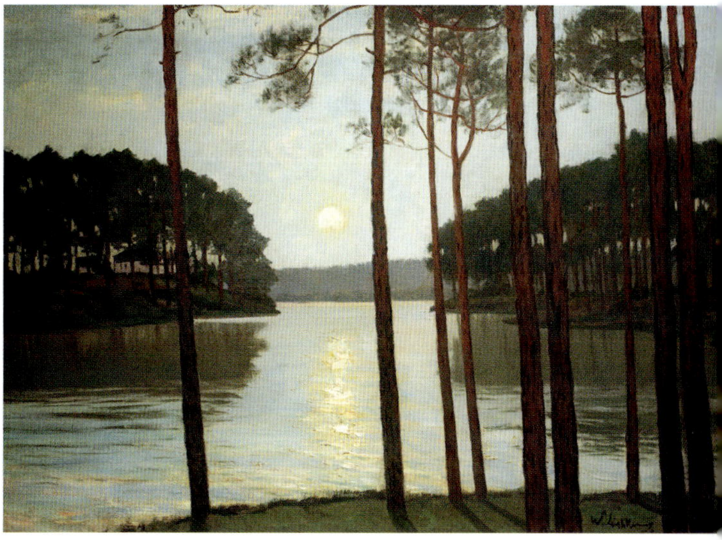

DRUCKGRAFIK 5
102 – 117

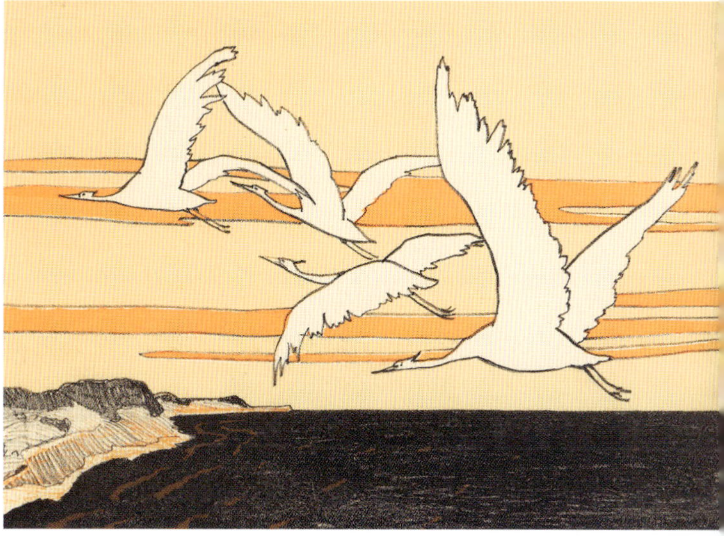

SCHRIFTSTELLER UND KUNSTHANDWERKER 6
118 – 131

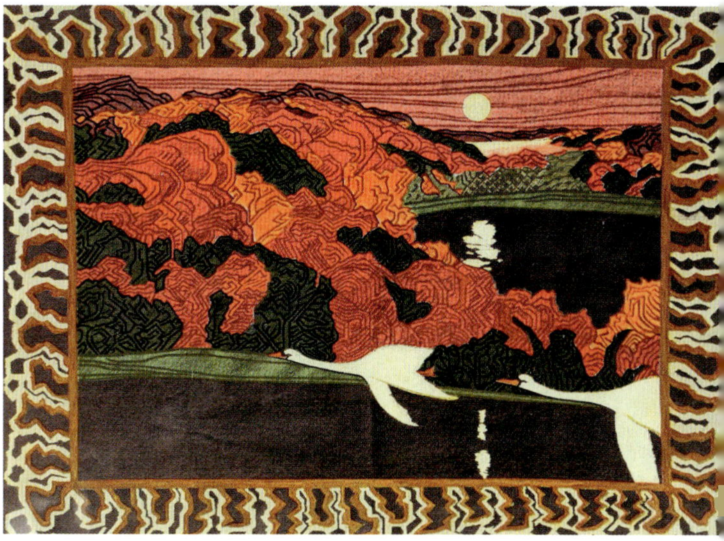

EINFÜHRUNG **6** ANHANG **132** IMPRESSUM **144**

EINFÜHRUNG

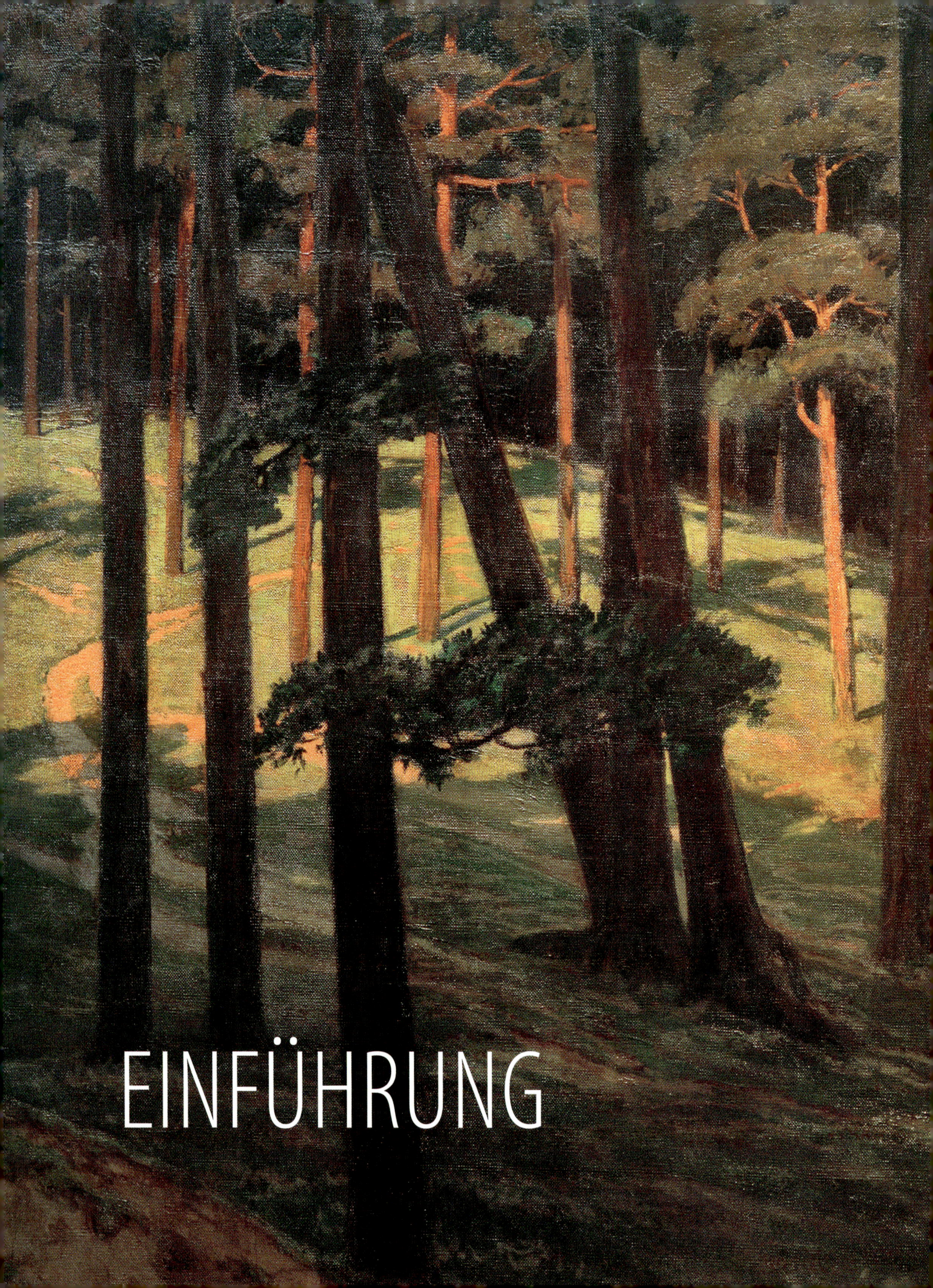

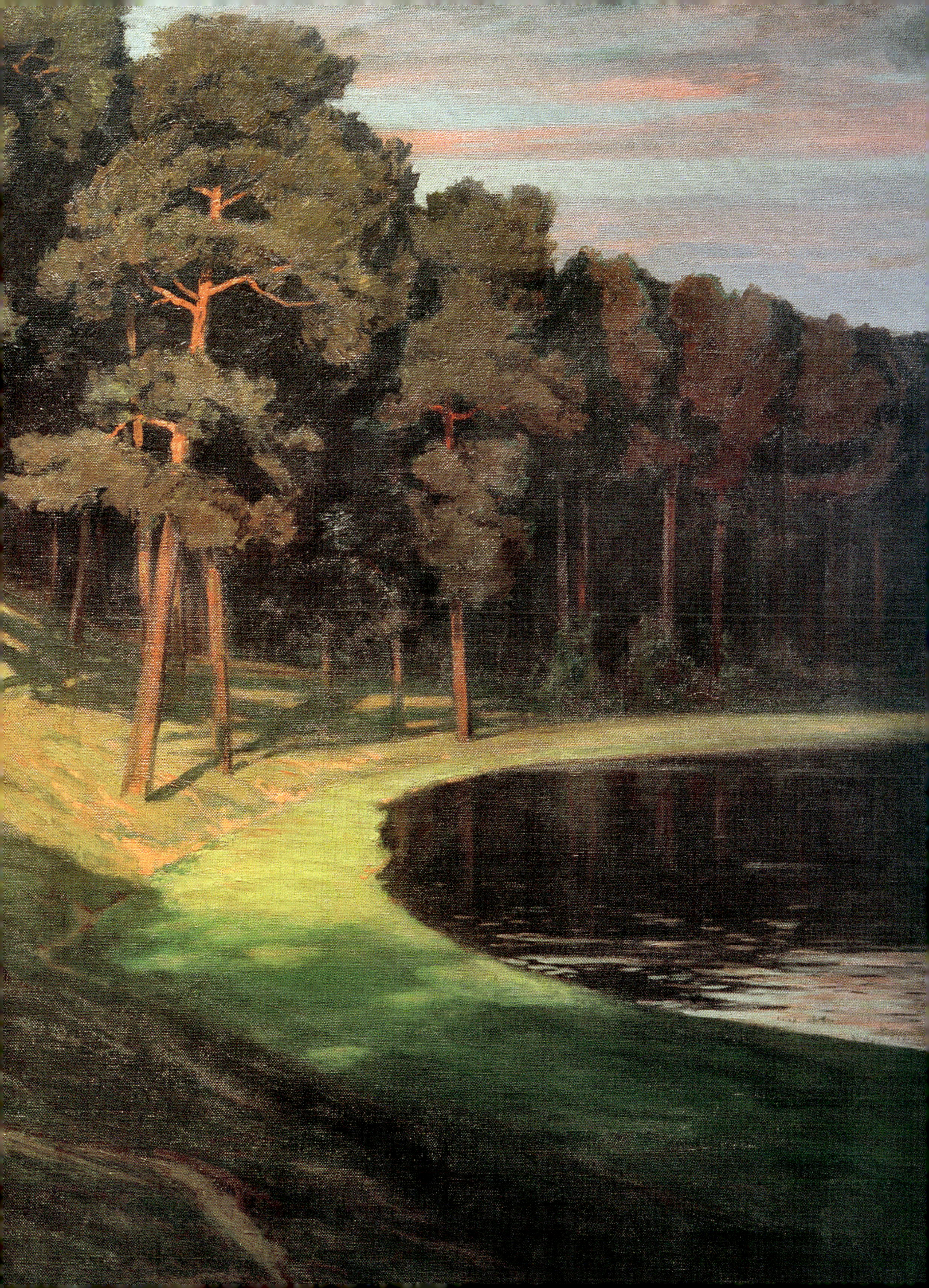

Es ist Leistikows unvergängliches Verdienst – und es wird es bleiben – den Stil gefunden zu haben für die Darstellung der melancholischen Reize Berlins. Die Seen des Grunewalds oder an der Oberspree sehen wir mit seinen Augen; er hat uns ihre Schönheit sehen gelehrt.

Max Liebermann, 1908

Hochsommerliche Schwüle erfüllte die Luft. Die Hitze hatte den Kurfürstendamm in einen menschenleeren Boulevard verwandelt, als am 29. Juli 1908, gegen 16 Uhr, die Trauergäste im Haus der Berliner Secession eintrafen, um von einem der ihren, dem Maler Walter Leistikow, Abschied zu nehmen. Über der Fassade hing schwarzes Tuch, der breite Trauerschleier war schon von Weitem zu sehen, Lorbeerbäume und Blumen schmückten den Vorplatz. Die Halle im Inneren des Gebäudes hatte Max Slevogt in einen Trauerdom verwandelt, flackernde Kerzen und schwere, dunkle Vorhänge tauchten den düsteren Anlass in die passende Stimmung.

Der Schmerz der Trauergemeinschaft war groß. Vielen war der Verstorbene nicht nur ein hilfsbereiter Künstlerkollege gewesen, sondern auch ein einfühlsamer Freund, loyaler Ratgeber und verlässlicher Wegbegleiter. Als glühender Verfechter und entschlossener Organisator für eine eigenständige deutsche Künstlerschaft hatte er Anerkennung und Bewunderung erworben und war zu einer zentralen Figur der Berliner Kunstpolitik aufgestiegen. Lovis Corinth, enger Freund und Kollege, schreibt in seinem Erinnerungsbuch, das zwei Jahre nach Leistikows Tod veröffentlicht wurde, vom tiefen Schmerz des Verlustes sowie von der bemerkenswerten Fähigkeit des früh Verschiedenen, nicht nur Kunstwerke auf die Leinwand zu bringen, sondern enge, lebenslange Freundschaften zu pflegen. Corinth schwärmt von einem geistsprühenden Charakter, der imstande war, ganze Tischgesellschaften in heitere Stimmung zu versetzen. Vor allem aber von einer Persönlichkeit, »die in der Summe seiner Taten neue Werte geschaffen hat«[1], obwohl ihm der Lebensweg als richtungsweisender Maler keineswegs in die Wiege gelegt worden war.

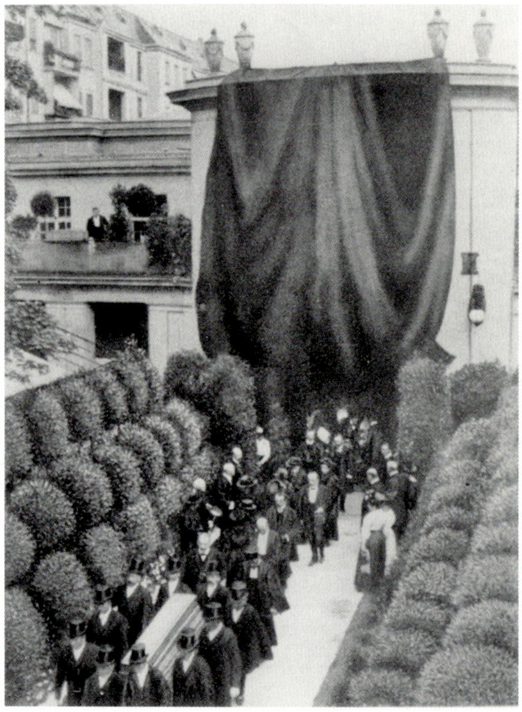

Trauerfeier für Walter Leistikow im Secessionsgebäude am Kurfürstendamm

Fotografie, 1908

KINDHEIT UND JUGEND

Als zweites von neun Kindern am 25. Oktober 1865 in Bromberg (dem heutigen Bydgoszcz in Polen) in eine Apothekerfamilie hineingeboren, sucht man musische Begabung in der Familie Leistikow vergeblich.

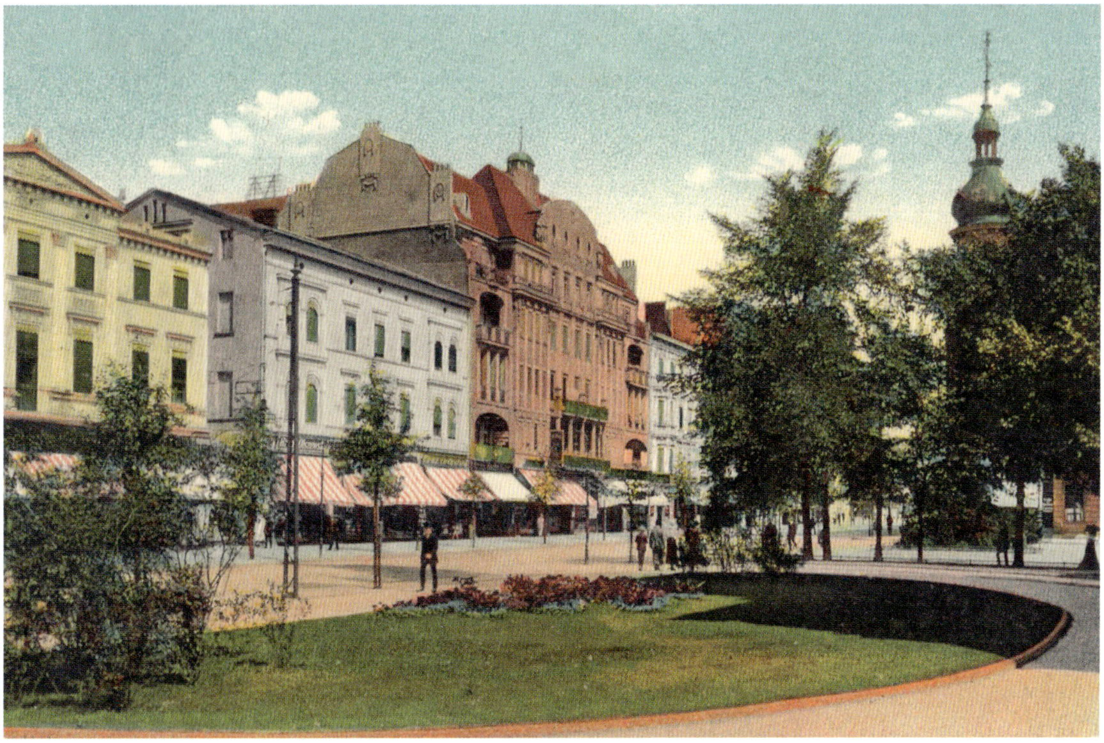

Marktplatz in Leistikows Geburtsstadt Bromberg

Bildpostkarte, um 1900

Vor ihm hatte niemand Ambitionen gezeigt, Künstler zu werden, oder Talent demonstriert. Walter war der Erste, der diese Richtung einschlug, und das durchaus zielgerichtet. Doch zunächst besuchte er das Königliche Friedrich Gymnasium, das er mit der Primareife verließ, und genoss die Geborgenheit einer intakten Familie, die von einer liebevollen Mutter zusammengehalten wurde. Bertha Cäcilie, geborene Hoyer war die Tochter eines Apothekers in Hohensalza, die ihre Kinder zu Selbstständigkeit und zur Entfaltung der Persönlichkeit anleitete und ein warmes Nest bereitete. Vater Karl, der zur runden, kleinen und freundlichen Mutter einen kühlen Gegenpol bildete, sorgte patriarchisch, aber gewissenhaft für die finanzielle Grundlage seiner nicht gerade kleinen Familie und ermöglichte die komfortable Behaglichkeit eines geräumigen Hauses mit Garten.

Die Basis des wohlsituierten Hausstands bildete das geheim gehaltene Rezept für den gerühmten Magenbitter Kujawiak (später »Leistikow Edelbitter«), eine Mitgift seiner 17 Jahre jüngeren Frau. Karl Leistikow gelang es mit klug kalkulierendem Kaufmannsgeist, die Herstellung und den Vertrieb der Kräuterspezialität zu optimieren und als eine erfolgreiche Marke zu etablieren, zu der später noch der Großhandel mit Tabak und Wein hinzukam. So ist die Familie Leistikow als Beispiel einer bürgerlichen Großfamilie des 19. Jahrhunderts zu betrachten, die durch gesicherte materielle Verhältnisse, in fester Rollenzuweisung, umgeben von Verwandtschaft und Personal, eine Welt für sich bildete.

Mit einem angesehenen und verlässlichen Elternhaus im Rücken und der inneren Kraft einer wohlbehüteten Kindheit, machte sich der 17-jährige Walter an Ostern 1883 auf den Weg nach Berlin, um Maler zu werden. Schon während der Schulzeit hatte er Zeichenunterricht genommen, ein Naturtalent war er allerdings nicht, dafür jedoch umso entschlossener, in der Reichshauptstadt mit Fleiß und Willenskraft schöpferische Professionalität zu erlangen. Wie schwer ihm der Abschied aus der geborgenen Familiengemeinschaft fiel, beschreibt er zehn Jahre später in seiner Novelle »Seine Cousine«: »Und dann war es wie ein Ziehen und Sehnen, wie ein Flüstern und Locken nach dem Kieferndufts der heimatlichen Wälder – nach dem leichten vertrauten Aroma der Räume, in denen er seine Kindheit verträumt.«[2]

Der Umzug nach Berlin markierte für den noch Minderjährigen eine Zäsur. Die Größe und Vielfalt der Stadt standen im starken Kontrast zu dem provinziellen Bromberg mit seinen etwa 40 000 Einwohnern.

Die Hauptstadt brodelte wie ein Vulkan. Menschen waren ständig in Bewegung, als würden sie in einen Strudel gezogen oder in die Luft katapultiert. Der wirtschaftliche Aufschwung mit vielen Zuzüglern und einem anhaltenden Bauboom ließ die Metropole nicht zur Ruhe kommen. Für einen unbedarften Jungen aus der Kleinstadt war das quirlige Gewühl auf den Straßen kein ungefährliches Pflaster. Das gemietete Zimmer im vierten Stock eines Hauses unweit der Potsdamer Brücke muss sich wie eine Schutzhütte angefühlt haben. Von dort konnte Walter das bunte Treiben verfolgen und Eindrücke sammeln, hatte aber auch die Möglichkeit, sich jederzeit zurückzuziehen, wenn sich die Schatten der Dämmerung auf die hektische Betriebsamkeit legten und »die roten und grünen Lichter der Omnibusse und Pferdebahnen, wie feuerspeiende, giftige Drachenaugen flammend«[3], sich wogend und wallend über den dampfenden Dunst der Stadt breiteten.

KÜNSTLERISCHE AUSBILDUNG

Was der Zugezogene im Jahr seiner Umsiedlung nicht bemerkte, da ihm der Einblick in die Kunstwelt noch fehlte, war der Wendepunkt im Kunstverständnis, der sich anbahnte und zu dessen Beschleunigung er in absehbarer Zeit beitragen sollte. Der Kunstsalon Fritz Gurlitt stellte 1883 erstmals öffentlich Werke der französischen Impressionisten in Deutschland aus, im Zeughaus, wenige Schritte von Gurlitts Räumen in der Behrenstraße entfernt, schmückte Anton von Werners »Kaiserproklamation« die ehrwürdige Halle und sorgte für patriotischen Hochgenuss. Noch stand die offizielle Kunst in Form von monumentalen Repräsentationsbildern im Vordergrund, die Verherrlichung preußischer Geschichte und Glorifizierung vaterländischer Kriegstaten. Doch im Hintergrund begann es bereits zu gären, die Forderung, Stagnation und Konservatismus aufzubrechen, die an der Königlichen Akademie der Künste repräsentiert und an der Hochschule für Bildende Künste unter Führung des Historienmalers Anton von Werner gelehrt wurden, wurde immer lauter. »Es war im Grunde der Konflikt von Macht und Machtverlust, von monarchistischer Autorität und bürgerlicher Emanzipation, der auch auf dem Sektor der Kunst schwelte. Die Gegensätze offiziell und privat, Tradition und Avantgarde, hatten Gestalt angenommen.«[4]

Doch zunächst musste der jugendliche Leistikow auf seinem Weg zum Maler mit persönlichen Problemen kämpfen, denn sein ambitioniertes Ziel war nicht leicht zu realisieren. Überragendes Talent besaß er nicht. Ausdauer und Fleiß mussten ausgleichen, Lehrer überzeugt werden, was an der Hochschule der Künste mäßig gelang. Bei einer Prüfung bei Paul Thumann, die er

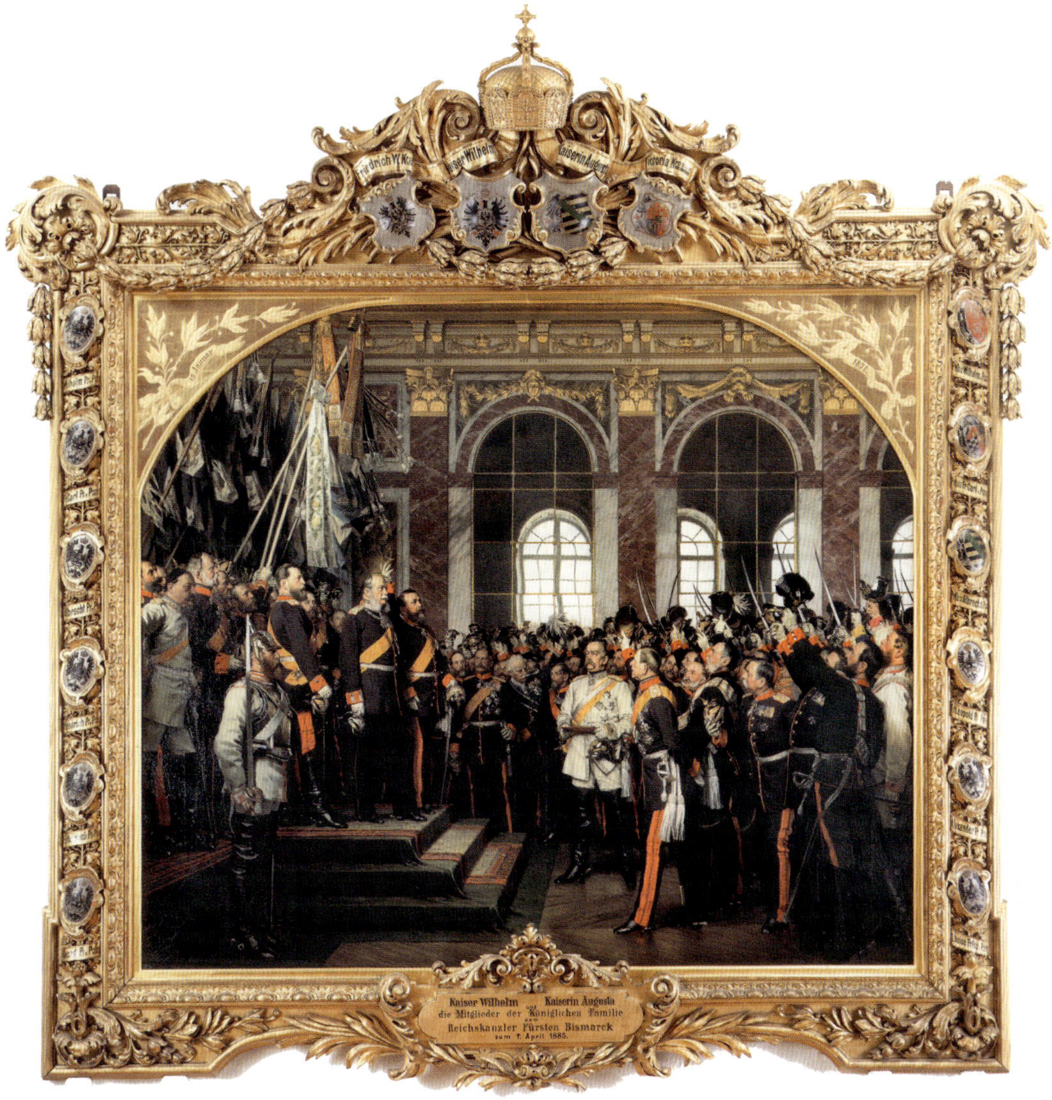

Die Proklamierung des Deutschen Kaiserreiches, 1885, von Anton von Werner

Öl auf Leinwand, 167 × 202 cm

Friedrichsruh, Bismarck-Museum

bereits im April 1883 ablegte, wurde seine Leistung mit »nicht hervorragend« bewertet. Es muss wohl ein Urteil gewesen sein, das ihn nachdenklich stimmte und von einer klassischen Hochschulausbildung abschreckte, jedenfalls ist seine Anwesenheit an der Hochschule in den folgenden Semestern nicht mehr nachzuweisen. Allerdings gehört die Behauptung, dass er nach einem halben Jahr im akademischen Umfeld als talentlos das Institut verlassen musste, wie in einigen Monografien behauptet wird, in den Bereich der Legendenbildung.

In Wirklichkeit blühte nach der Auseinandersetzung mit dem Ausbildungsweg seine Strebsamkeit erst auf. Es scheint, dass er eine andere Vorstellung von seiner beruflichen Entwicklung hatte als die traditionelle Methode, Schritt für Schritt durch ein strukturiertes Ausbildungssystem zu gehen, Klassen zu absolvieren und Prüfungen abzulegen. Anspruchsvolle Studieninhalte plante er auf unkonventionelle Weise ohne Hochschulstudium zu erlernen, indem er sich Privatlehrer suchte. Die Wahl fiel auf die Marine- und Landschaftsmaler Hermann Eschke und Hans Gude, die seinem Interessensspektrum entsprachen, und spricht dafür, dass er die Vorstellung »Landschafter« zu werden, frühzeitig verfolgte.

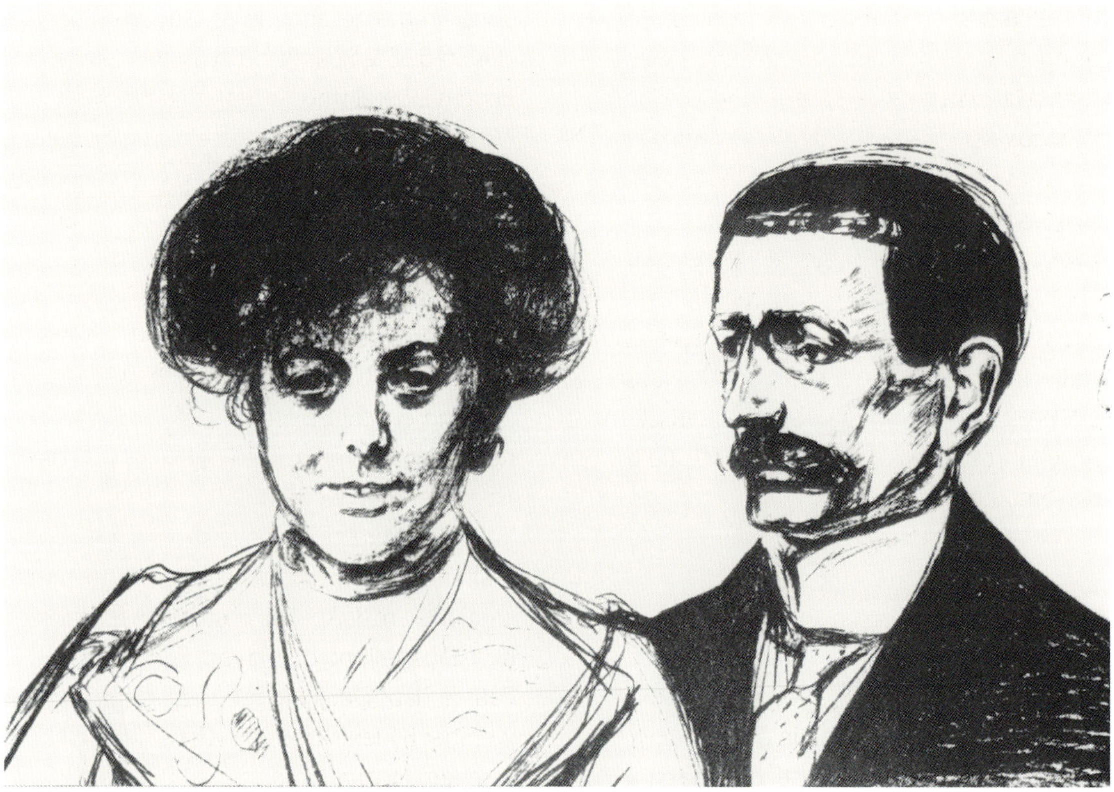

Walter Leistikow mit seiner Frau Anna, 1902, von Edvard Munch

Lithografie, 53 × 86,8 cm
Staatliche Museen zu Berlin, Kupferstichkabinett

Nach Abschluss der Meisterklasse bei Gude im Oktober 1890 lagen erste Ausstellungserfolge bereits hinter Leistikow und eine erfolgsversprechende Zukunft vor ihm. Durch Eifer und Ehrgeiz hatte er sich einen präzisen, wirklichkeitsnahen Stil angeeignet, aus dem solide ländliche Alltagsansichten hervorgingen und sich eine auskömmliche Laufbahn ankündigte. Doch im Inneren des jungen Künstlers köchelte das ungestillte Bedürfnis, das danach dürstete, aus den tradierten Bahnen einer angepassten Künstlerexistenz auszubrechen und die durch die Bekanntschaft mit den Geschwistern Margarete und Max Marschalk Förderung fand. In ihrem Kreis, der den naturalistischen Dichtern um Gerhart Hauptmann in Friedrichshagen nahe stand, genoss er den Widerstand gegen gesellschaftliche und künstlerische Konventionen, fühlte sich wie aus einem seine Kreativität erstickenden Korsett befreit, und »schwamm in diesem Trubel wie ein munterer Fisch im Wasser herum.«[5] Vermutlich spielte in der Verbundenheit zu den neuen Freunden, die mit sensiblem Gespür literarische und künstlerische Veränderungen verfolgten und zwischen Boheme und Bürgerlichkeit schwankten, Leistikows Charaktereigenschaften eine nicht unerhebliche Rolle. Er war für seine tolerante, aufgeschlossene Persönlichkeit bekannt, mit einem ausgeprägten Sinn für Humor, um die ihn mancher Zeitgenosse beneidete und die sich in zahlreichen Freundschaften und kollegialen Verbindungen spiegelte. Mit diesen Eigenschaften dürfte der Maler auch die Dänin Anna Mohr beeindruckt haben, die er im intellektuellen Umfeld der Marschalks kennenlernte und deren Begegnung als schicksalhafte Fügung in Leistikows Leben bezeichnet werden darf. Wie viele ihrer Landsleute war die junge Frau aus der künstlerischen Intoleranz des eigenen Landes entflohen und hatte sich der Avantgarde in Deutschland angeschlossen. Dass sie einige Jahre später, als Leistikows Ehefrau, in den Sommermonaten die Lebens- und Naturwelt Skandinaviens bereisen sollte, in denen sich überwältigende Naturerlebnisse mit der intensiven künstlerischen Arbeit ihres Mannes mischten, ahnte sie zu diesem Zeitpunkt nicht.

NEUORIENTIERUNG UND UMBRUCH

Von einer Stimmung der Neuorientierung und des Umbruchs wurde in den 1890er Jahren nicht nur Walter Leistikow erfasst, sondern das gesamte künstlerische Leben der Stadt. Die Spannung zwischen bürgerlichem Liberalismus und autokratischem Machtanspruch Kaiser Wilhelms II. zog weiter an und führte zu einem anhaltenden Konflikt zwischen der Akademie und verschiedenen unabhängigen Künstlergruppierungen.
Am 5. Februar 1892 war es schließlich so weit: Der Ärger über die unbefriedigenden Ausstellungsbedingungen entlud sich im Zusammenschluss von elf Malern, die als Künstlerkuratoren ihr Schicksal selbst in die Hand nehmen wollten.

Die »Vereinigung der XI«, geleitet von Walter Leistikow und Max Liebermann, präsentierte am 3. April eine erste frei gestaltete Kunstausstellung bei Eduard Schulte am Pariser Platz. Doch nicht nur die Hängung weniger Bilder in dem modernen, mit elektrischem Licht ausgestatteten Raum setzte

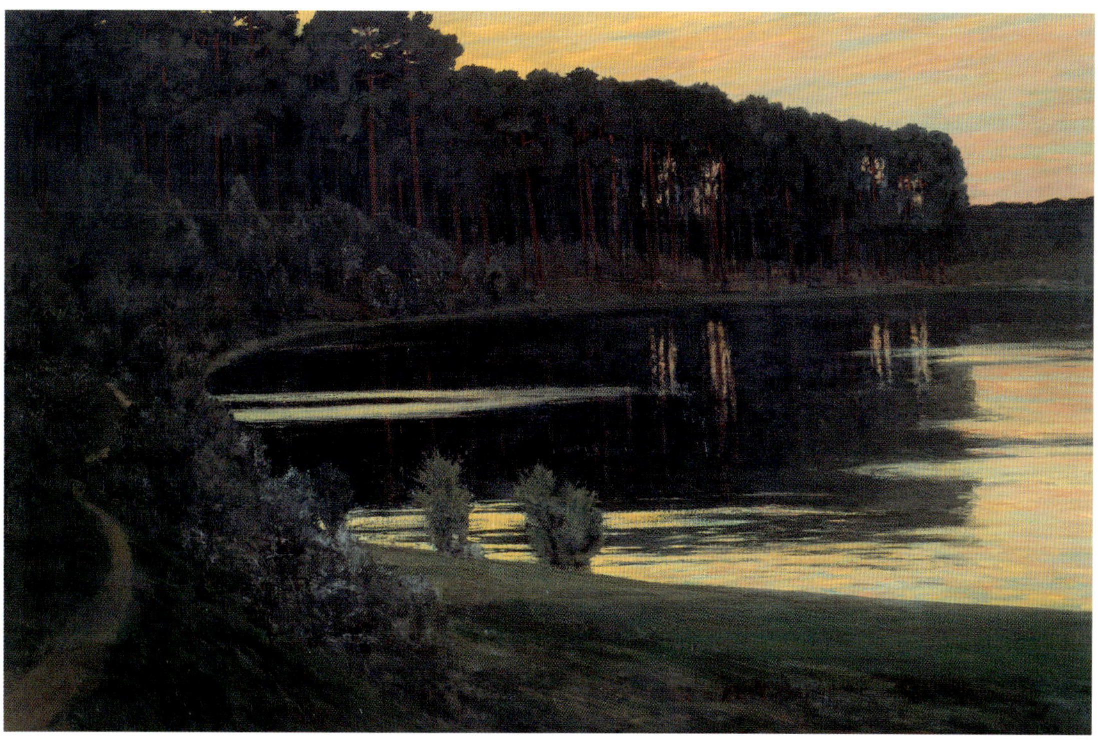

Grunewaldsee (auch: Sonnenuntergang über dem Grunewaldsee), 1895
Öl auf Leinwand, 166 × 250 cm
Berlin, Märkisches Museum

neue Maßstäbe. Das selbstgesteckte Ziel der »anarchischen Elfer«, wie Corinth die nach Weltoffenheit strebenden Maler nannte, war die konzentrierte Förderung von Kunst und Kollegen durch eigenständiges Handeln, um von der Öffentlichkeit besser wahrgenommen zu werden. Mit dem Konzept der überschaubaren Gruppengröße und Sichtbarkeit entstand etwas Neues, »hoch gelobt und furchtbar verrissen.«[6] Ein Gegenmodell zu den überladenen Jahresausstellungen der Akademie, die auf Quantität, Biergartenambiente und Oberflächlichkeit beruhten. Und Leistikow, der seine Arbeitsweise einer strengen formalen und farblichen Stilisierung unterzogen hatte, musste hinnehmen, wenig schmeichelhaft von der Kritik verspottet zu werden.

Die Stimmung im Berliner Kulturleben kippte endgültig, als es wenige Monate nach Gründung der XI, im November 1892, zur »anarchischen Provokation«, zum viel diskutierten Munch-Skandal kam, der von Vereinsmitgliedern unter dem Vorsitz von Anton von Werner angezettelt worden war. Dass es für Walter Leistikow einige Jahre später, 1898, zu einem persönlichen Eklat durch die Zurückweisung des Gemäldes »Grunewaldsee« (heute Alte Nationalgalerie Berlin) in der »Großen Berliner Kunstausstellung« gekommen sein soll, ist hingegen eine skandalumwobene Geschichte, die nicht belegt werden kann. Bekannt ist nur, dass Leistikows Schweigen der Mythenbildung Vorschub leistete. Das Gerücht, dass »Grunewaldsee« von der Jury abgelehnt worden sei, beruhte auf einer Falschmeldung,[7] einer Zeitungsente, der der Maler keinen Widerspruch entgegensetzte. Er hatte das Bild vermutlich gar nicht eingereicht. Der damit aufgebrochene Riss zwischen Konvention und Fortschritt, der die Gründung der Berliner Secession begünstigte, wurde so verstärkt.

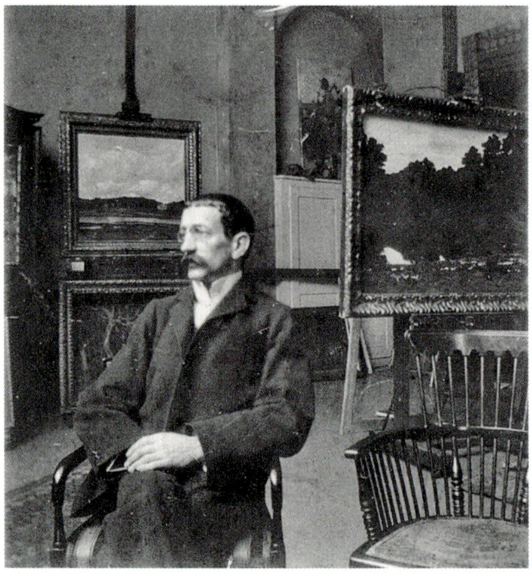

Walter Leistikow in seinem Atelier in Schöneberg
Fotografie, 1902

AUFSTIEG UND DURCHBRUCH

Doch kehren wir ein paar Jahre zurück und beobachten Leistikows Aufstieg zum Publikumsliebling, der 1897 in der sechsten Ausstellung der XI sichtbar wurde, was ihm den endgültigen Durchbruch brachte. Als engagierter Netzwerker wuchs er in die Führungsrolle der Avantgardeszene hinein, obwohl er weder aus dem »Verein Berliner Künstler« austrat (Eintritt vermutlich 1887) noch die »Große Berliner Kunstausstellung« ignorierte. Die jährlichen Ausstellungen der XI, in denen er stets vertreten war, anfänglich von der Kunstkritik belächelt, entwickelten sich innerhalb weniger Jahre zu einem Publikumsmagneten im Berliner Kulturkalender. Auch in eigener Sache setzte er sich stärker durch, organisierte mit Fingerspitzengefühl Einzelausstellungen, zeigte Talent in der Selbstvermarktung, »überzeugte die Zögernden, brachte Menschen zu Zirkeln zusammen und vermochte es, dort, wo sich Kapital und Wohlwollen in Kunstliebhabern einte, eben diese zu größeren Investitionen«[8], anzuregen.

Dass sich Walter Leistikow zunehmender Bekanntheit und Verkaufsabschlüsse erfreuen durfte, lag wohl am beachtlichen Entwicklungsschub, der sich von der detailfreudigen Wiedergabe der Natur in seinen Anfangsjahren zugunsten einer Stilisierung und Vereinfachung in der Mitte der 1890er Jahre vollzogen hatte. Trotz seiner Jugend hatte er bereits einen künstlerischen Ausdruck entwickelt, eine eigene Handschrift, die er mit niemandem teilte und die ihn einzigartig machte. Paris spielte für die veränderte ästhetische Orientierung eine wesentliche Rolle. 1893 war der Maler zum ersten Mal in die französische Hauptstadt gereist und voller Eindrücke und Impulse zurückgekehrt. Diese Erfahrungen flossen in seine Arbeit ein und beflügelten die Abwendung vom realistischen Naturalismus hin zu einem modernen, romantisch-symbolistisch geprägten Stil. Wie Edvard Munch, mit dem Leistikow befreundet war, interessierten ihn jetzt die Emotionen, die eine Landschaft auszulösen vermochte, und nicht mehr das simple Abbilden von dem, was man sah. Die intensive Betrachtung der Natur, das Eintauchen in Wälder, Wiesen und Seen, beeinflusste seine Arbeitsweise und führte zu feiner Sensibilität und einfachen Motiven, die in ihrer Schlichtheit überzeugen. Das Moderne seiner Kunst zeigte sich im Atmosphärischen, das das Spiel von Licht und Schatten, von sonnigen Kontrasten und Dämmerdunkel bewirkt.

Ob Walter Leistikow ahnte, dass die sechste Ausstellung der XI, für die er in plakativer Holzschnitttechnik die Einladungskarte gestaltete, seine Anerkennung festigen würde? Etwa zehn seiner Ölgemälde, Radierungen und Zeichnungen hingen 1897 in der Präsentation. Zwei große Landschaften des Grunewalds befanden sich darunter. Kritiker zeigten sich überrascht, schrieben von Triumpf, lobten den »Gipfel der intimen Naturbetrachtung«[9] und bewunderten »die denkbar größte Vereinfachung von Linien, Tönen und Massen.«[10]

LEISTIKOWS KULTURPOLITISCHER KAMPF GEGEN AUTORITÄTEN

Gleichwohl Leistikow bis Ende der 1890er Jahre einen beachtlichen Aufstieg zum wertgeschätzten Künstler genommen hatte, ruhte er sich nicht auf dem persönlichen Erfolg aus, sondern brachte sich in die kulturpolitische Klimaveränderung der Stadt ein, die durch Gängelungen und Reglementierungen von Politik und Akademie ausgelöst wurde und in der Pariser Secession möglicherweise ein Vorbild fand. Dort hatten sich 1890 französische Kollegen vom Geist der Freiheit und des Liberalismus inspiriert, von der offiziellen Kunst abgespalten, um die Trennung vom alten Salon de Paris zu vollziehen und selbstverantwortlich Expositionen zu organisieren. Während seines Aufenthalts in Paris 1893 hatte Leistikow die Veränderung wahrgenommen, die wie ein kreativer Windstoß auf ihn wirkte. Neue Strömungen und innovative Ansätze prägten die Szene. Die pulsierende Energie der aufstrebenden Pariser Kunstgemeinschaft beeinflusste sein Denken und Handeln, denn Frustration und Protest gegen bevormundende Autoritäten führten im deutschsprachigen Raum zu ähnlichen Entwicklungen und veranlassten Leistikow sogar dazu, sich 1896 um die Aufnahme in die Société nationale des beaux-arts Paris zu bemühen, jedoch ohne Erfolg. Nicht nur in Berlin, sondern auch in anderen Kunstzentren wie München oder Wien drängte der Wunsch nach Abwehr und Entladung, um sich aus den als unerträglich empfundenen Verhältnissen zu befreien und als »Künstlerbürger« zu emanzipieren.[11]

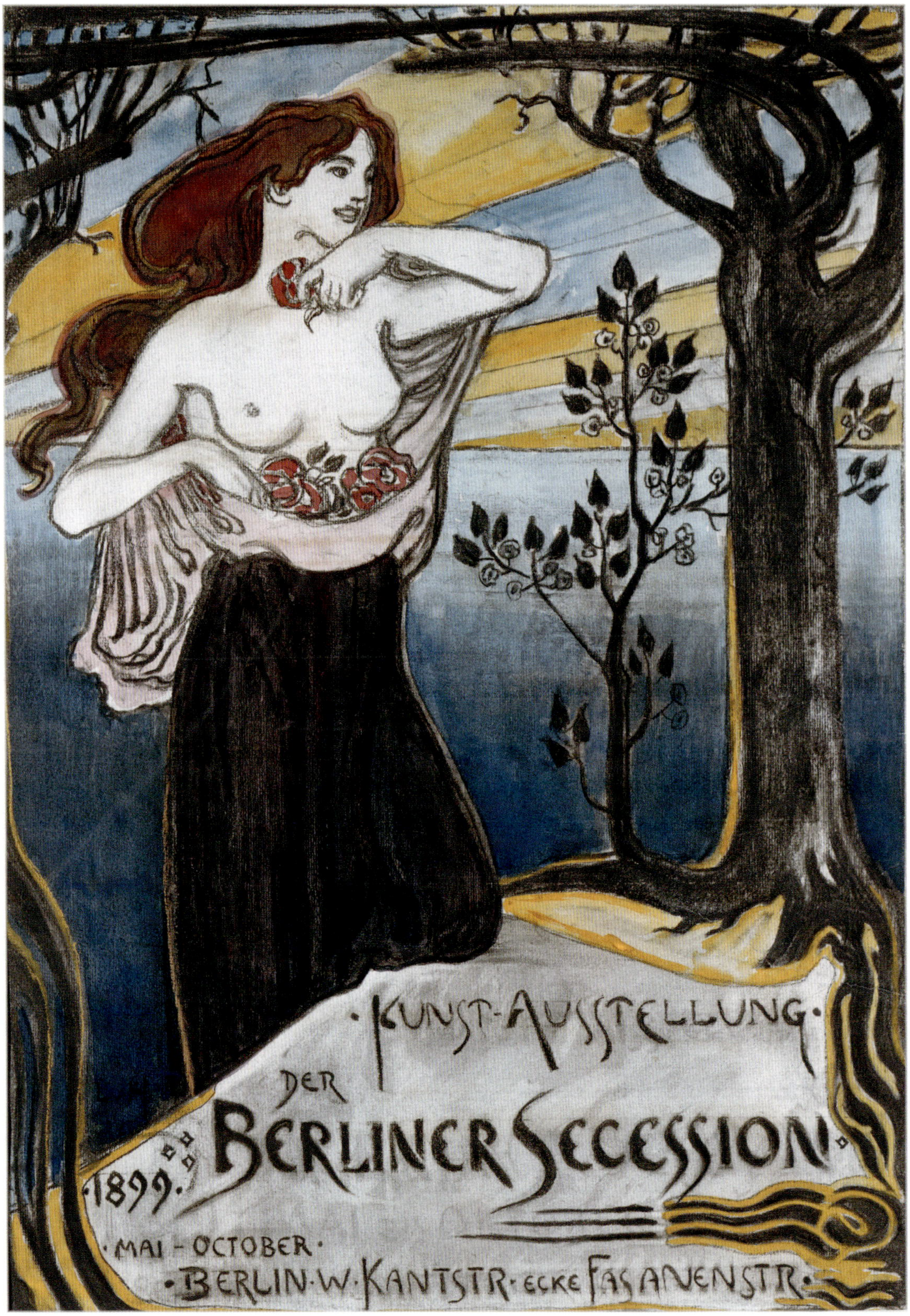

Plakatentwurf für die Kunstausstellung der Berliner Secession, 1899, von Ludwig von Hofmann
Pastell und Aquarell, 59,3 × 45,3 cm
Leipzig, Museum der Bildenden Künste

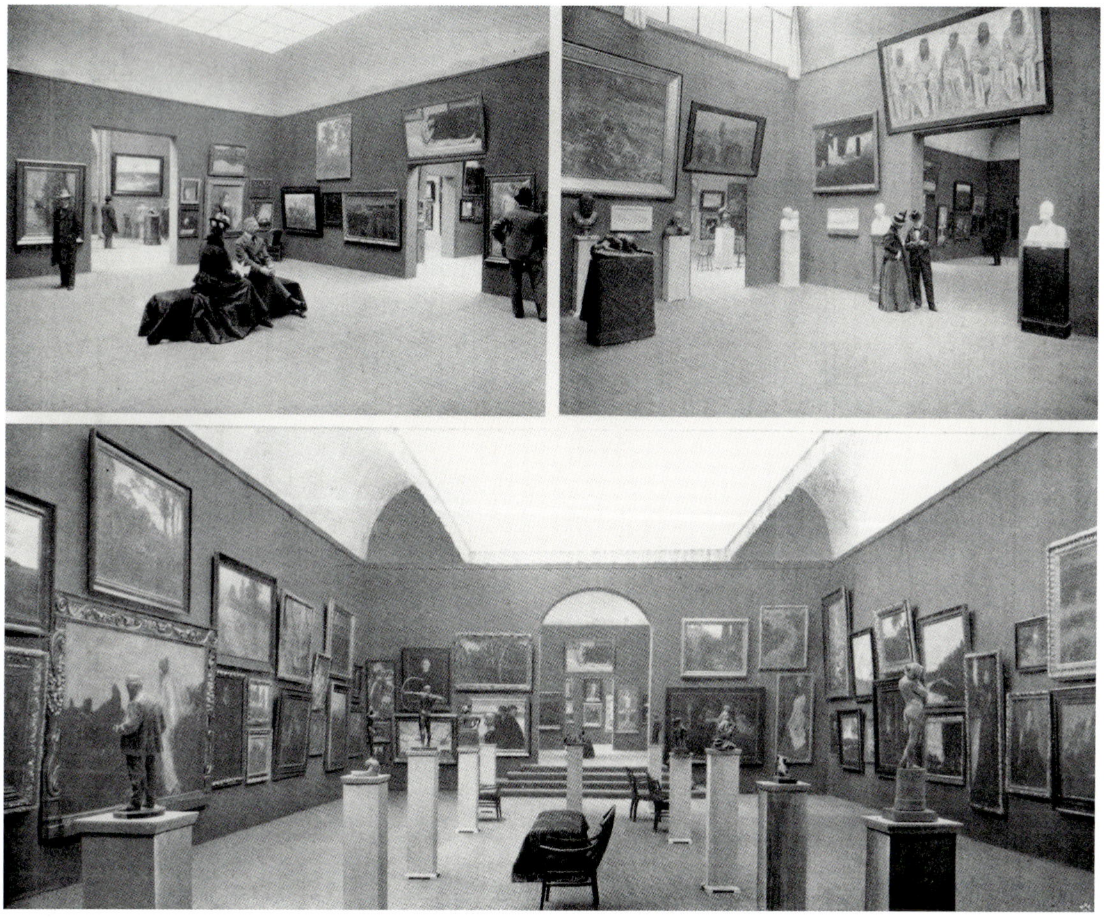

Die erste Ausstellung der Berliner Secession 1899
Fotografien, 1899

Doch erst die Tatsache, dass die Ausstellungskommission den Antrag ablehnte, eigene Räume innerhalb der Jahresausstellungen der XI autonom zu gestalten, brachte das Fass zum Überlaufen und führte dazu, dass 65 Unzufriedene am 2. Mai 1898 eine unabhängige Vereinigung gründeten, um zwischen sich und den akademiekonformen Künstlern eine Grenze zu ziehen. Dabei spielten weniger die künstlerischen Richtungskämpfe eine Rolle als der Protest gegen die als unwürdig empfundenen Einengungen. Walter Leistikow, der zum Schriftführer der Berliner Secession gewählt worden war, formulierte u. a., man wolle das große Publikum erreichen. Ein nicht nur ehrenwerter Vorsatz, sondern auch ein realistischer, wie der spätere wirtschaftliche Erfolg der Secession eindrucksvoll beweisen sollte. Hatte die Gruppe der XI mit ihren Aktivitäten ab Anfang der 1890er Jahre bereits die Opposition gegen das Geschmackskorsett Wilhelms II. ins Rollen gebracht, unterstützten die Mitglieder durch ihren geschlossenen Beitritt in die Berliner Secession den eingeschlagenen Weg in die Moderne, der durch eine erste Ausstellung am 20. Mai 1899 im eigenen Ausstellungsgebäude Kantstraße Ecke Fasanenstraße zur Realität wurde. Außerdem verpflichtete sich die selbstbestimmte Gemeinschaft zukünftig nicht mehr an der Großen Berliner Kunstausstellung teilzunehmen. Doch allein Leistikow traf die Entscheidung, sich aufgrund der unklaren Positionierung des Vereins Berliner Künstler von diesem zu lösen.

Für Walter Leistikow, neben Max Liebermann treibende Kraft der Berliner Secession und uneigennütziger Organisator im Kampf gegen die Macht der Mehrheit im Ausstellungswesen, war die Gründung der Berliner Secession ein großer Erfolg. Vom berühmt gewordenen Ausspruch des Kaisers: »Er hat mir den ganzen Grunewald versaut«, den er beim Anblick einer seiner Kiefern gesäumten Seedarstellungen mit Bezug auf das Berliner Naherholungsgebiet geäußert haben soll, ließ er sich nicht beeindrucken. Die respektlose Bemerkung prallte an ihm ab. Dessen engstirniges nationalistisches Stilempfinden strafte er mit Verachtung. Stattdessen hielt er sich an die Anerkennung von anderer Seite, an Kollegen und aufgeschlossene Kunstliebhaber, die das von ihm neu geschaffene, moderne Bild der Natur zu schätzen wussten.

LETZTE JAHRE

Im Privaten sah es allerdings anders aus. Seit 1894 war der Maler, der im Dezember 1894 Anna Mohr geehelicht und mit ihr zwei Kinder hatte (Gerda *1896 und Gunnar *1903), gesundheitlich angeschlagen. Reisen an den Starnberger See, nach Venedig, Paris und in die skandinavischen Länder brachten zwar Abwechslung, künstlerische Inspiration und neue Freundschaften, jedoch keine körperliche Genesung. Er war an Syphilis erkrankt, eine persönliche Tragödie, über die seine Freunde, ob aus Unwissenheit oder Respekt vor der Familie, bis über den Tod hinaus den Schleier des Schweigens legten. Die schlechte Verfassung hielt ihn allerdings nicht davon ab, mit der künstlerischen Arbeit und dem kulturpolitischen Engagement fortzufahren. Willenskraft, Selbstdisziplin und angeborene Heiterkeit trugen ihn noch Jahre; die damals unheilbare Seuche zog nur schleichend in den Körper ein, war aber nicht aufzuhalten. Auch Kuren in Meran, Bad Gastein und Thüringen erwiesen sich als wenig lindernd, verlangsamten jedoch den Verlauf, und als er gebeten wurde, sich an einem weiteren kulturpolitischen Vorhaben zu beteiligen, willigte er ein.

Unter Federführung des Kunstförderers Harry Graf Kessler, der in dieser Zeit als Direktor der Weimarer Museen tätig war, konstituierte sich 1903 mit dem »Deutschen Künstlerbund« ein erstes Mal eine überregional unabhängige Organisation, die über die Ziele der regionalen Sezessionen hinausführte. Nach langer Planung war die deutsche Kunstpolitik aus dem Schatten des preußischen Hofes ins Licht des alten Weimarer Musenhofes gezogen. Hier war der Zeitpunkt gekommen, künstlerische Freiheit und die Förderung junger Talente mithilfe noblen Kunstmäzenatentums des Hauses Wettin umzusetzen. Die Gründertage, Mitte Dezember 1903, müssen ein spektakuläres Ereignis gewesen sein. Ein Fackelzug mit Schimmelreitern und ein glamouröses Fest beim Großherzog gestalteten eindrucksvolle Stunden. Leistikow, der sich mit bewährtem organisatorischem Geschick und unter Mobilisierung seiner geschwächten Kräfte den Zielen des Künstlerbunds verschrieben hatte, dürfte die Veranstaltung in vollen Zügen genossen haben.

Anfang des 20. Jahrhunderts befand sich Walter Leistikow auf dem Gipfel seines künstlerischen Schaffens. »Die Woche« wählte ihn in einer Umfrage nach Adolph von Menzel zum beliebtesten Maler Berlins. Lithografien wurden angefertigt, um dem breiten Publikum den Erwerb eines echten »Leistikows« zu ermöglichen. Sein selbstloser Einsatz für die freiheitliche Kunstpolitik hatte ihm Respekt und Wertschätzung einge-

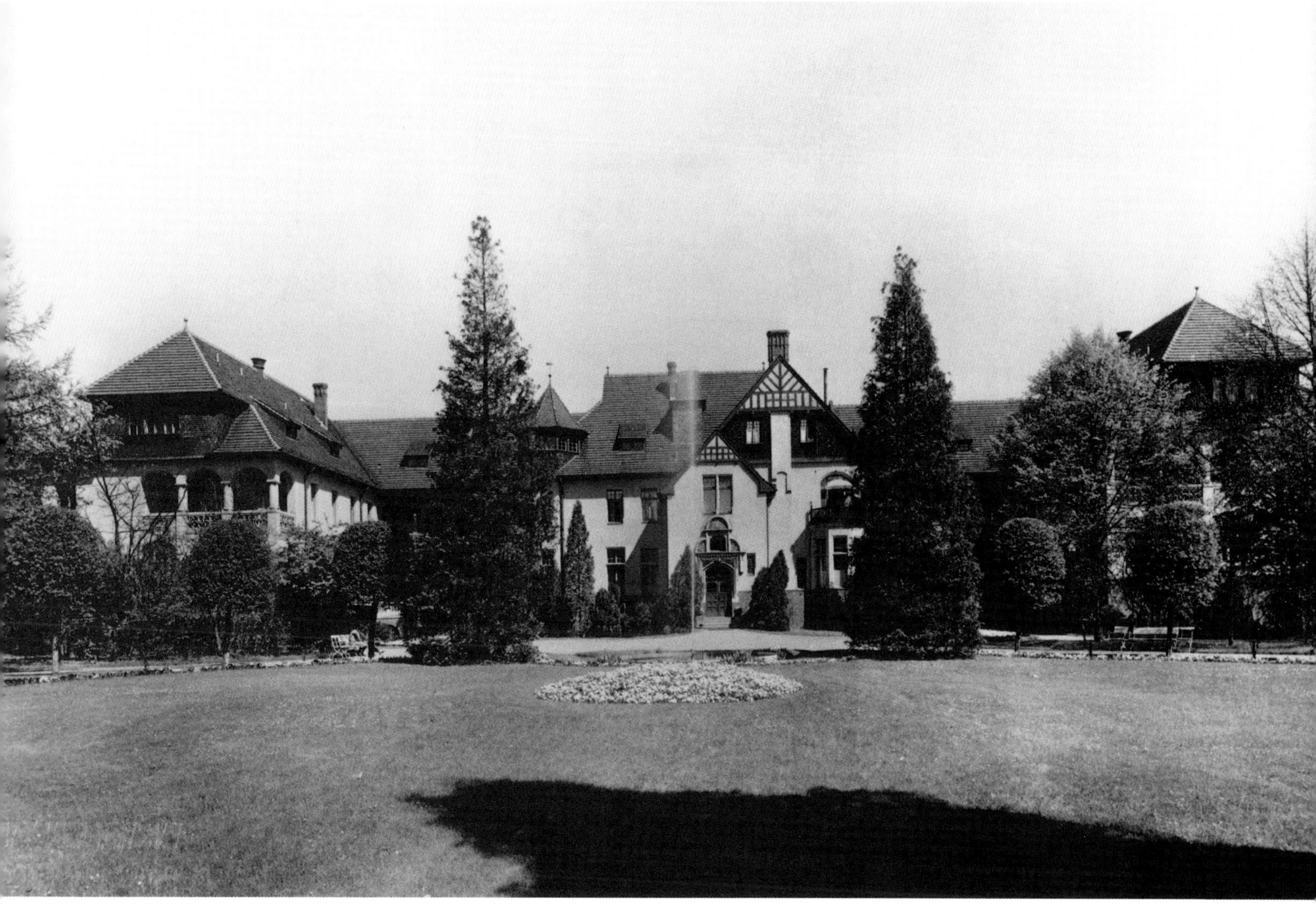

Im Sanatorium »Hubertus« in Schlachtensee nahm sich Leistikow 1908 nach schwerer Krankheit das Leben.
Fotografie, 1930

bracht, als hätte er bewusst visionäre Ideen verfolgt oder einen durchdachten Plan umgesetzt. Vom Vorgeplänkel in Paris über den Zusammenschluss der Elf und der Gründung der Berliner Secession bis zur Mitwirkung im Deutschen Künstlerbund – stets war Leistikow aktiver Wegbereiter.

1908 äußerte der 43-Jährige im »Berliner Lokal-Anzeiger« ein letztes Mal Kritik an der ästhetischen Selbstüberschätzung Wilhelms II., indem er den Kaiserdom, ein bevorzugtes Bauprojekt des Monarchen, als »Schrecken eines jeden Europäers« bezeichnete. Berlin sei städtebaulich dem Untergang geweiht, behauptete der Schwerkranke. »Es ist alles zu Ende! Ich auch«, erklärte er und kam am 24. Juli im Sanatorium Schlachtensee seinem qualvollen Tod zuvor, indem er selbstbestimmt die Pistole anlegte. Über den möglichen Weg, den der Maler, der auf dem Friedhof Steglitz in einem Ehrengrab ruht, bei einer längeren Lebensspanne eingeschlagen hätte, lässt sich schwerlich spekulieren.

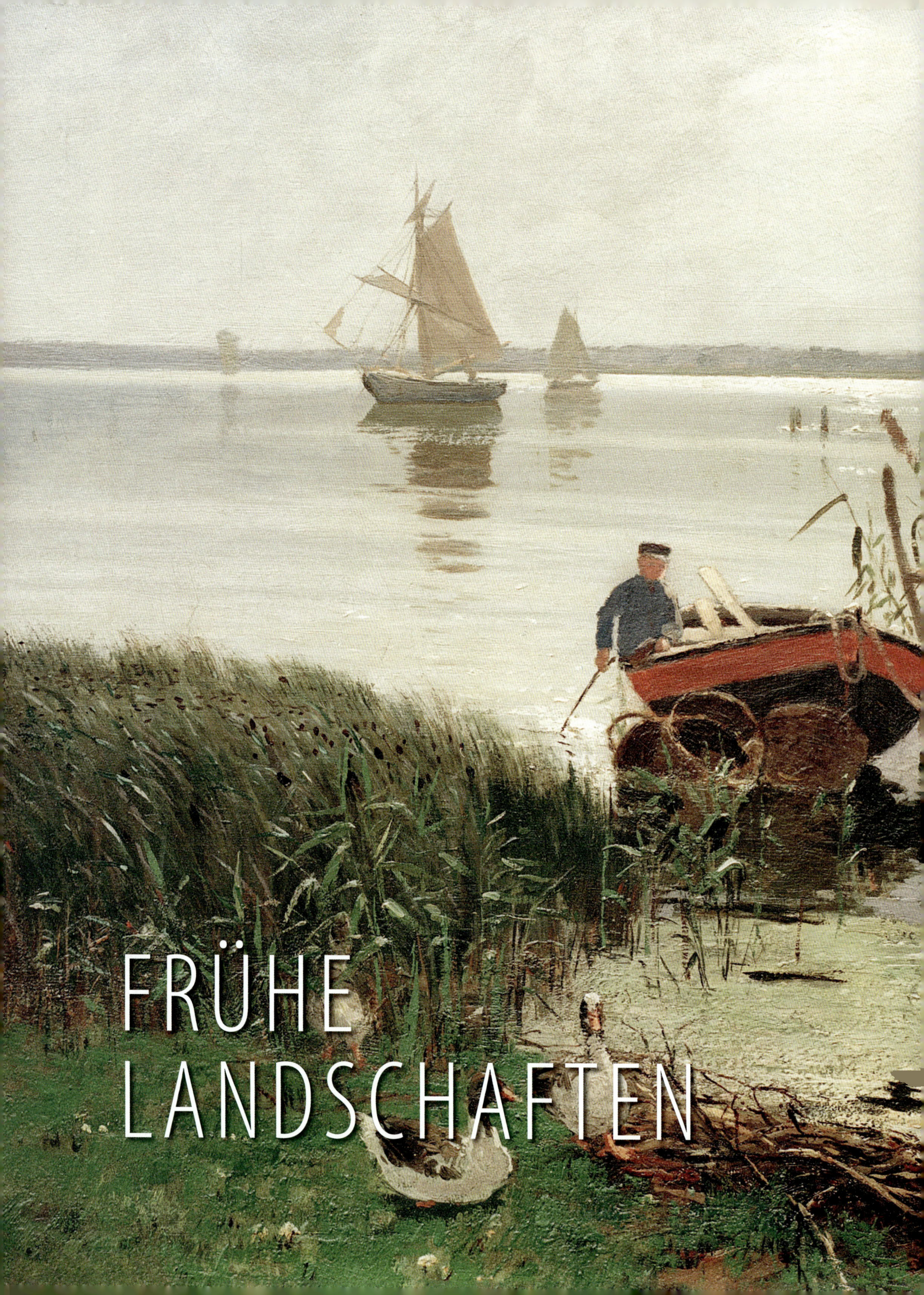

FRÜHE LANDSCHAFTEN

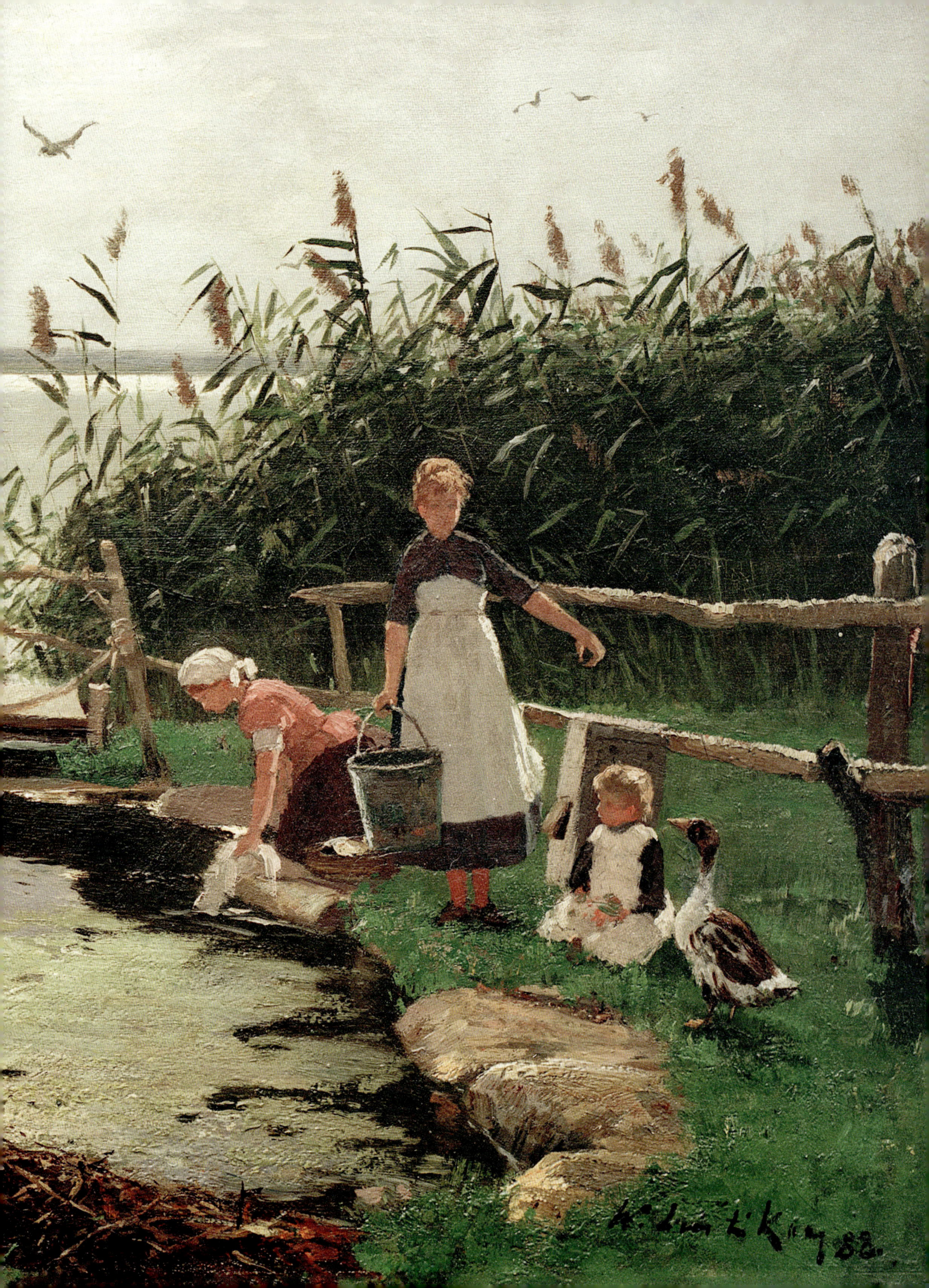

Porträts, Großstadtszenen und Stillleben weckten Walter Leistikows Interesse nicht. Bereits zu Beginn seines Künstlerlebens spürte er, dass er »Landschafter« werden musste und nicht Historien- oder Genremaler. Die Natur draußen, die weite Ebene der Heimat in verschiedenen Stimmungen, grau, trüb und einsam, mit wolkenverhangenem Himmel und weitem Horizont, wurden sein Thema. Durch die Arbeitsweise seines Lehrers Hans Gude angeregt, durchstreifte Leistikow vertraute Landstriche auf der Suche nach unheroischen Motiven, um sie in Skizzen festzuhalten und im Atelier auszuführen. Die Geburtsstadt Bromberg und die Pommersche Heide, Uferregionen von Weichsel und Warthe, besonders die Berliner Umgebung, erwiesen sich dem Künstler als ergiebige Quellen. Wiesen, Schilf, Bäume, Boote, Netze wurden wirklichkeitsgetreu zu Landschaftskompositionen arrangiert und durch Staffagefiguren menschlich belebt. Das Ergebnis waren genrehafte Szenen wie »Wäscherinnen am Seeufer« oder »Gänsemarkt am Ziehbrunnen«. Darstellungen, die dem Naturalismus nahe stehen, zu dessen Wegbereitern Leistikow durch den Einfluss skandinavischer Literatur und dem Friedrichhagener Dichterkreis um Gerhard Hauptmann gehörte. Bald wurde der Radius um Nord- und Ostsee, das Bremer »Teufelsmoor«, Thüringen und die Alpen erweitert. Wiederum kreierte Leistikow präzise Alltagsszenen, die mit einem Hauch von Idylle durchzogen waren und somit den Geschmack des traditionellen Publikums trafen. Bereits in den späten 1880er Jahren hatte er damit einen profitablen Markt erschlossen, den er hätte weiter entfalten können, wenn ihn nicht die wachsende Unruhe in seinem Inneren in eine andere Richtung gedrängt hätte.

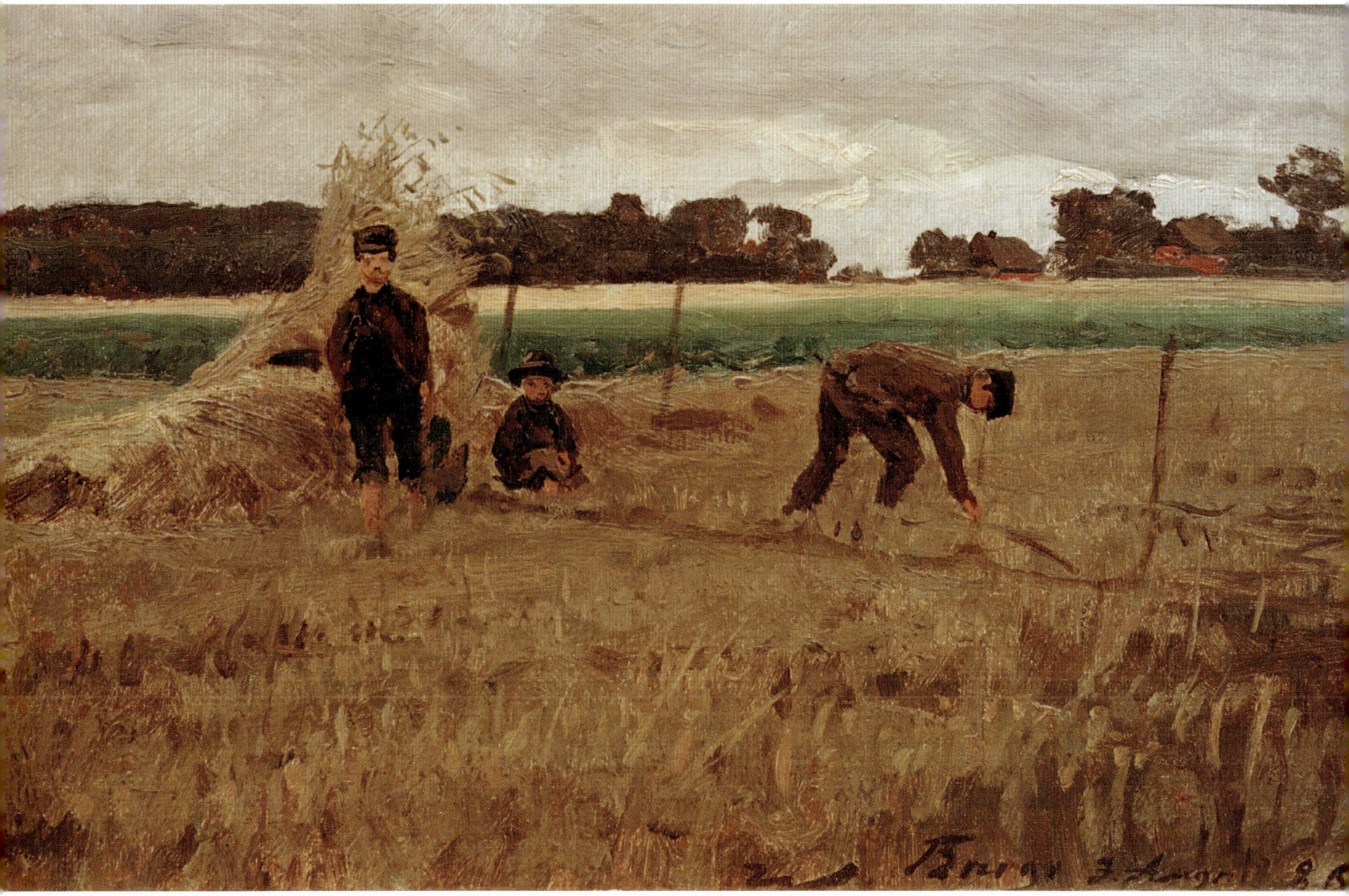

Ährensammler, 1886
Öl auf Papier, 23,5 × 36 cm
Bydgoszcz (Polen), Muzeum Okregowe

Bewegte Menschen, die arbeiten oder sich unterhalten, gehören zu den häufigsten Motiven in den frühen Bildern Leistikows. Bauern, Fischer, hausarbeitende Frauen und spielende Kinder hatten ihm einen Reichtum an Staffagefiguren verschafft, deren Skizzen er in Mappen verwahrte, um sie bei passender Gelegenheit in seine Landschaften einzubauen. In der friedlichen Spätsommerszene »Ährensammler« befinden sich drei Landarbeiter in unterschiedlichen Haltungen inmitten eines reifen, korngelben Getreidefelds. Einer von ihnen ist mit der Ernte beschäftigt, die beiden anderen blicken unter einem wolkenverhangenen Himmel nach vorne aus dem Bild, das formal und farblich aufs Nötigste reduziert erscheint und den Betrachter durch die Schönheit des Alltäglichen zum Nachdenken anregt.

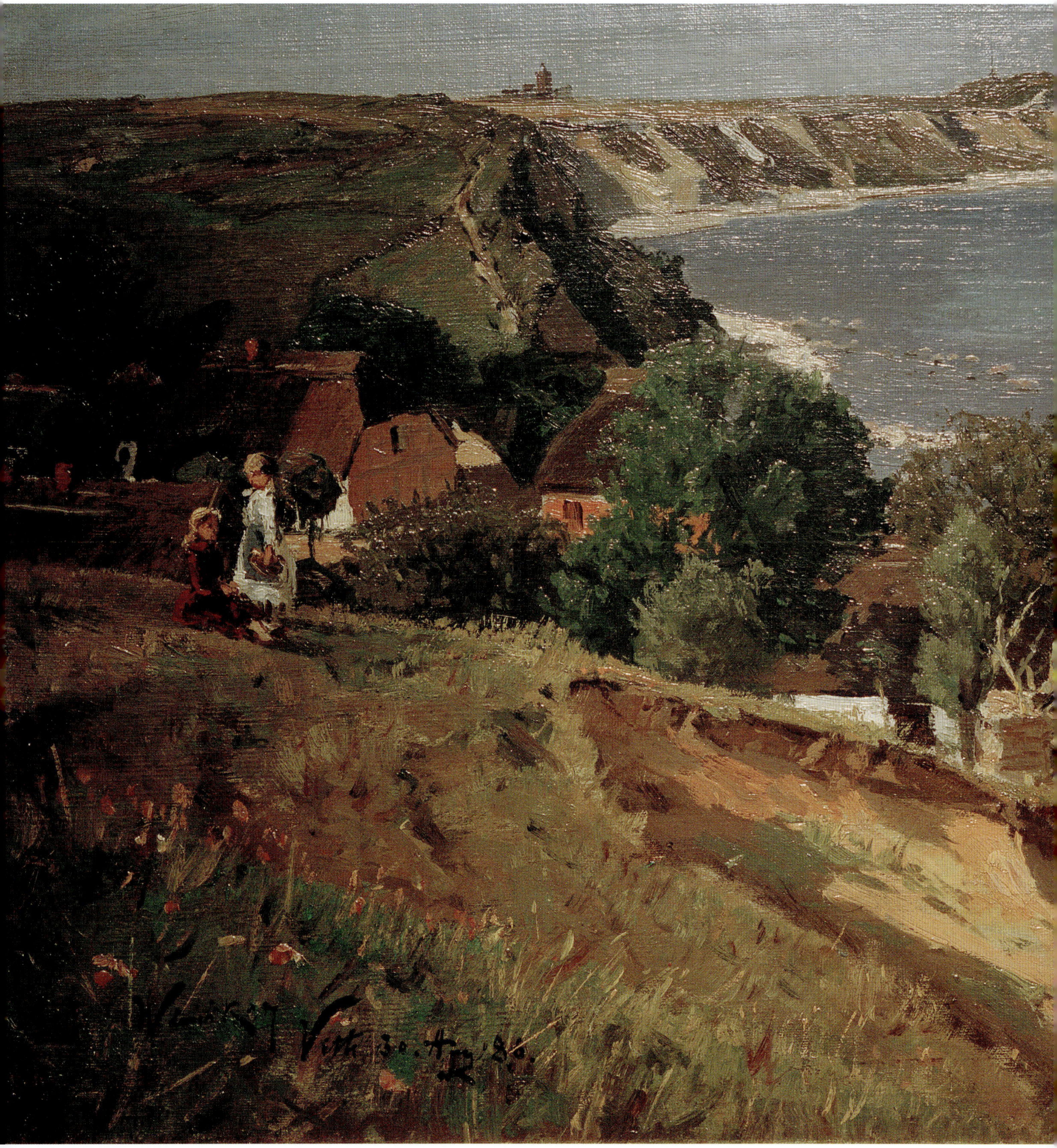

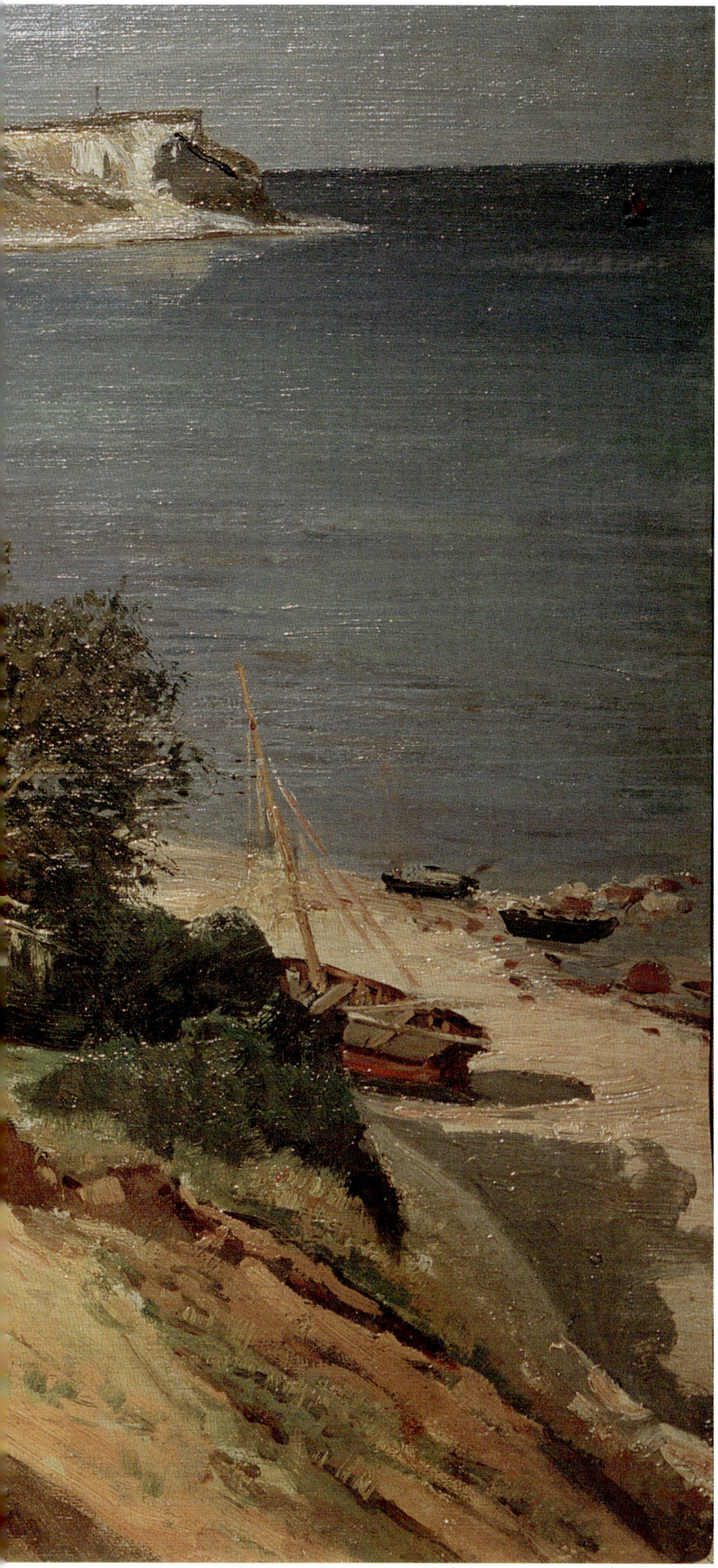

Für die Darstellung des Landschaftsausschnitts um das Fischerdorf Vitt nahe der nördlichen Spitze der Halbinsel Wittow war vermutlich die ungewöhnliche Lage ausschlaggebend für Leistikows Interesse. Reetgedeckte Häuser liegen direkt an der Steilküste in einer Ufersenke, zwischen grünen Hügeln und Bäumen harmonisch eingebettet.

Stimmungsbildend wirkt der Kontrast zwischen Landschaft, Wasser und Himmel. Die lebendige Landschaft – mit der Frühlingswiese im Vordergrund, den spielenden Mädchen und dem Segelboot am Strand – begegnet einer grenzenlosen Weite von Himmel und Meer und offenbart bereits das sanfte Oval, das später zu einem typischen Merkmal von Leistikows Seedarstellungen werden sollte.

Küstenlandschaft bei Vitt auf der Insel Rügen mit Blick auf Kap Arkona, 1886

Öl auf Leinwand auf Karton, 40 × 57 cm
Leihgabe des Landes Nordrhein-Westfalen.
Inv. Nr. 4836; Regensburg, Kunstforum Ostdeutsche Galerie

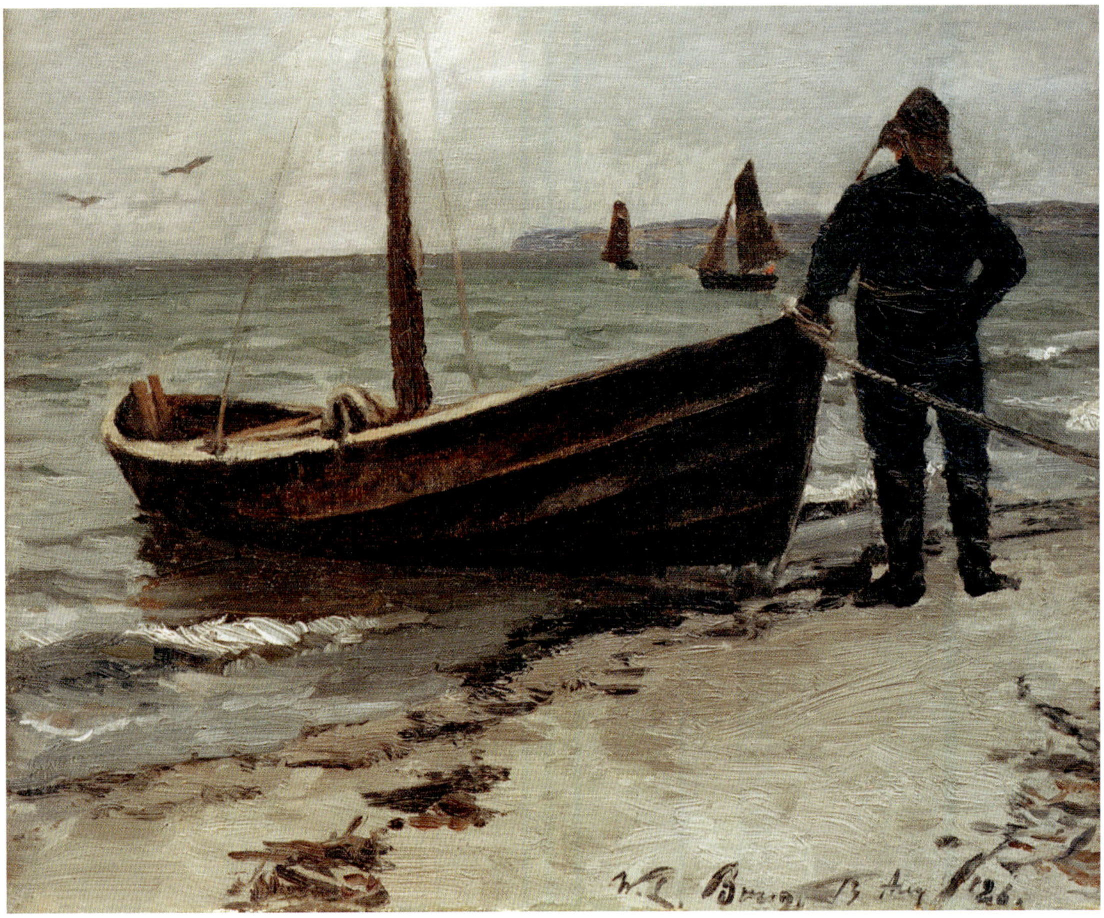

Fischer, 1886
Öl auf Papier, 28,5 × 37 cm
Bydgoszcz (Polen), Muzeum Okregowe

Schiffen und Booten wurde schon immer eine besondere Symbolik zugeschrieben. Bereits in diesem frühen Werk, das einen Fischer vor seinem Boot zeigt, spielt die Bildsprache eine wichtige Rolle. Die unendliche Weite des Meeres, der entfernte Horizont und das sanft schaukelnde Boot auf dem Wasser verkörpern tiefgründige Symbole für den Aufbruch und die Sehnsucht nach dem Unbekannten. Was mag dem rückwärtsgewandten Fischer durch den Kopf gehen, der in Richtung des grenzenlosen Ozeans blickt? Sein Gesicht ist nicht zu erkennen. Drängt es ihn nach Abenteuern und Horizonterweiterung? Überlegt er, die Geheimnisse der Welt zu entdecken und etwas Neues zu wagen?

Leistikow steuerte zum Zeitpunkt der Arbeit am Gemälde seinem Meisterabschluss entgegen. Die Aussicht auf eine Laufbahn als angepasster, konventioneller Maler könnte seinen unruhigen Geist beflügelt haben, eingefahrene Bahnen zu verlassen und das Wagnis einer freien Künstlerexistenz einzugehen.

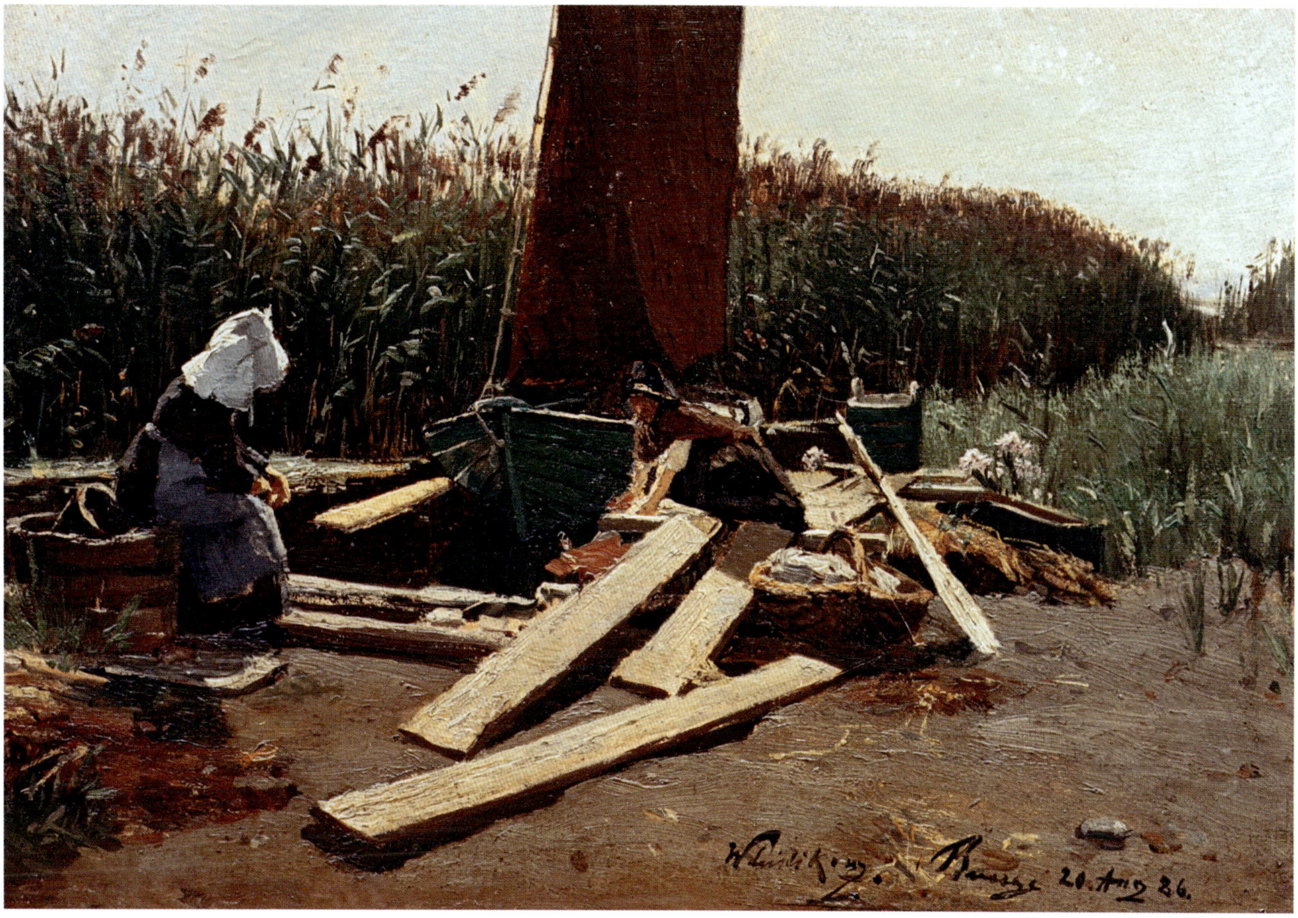

Wäscherinnen am Seeufer, 1886
Öl auf Karton, 30,4 × 43,5 cm
Schweinfurt, Sammlung Georg Schäfer

Arbeitende Frauen am Ufer eines Gewässers, inmitten der Natur, kommen in Leistikows Frühphase einige Male vor. Skizzen und Studien fertigte er in der Natur an, im Atelier wurden daraus genrehafte Szenen entwickelt. Hier sind es zwei Wäsche reinigende Frauen mit Schürzen und Kopfbedeckung, eine erschöpft sitzend, eine andere kniend und schruppend. Alle Details wurden sorgfältig ausgearbeitet, das spätsommerliche Licht strahlt Wärme aus und verleiht der Szene eine friedliche Nachmittagsatmosphäre.

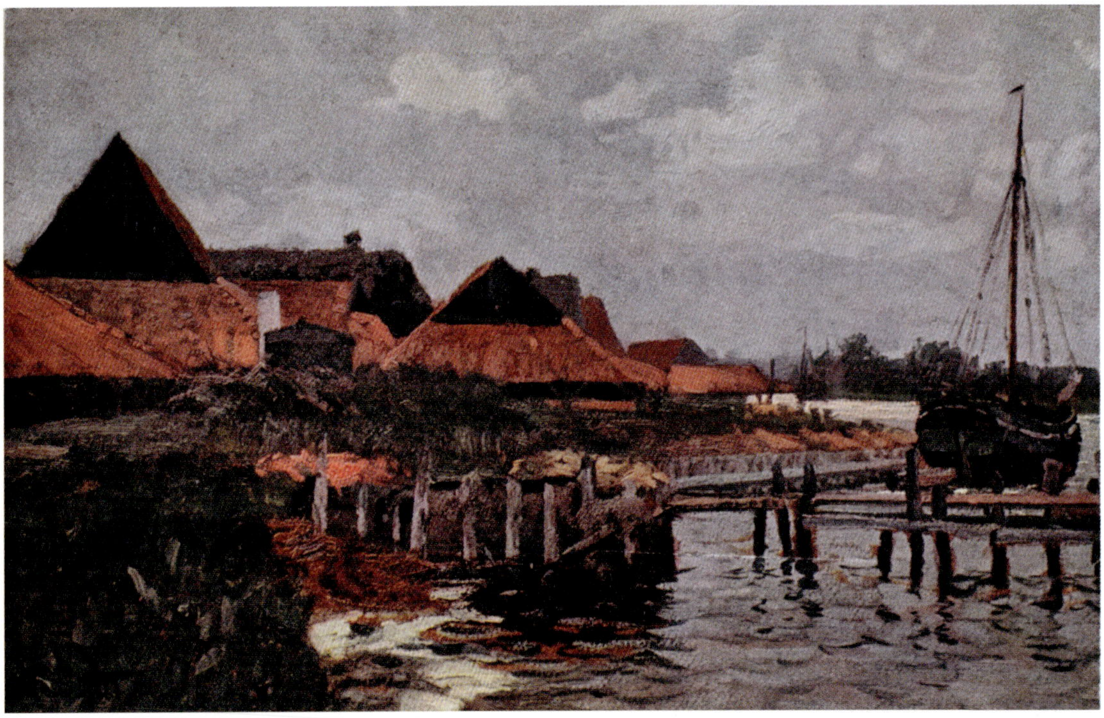

Ziegeleien in Eckernförde, 1887
Verbleib unbekannt

Die reichhaltige Komposition, für die eine Reihe von Studien verwendet wurde, bildete den krönenden Abschluss vonLeistikows Lehrzeit bei Hans Gude. 1887 wurde das Bild auf einer Ausstellung am Lehrter Bahnhof gezeigt und mit einer Ehrung ausgezeichnet, die ihn beflügelte, das Wagnis einer freien Künstlerexistenz einzugehen.

Die klar konturierte Stadtansicht staffelt Gebäude, Menschen und Natur vom Mittelgrund bis zum unteren Bildrand und zeigt im Spiel des Wassers und in den Spiegelungen vielgestaltige Kontraste von Licht und Schatten. Stimmung, Gehalt und Ausdruck erzeugt allein der meisterhaft komponierte Naturausschnitt mit der Linienkomposition, die durch die wolkenreiche Luft und den aufqualmenden Rauch belebt wird. Lovis Corinth schreibt über dieses Bild: »Erstaunen muß uns, daß er auf diese respektable Höhe bereits als Vierundzwanzigjähriger angekommen ist. Aber für uns und die Kunstgeschichte wird er zuerst jetzt wichtig, nachdem dieses sein letztes ›Schulbild‹ ist und er nun anfängt, Eigenes zu schaffen.«[1]

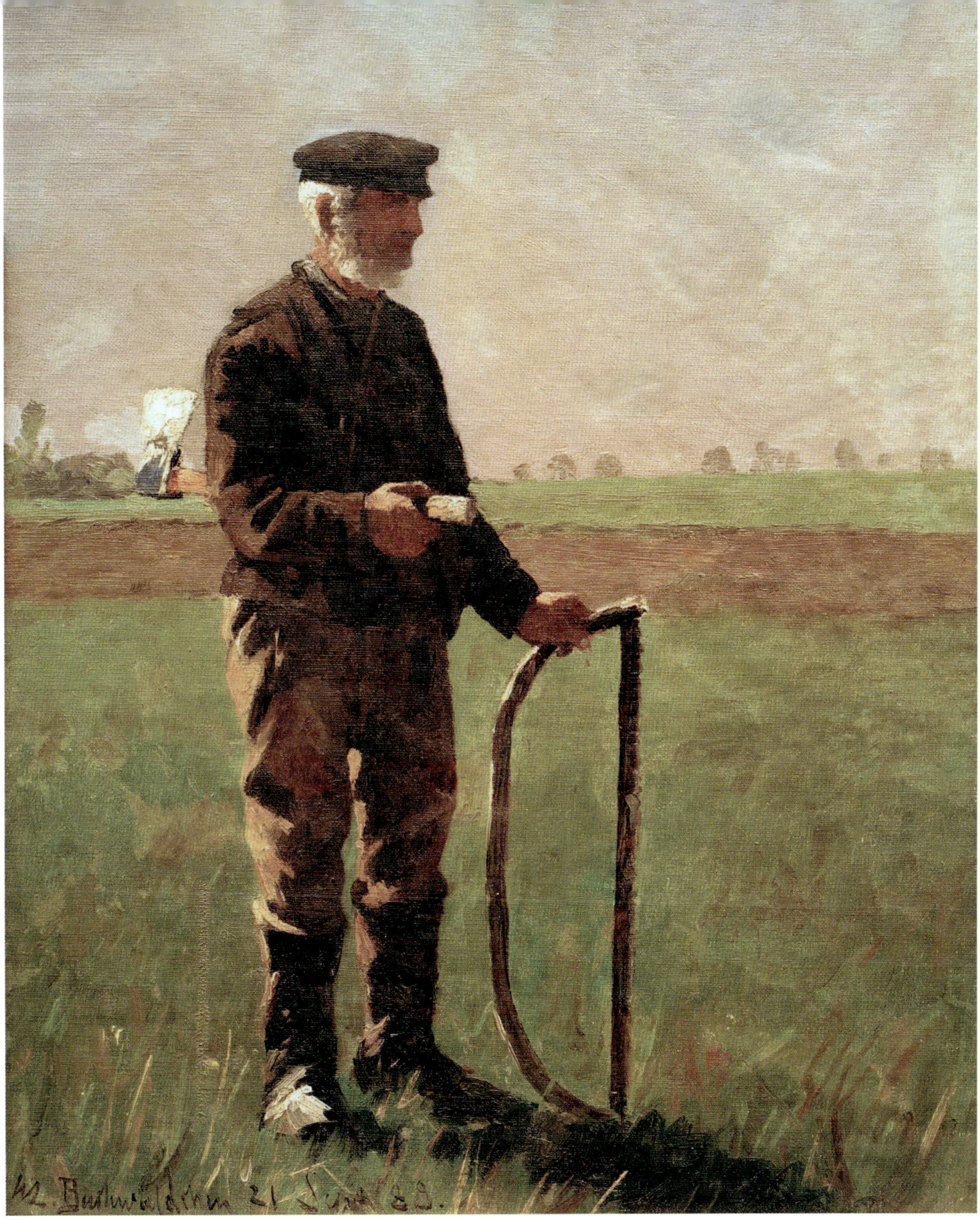

Bauer (Holzfäller), 1888

Öl auf Leinwand, 47,5 × 40 cm
Bydgoszcz (Polen), Muzeum Okregowe

Was geht dem Mann durch den Kopf? Plastisch und wirklichkeitsgetreu malte Leistikow einen Bauern auf dem Feld mit seinen Arbeitsutensilien. Die ländliche Alltagsszene wirkt wohlkomponiert und ist wahrscheinlich eine der wenigen Ganzfigurendarstellungen, die Leistikow geschaffen hat. Studium und Ausführungen von Personen entsprachen nicht seinem Geschmack; er bevorzugte Landschaftsmotive. Mit dem Entschluss, sich vom Figurenstudium abzuwenden und sich dem Weiten, Unbegrenzten der Natur zu widmen, erntete er das Unverständnis seiner Studienkollegen, die ihn »fahnenflüchtig« nannten.

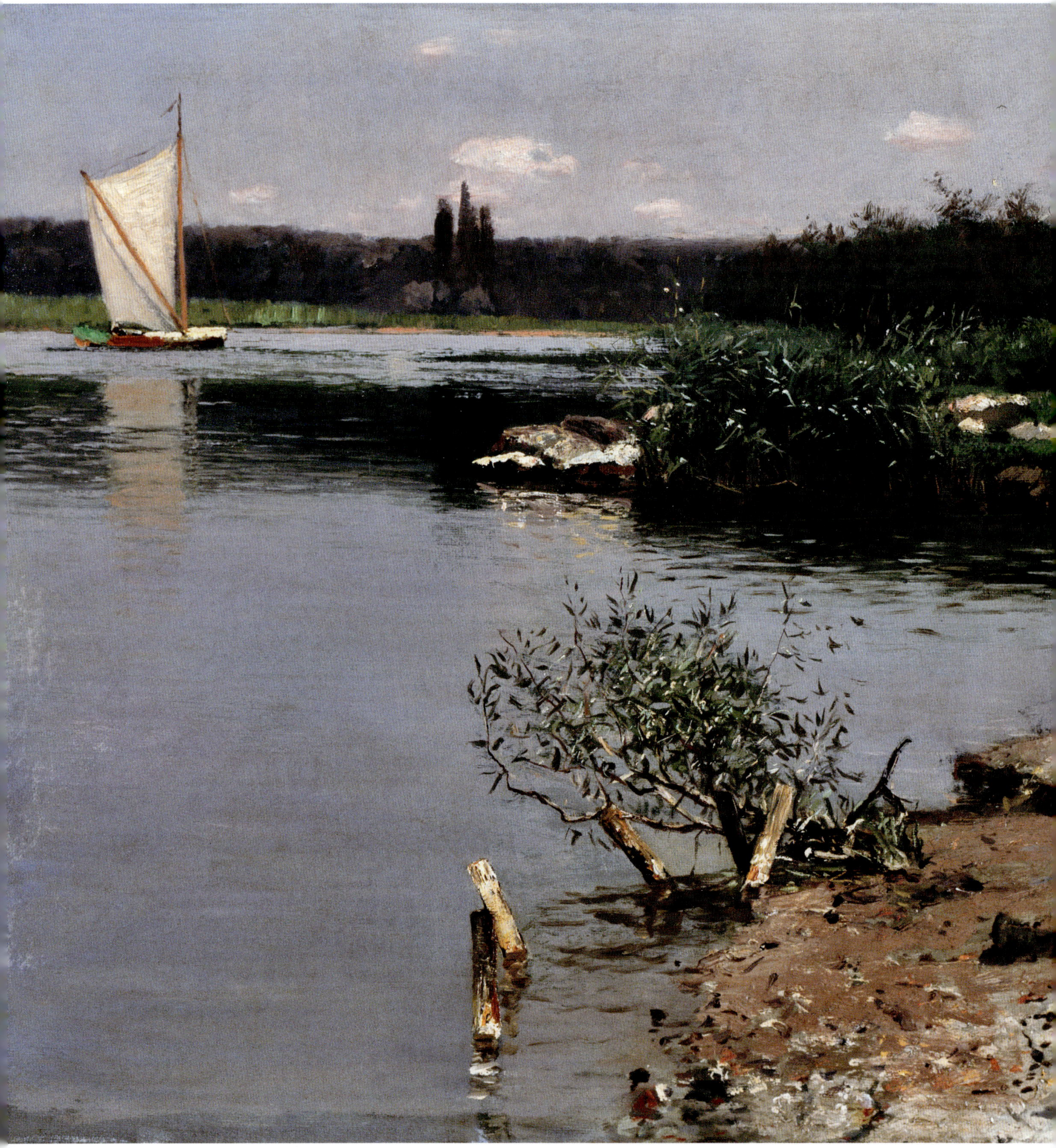

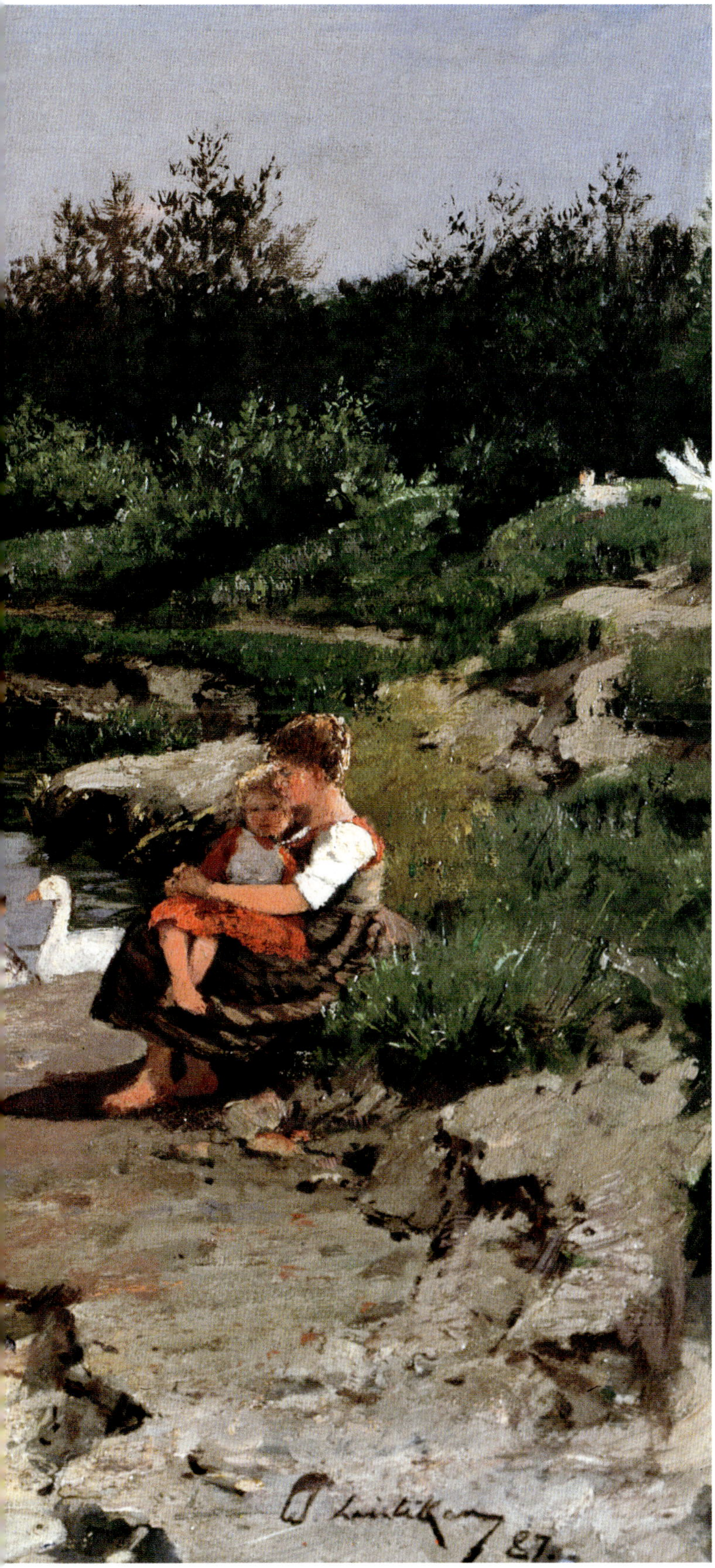

Flussufer, 1887

Öl auf Leinwand, 41 × 58 cm
Privatsammlung

Leistikow komponierte ein Bild familiärer Eintracht, indem er Einzelheiten der Natur mit menschlicher Wärme vermischte. Der helle Himmel, das Schattenspiel und die Spiegelflächen ergänzen den Eindruck friedlicher Harmonie, beeindrucken durch Detailgenauigkeit und zeigen Leistikow als ausgezeichneten Naturalisten. Noch unter dem Einfluss seines Lehrers malte er Gegenstände gegen das Licht: die schwimmenden Enten, die Segelboote, das glänzende Wasser mit dem Gestrüpp. Lovis Corinth glaubte, dass Leistikow auch dann ein respektabler Maler geworden wäre, wenn er nie über die Qualität und die Art dieser Bilder hinausgekommen wäre.

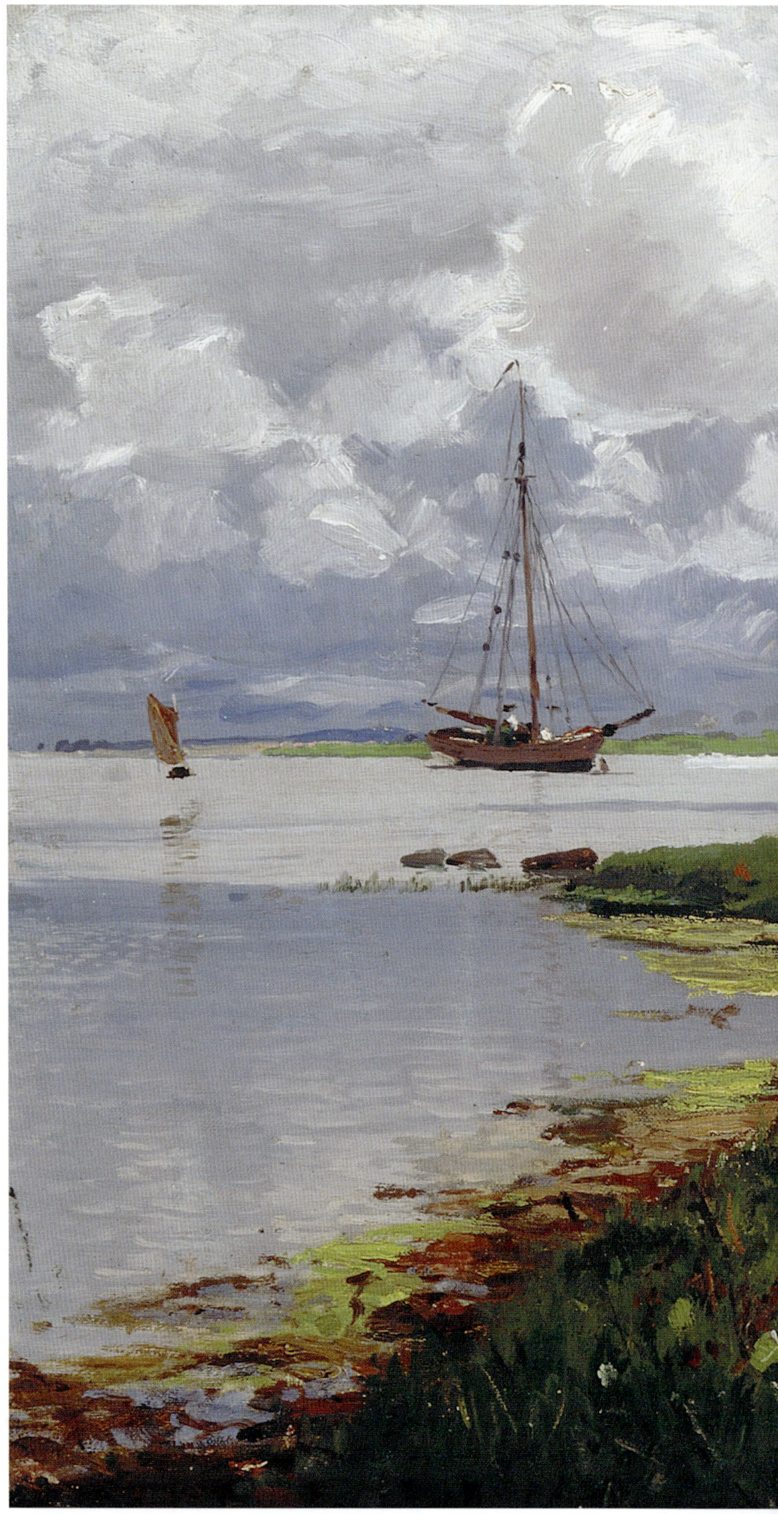

Breege auf Rügen, 1888

Öl auf Leinwand, 49,3 × 83 cm
Museum für Kunst und Kulturgeschichte der Stadt Dortmund

Seit Caspar David Friedrich den Reiz der nordischen Landschaft, vor allem der Insel Rügen, für seine geheimnisvoll symbolistischen Darstellungen entdeckt hatte, diente die herbe Natur mit Meer und Gebirge deutschen Künstlern immer wieder als Motivvorlage. So war es auch bei Leistikow. Die Natur des Ostseebads Breege, geprägt durch die schmale Landenge, den Bodden und das besondere Licht, inspirierte einige Frühwerke, noch mit menschlichem Leben gefüllt und in scharfer Präzision ausgeführt.

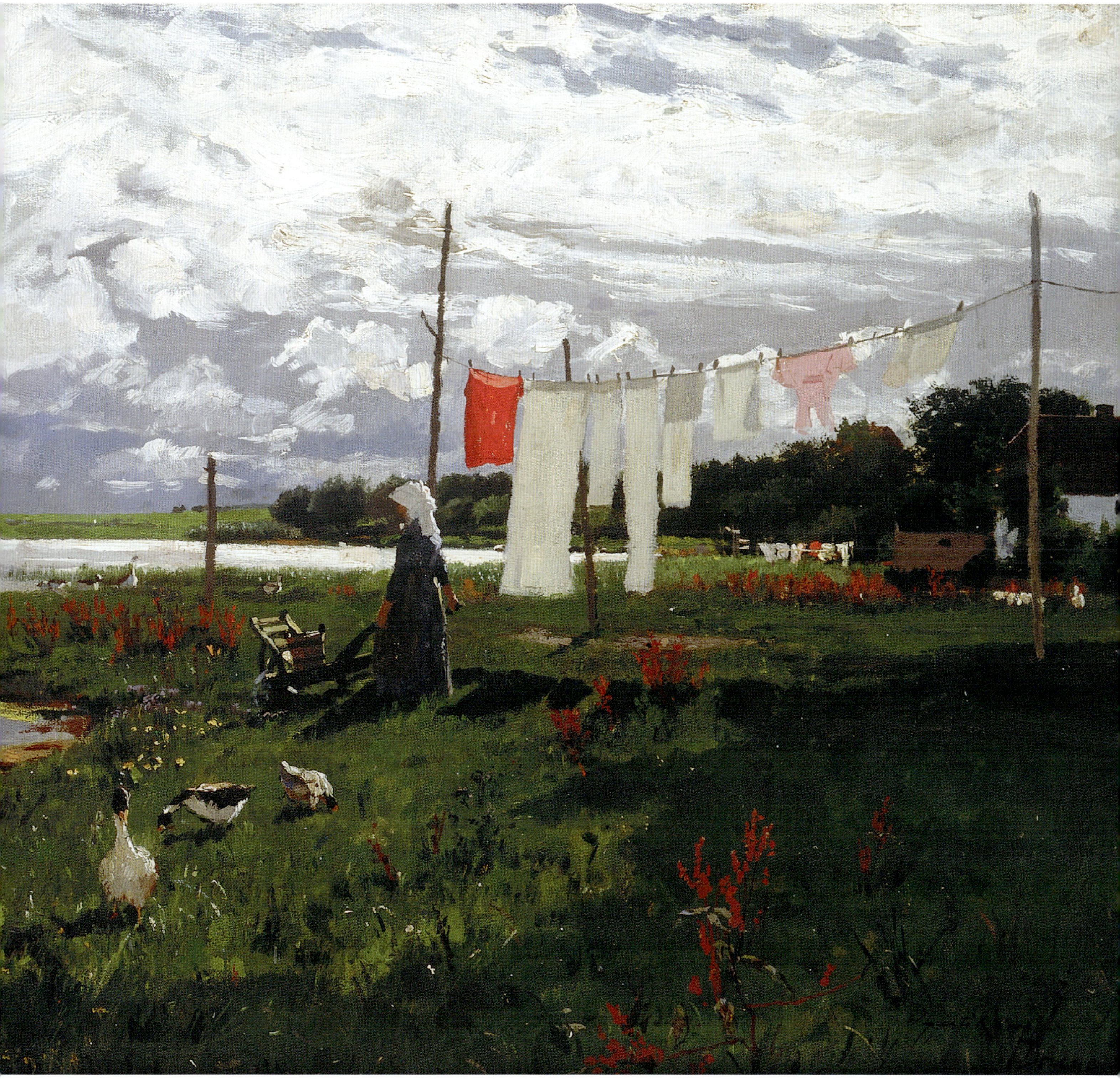

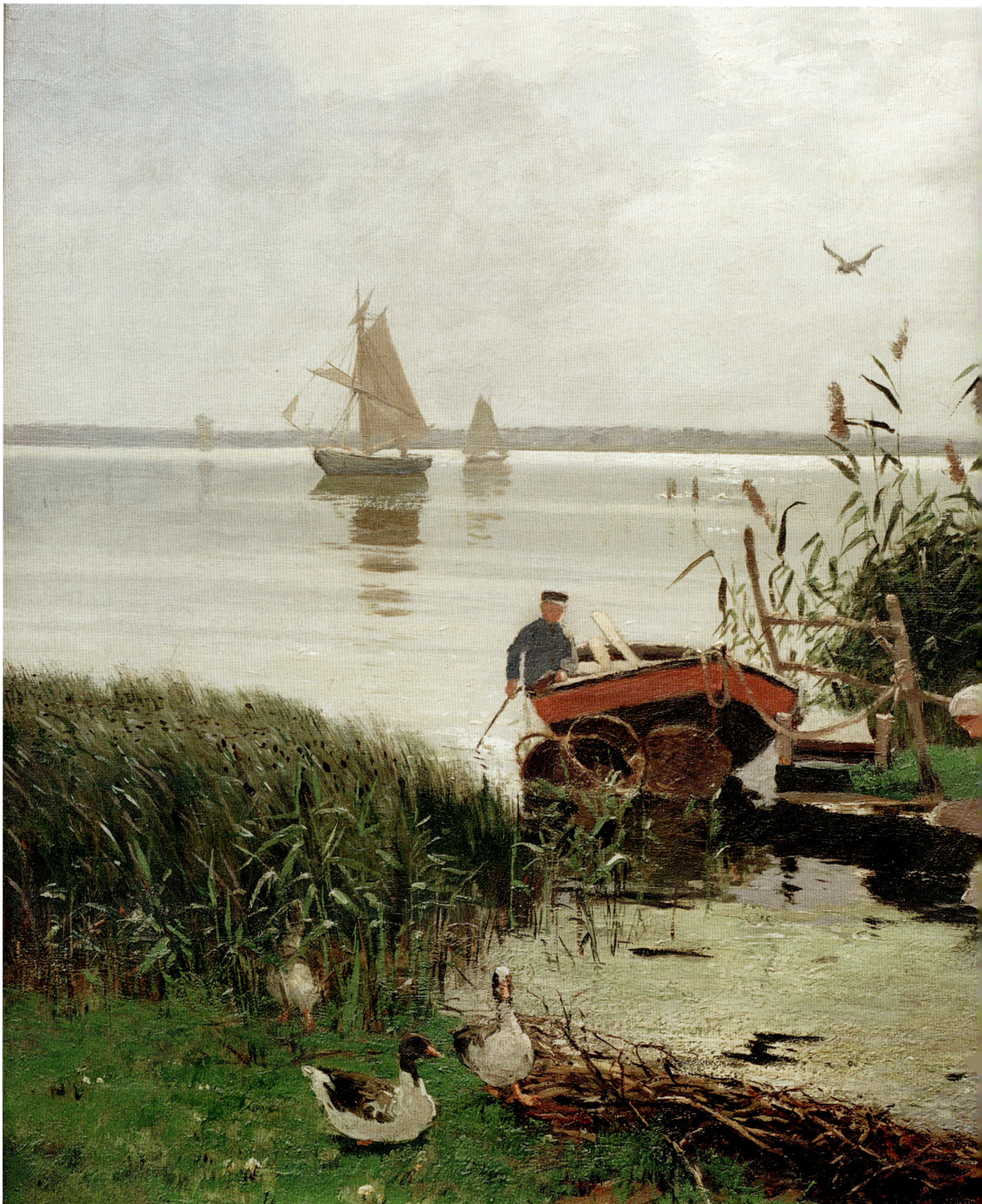

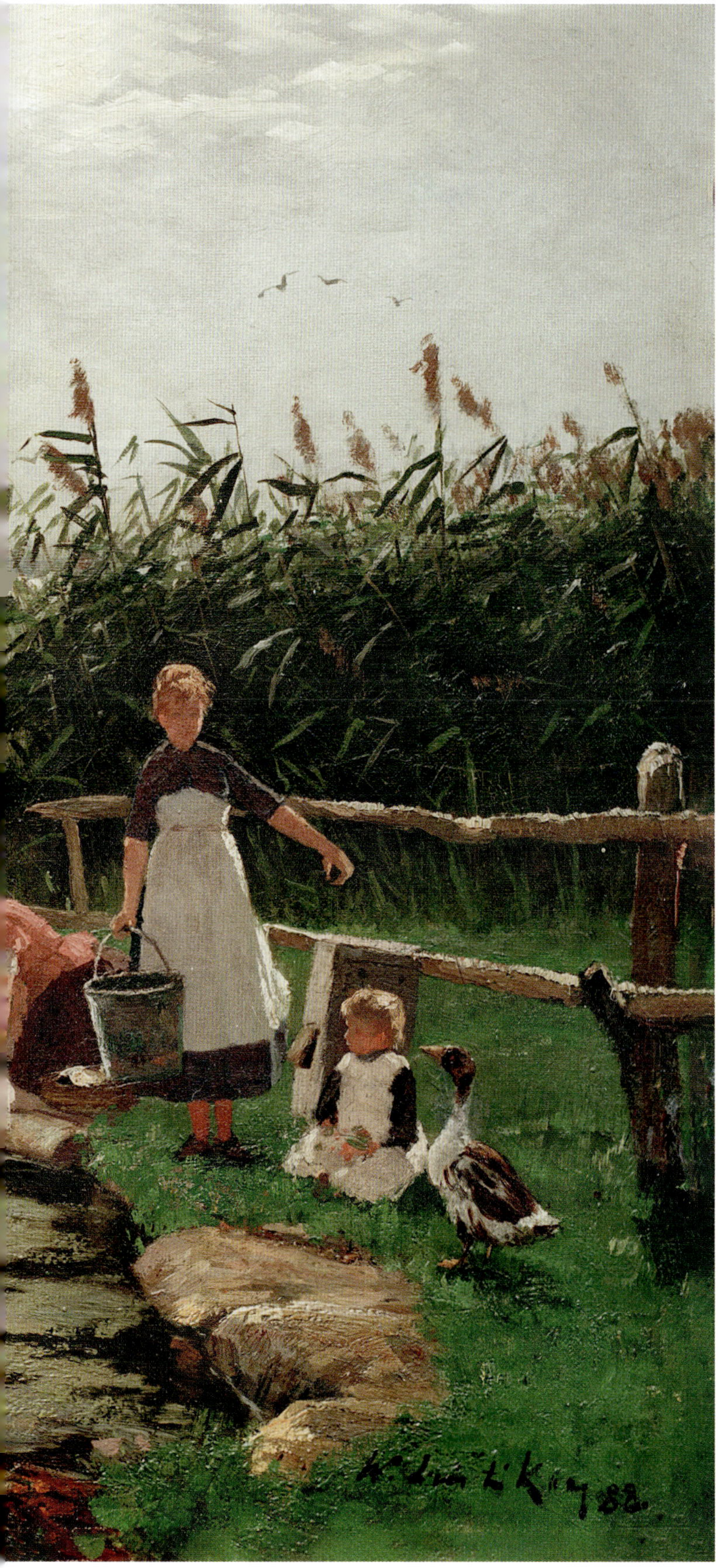

Am Jasmunder Boden auf Rügen, 1888

Öl auf Leinwand, 42 × 56 cm
Zürich, Galerie Feilchenfeldt

In der Tradition der Arbeitsmethode seines Lehrers Hans Gude hat Leistikow in der Frühphase seiner künstlerischen Tätigkeit zahlreiche Bilder mit weiten Wasserflächen, Booten und arbeitenden Menschen detail- und wirklichkeitsgetreu wiedergegeben und durch eigene Anschauung festgehalten. Wie eine kleine Erzählung ist dieses Bild zusammengesetzt: der Ruderer im Boot, zwei arbeitende Frauen und ein Kleinkind, schnatternde Gänse und blühender Schilf, alles in der Bucht räumlich begrenzt. Der Reiz des genrehaften Bildes liegt in der scharfen Präzision der Form- und Farbgebung, die ihm vermutlich auch eine erfolgreiche Zukunft als Figurenmaler ermöglicht hätte.

Die Gänseliesel am Müggelsee (oder »Am Brunnen«), 1889

Öl auf Leinwand 75,5 × 110,8 cm
Ehemals Galerie Neupert, Zürich; Privatbesitz Schweiz, Nachlass

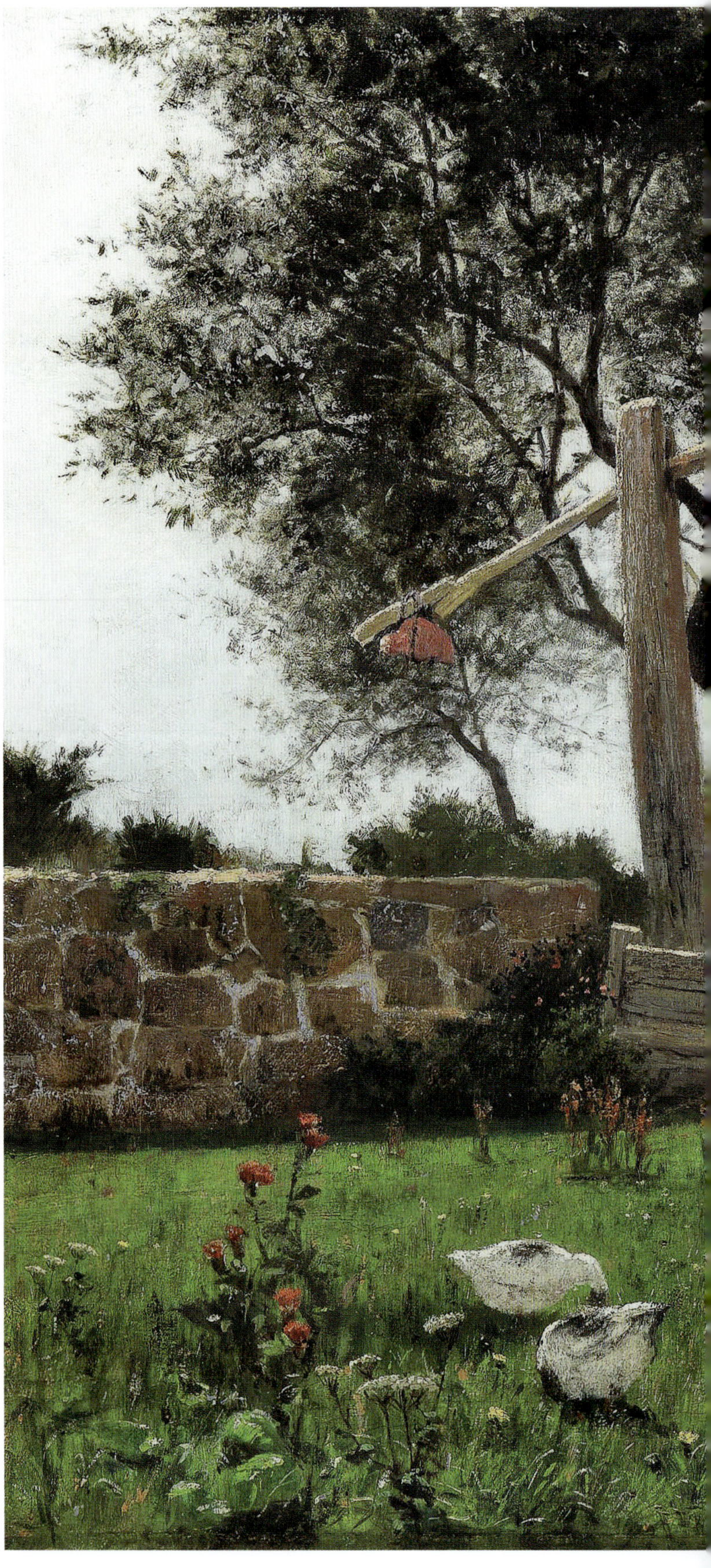

Die Seenlandschaften in und um Berlin boten eine Fülle von ländlichen Motiven und erinnerten Leistikow vermutlich an seine Heimat. Max Liebermann lobte den späteren Leistikow dafür, dass er den Stil für die Darstellung der melancholischen Reize in der Umgebung Berlins gefunden habe.

Das großformatige Gemälde zeigt eine Sommeridylle in Gegenlichtmanier und ist ein Beispiel für den naturalistischen Stil im Frühwerk Leistikows. Zwei junge Mädchen schleppen Wassereimer von einem Ziehbrunnen am Ufer des Müggelsees. Im Vordergrund schnattern die Gänse auf einer blühenden Wiese, im Hintergrund zieht ein Segelboot über den glatten See. Der Blick des Betrachters wird auf die Bildmitte gelenkt, wo er den Brunnen, die Mauer und die Vegetation erfasst. Danach schweift er über das glitzernde Wasser hinaus, wodurch die friedliche Stimmung in die Seele dringt.

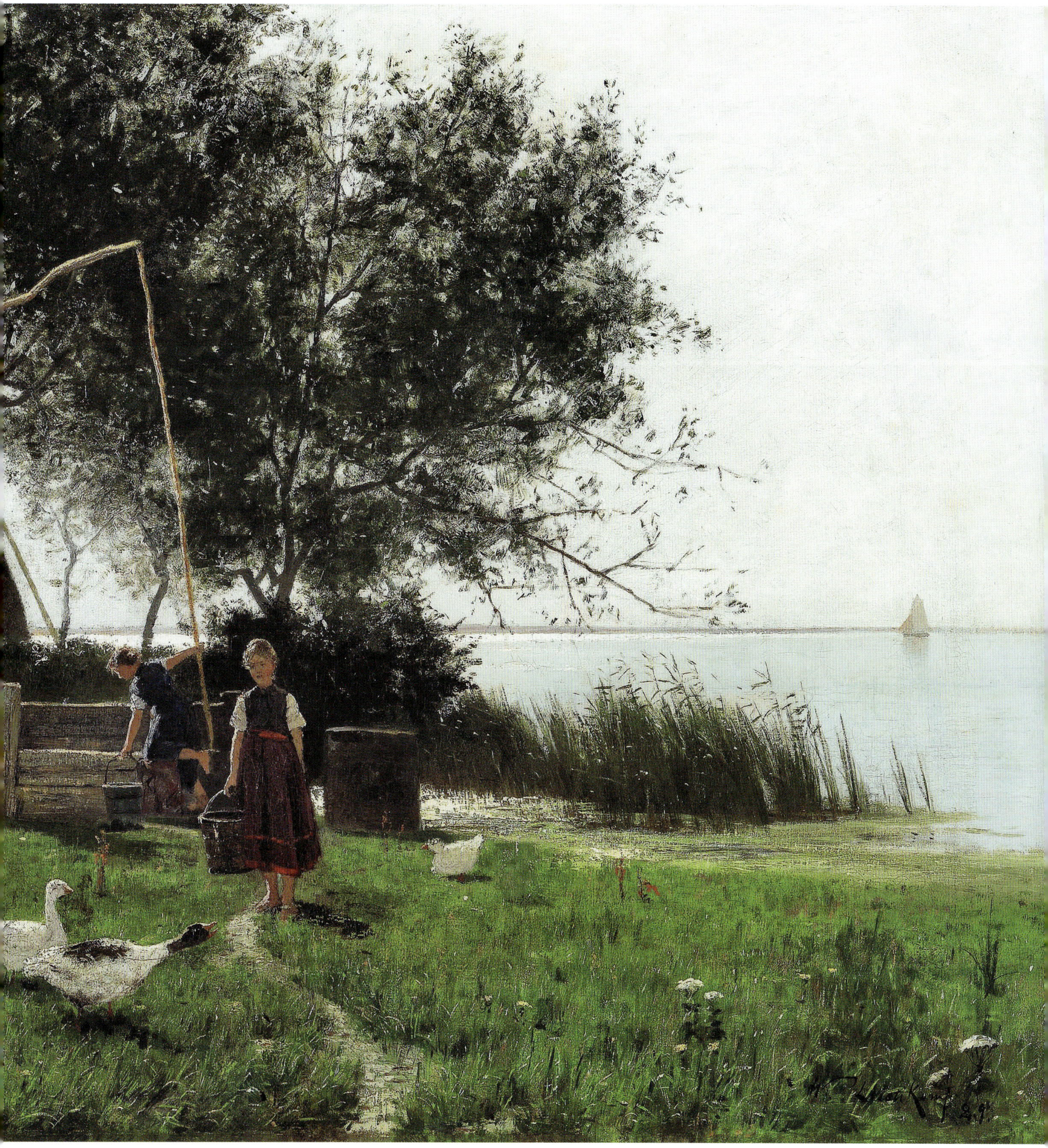

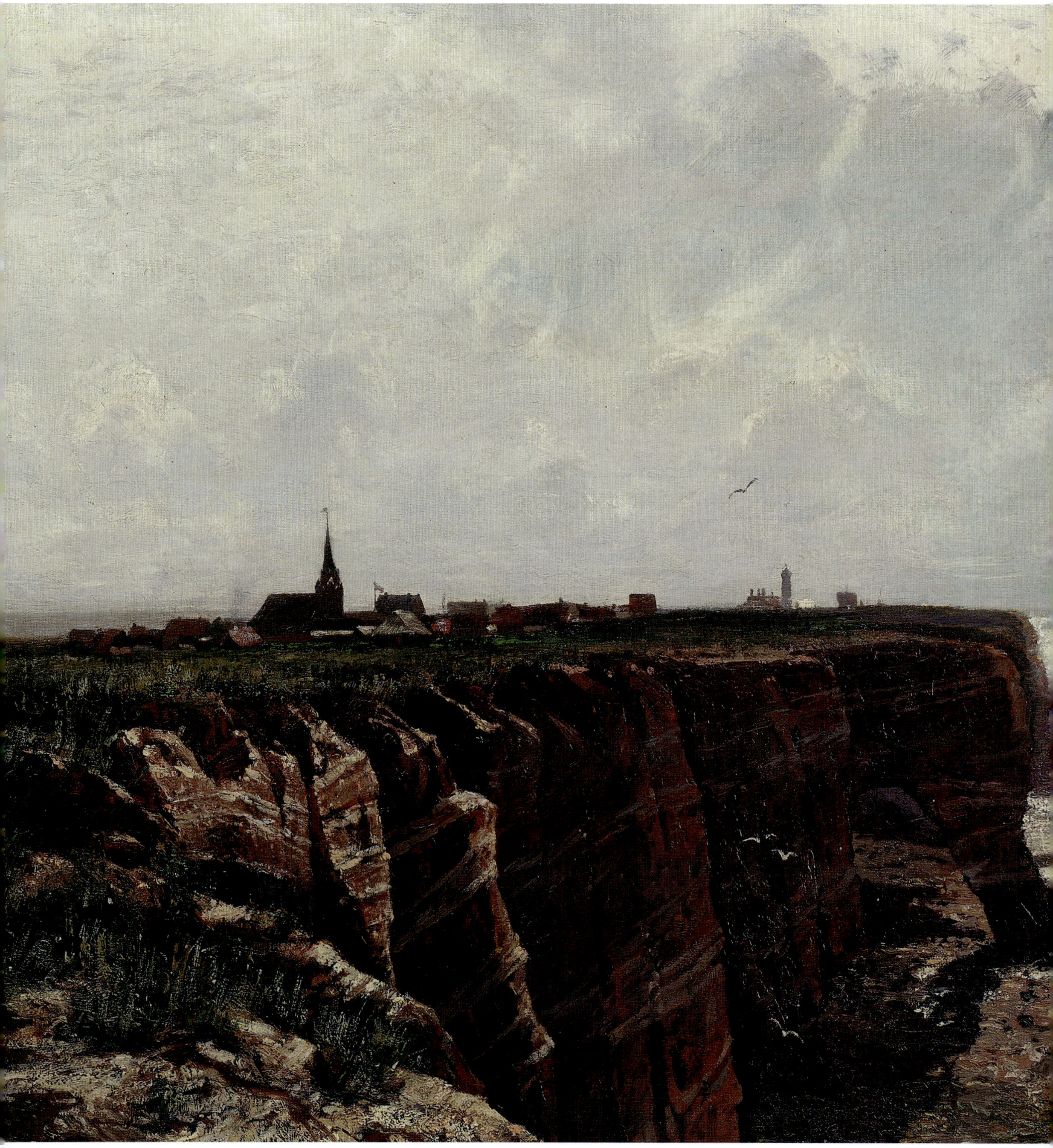

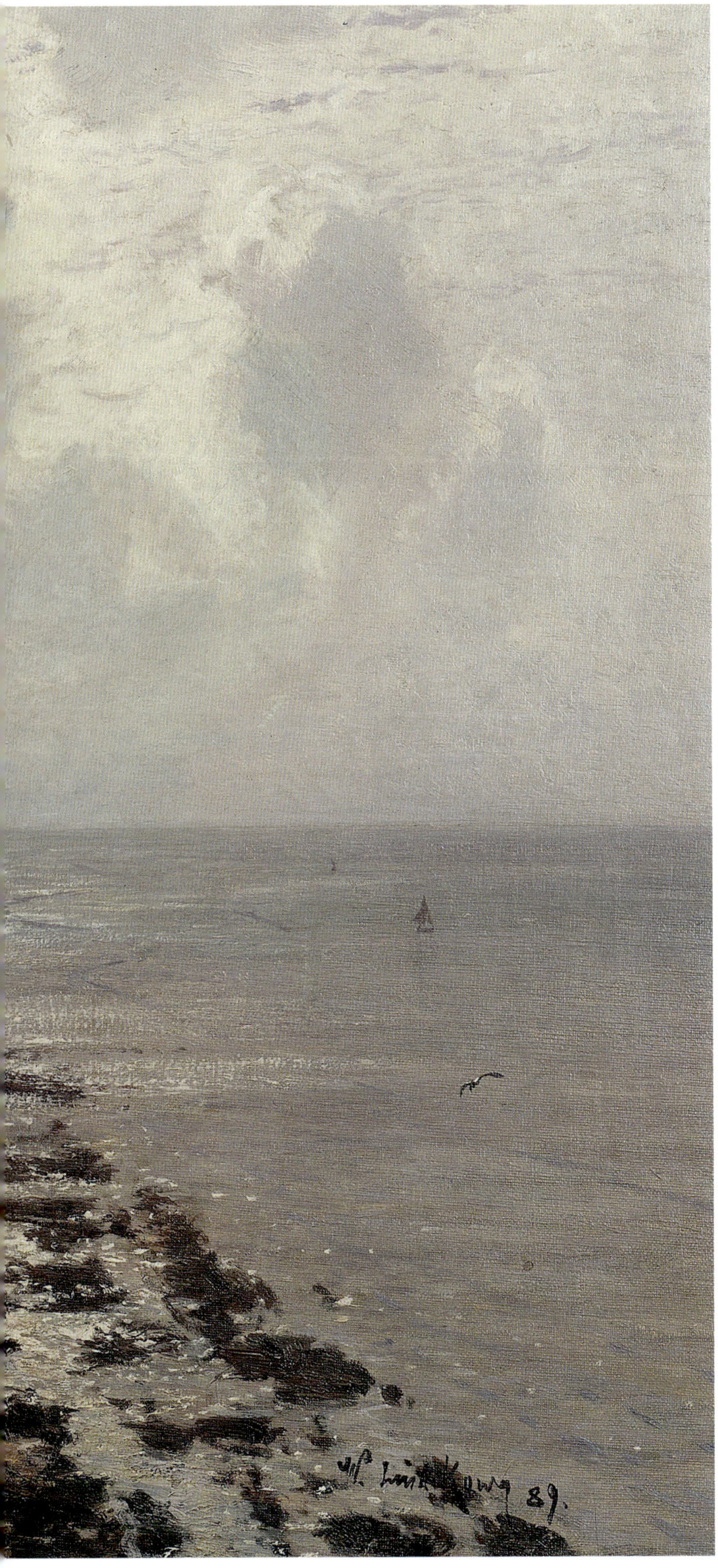

Helgoland, 1889

Öl auf Leinwand, 64,6 × 81,2 cm
Sammlung HypoVereinsbank – UniCredit Group
München

An den Bildtiteln lassen sich die Reiserouten des jungen Malers ablesen: die Nord-und Ostseeküsten, die Inseln Rügen, Hiddensee, Helgoland, Pellworm und Sylt, immer wieder Pommern, das Bremer Teufelsmoor und etwas später auch Berglandschaften wie die Alpen und das Riesengebirge.

Auf der Insel Helgoland wählte Leistikow wiederholt denselben Landschaftsausschnitt, um eine bestimmte Perspektive festzuhalten. Dabei ging es nicht darum, eine Vielzahl unterschiedlicher Motive zu sammeln, sondern die atmosphärischen Stimmungen einzufangen, die durch wechselnde Lichtverhältnisse sowie verschiedene Tages- und Jahreszeiten entstanden.

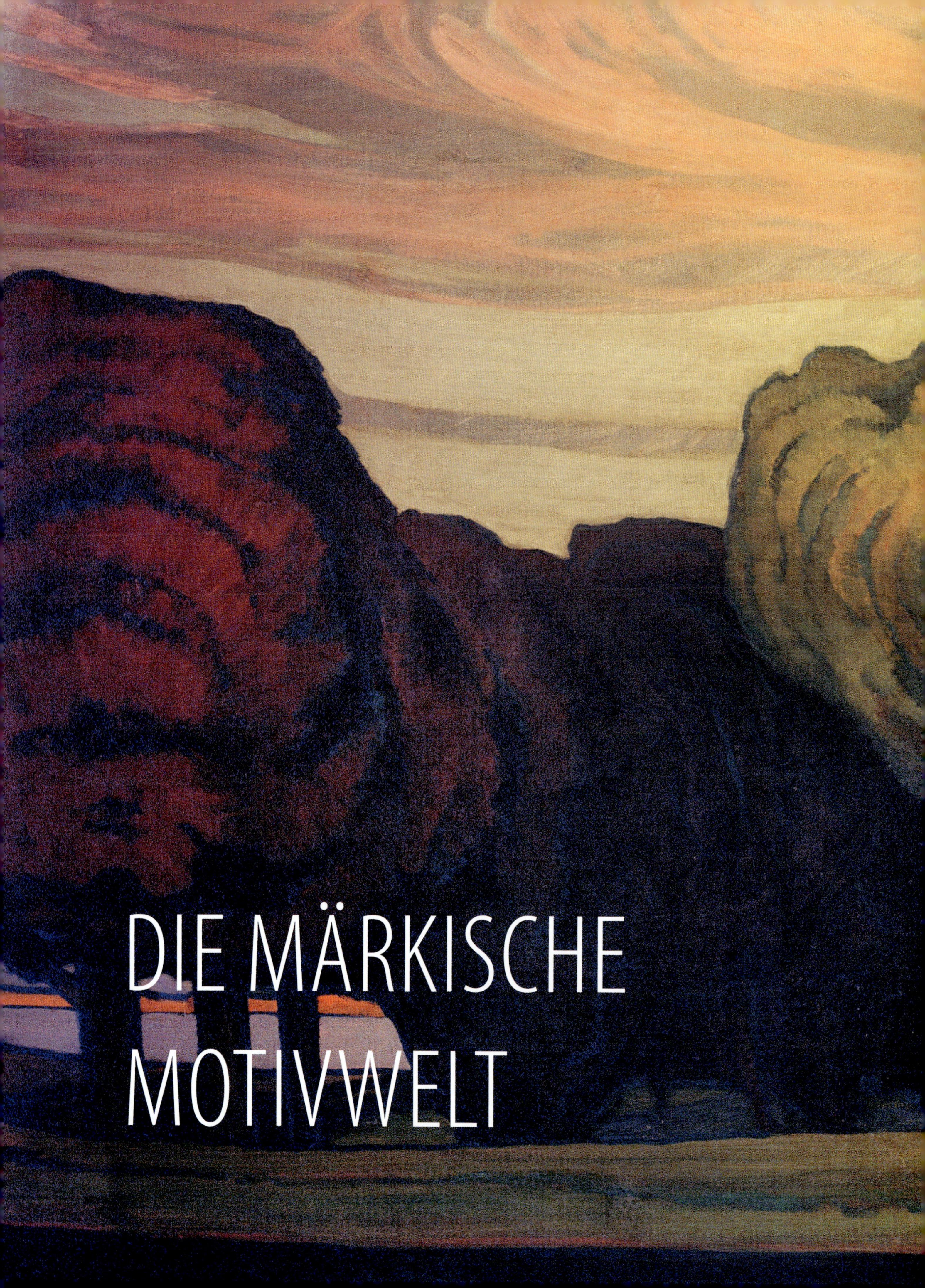

DIE MÄRKISCHE MOTIVWELT

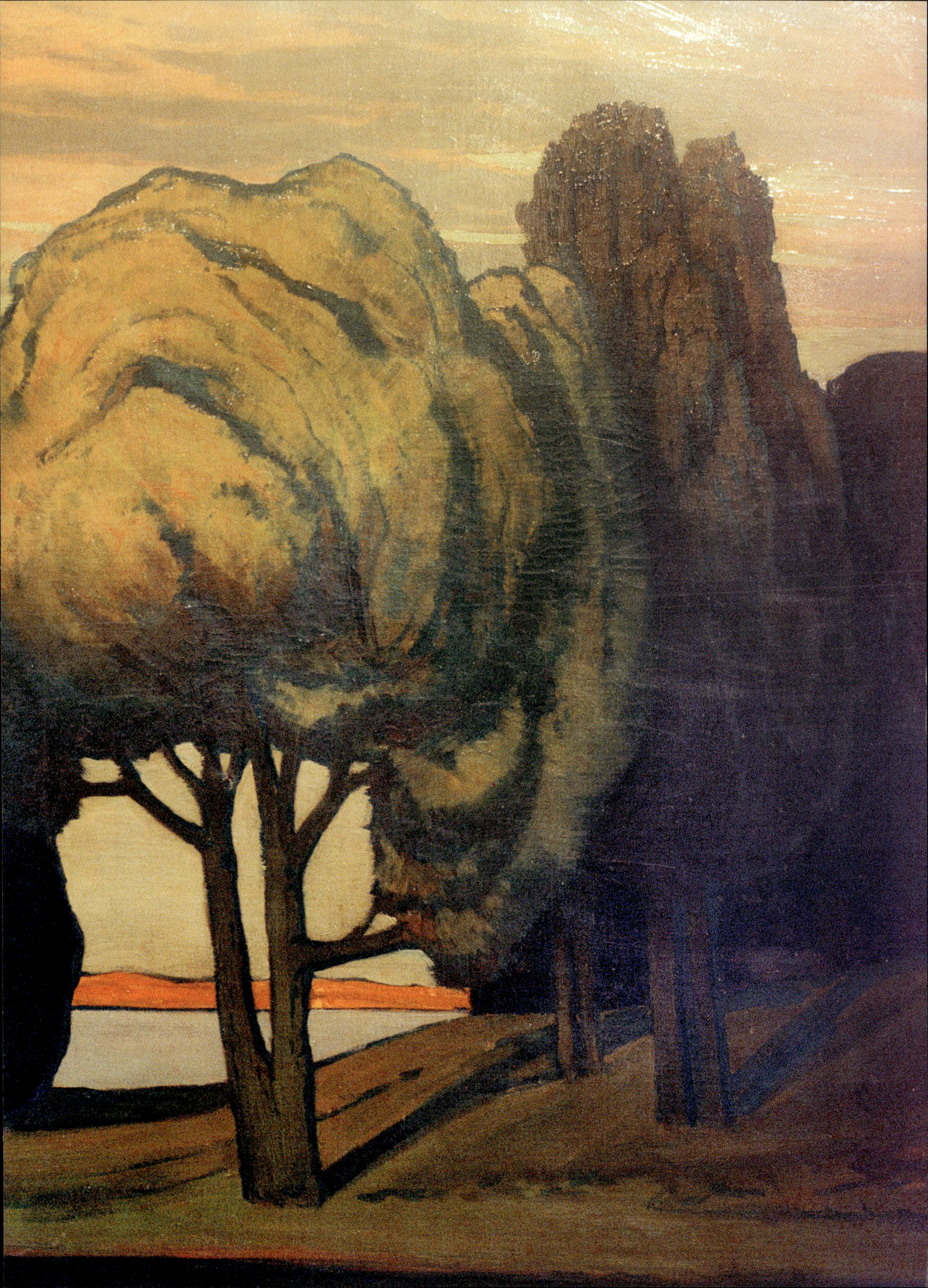

Unspektakulär und reizlos zeigt sich die märkische Landschaft auf den ersten Blick. Auf Walter Leistikow wirkte die vermeintlich karge Natur, die »Streusandbüchse« um Berlin mit ihrer dürftigen Schönheit, inspirierend. Er trotzte der preußischen Natur eine Fülle von Motiven ab, entdeckte »die spröden Reize dieser feierlichen Kiefernwälder, die in so beengendem, starrem Schweigen in den blauen Seen der Mark sich spiegeln.«[1]

Als Entdecker der Mark und der Berliner Landschaft wurde der Künstler oft bezeichnet. Das ist bis heute so geblieben. Leistikows See- und Walddarstellungen überzeugen durch das Atmosphärische, das »unbewusst Wirkende der Natur«[2], deren geheimnisvoll melancholische Aura schwer zu fassen ist und als Spiegel der seelischen Verfassung des Betrachters wirken kann.

Wie Max Liebermann, dem wohl bekanntesten Berliner Maler, bestimmte Leistikow reale Orte unter märkischen Kiefern oder an den Ufern der Seen zum Gebiet seiner Bildkompositionen. Wiederholt malte er denselben Naturausschnitt, z. B. am Schlachtensee oder Grunewaldsee zu verschiedenen Tages- und Jahreszeiten, um wechselnde Lichtverhältnisse und unterschiedliche Stimmungen einzufangen.

»Er ist für die Welt zum Dolmetsch dieser spröden Natur geworden«, äußerte sich Lovis Corinth über die innige Beziehung des stadtmüden, kulturkritischen Freundes zur märkischen Landschaft, in deren ergiebigem Revier Leistikow in die subjektive Zwiesprache mit der Natur eintauchte und ihre verborgene Seele zu enthüllen suchte.

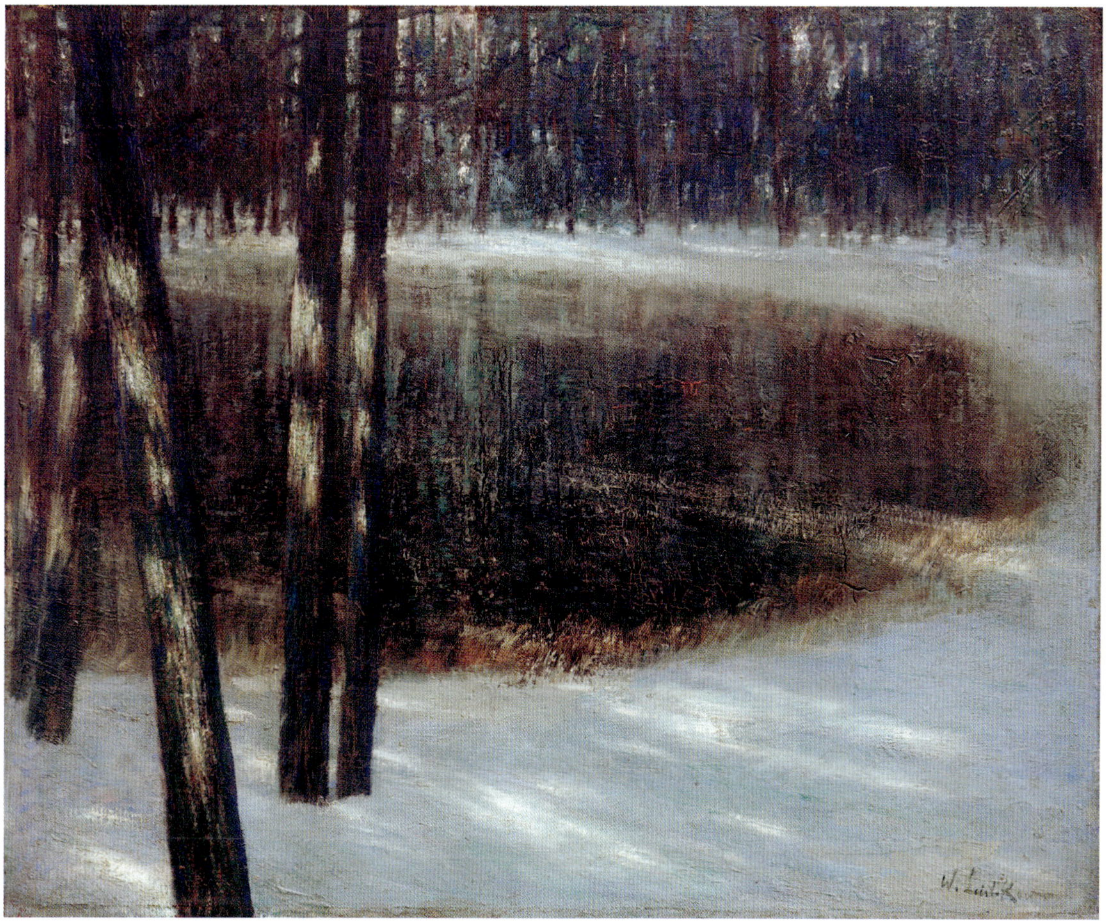

Waldsee im Winter, um 1894/95
Öl auf Holz, 53,2 × 69 cm
Berlin, Stiftung Stadtmuseum

Eine weitere Komposition der Leistikowschen »Waldseeformel« ist diese Wintervariante. Der angeschnittene, halbrunde See mit fünf laublosen Bäumen im Vordergrund weist eine schneebedeckte Bodenfläche auf. Lichtreflexe schimmern sowohl im Schnee als auch auf den Baumstämmen und zeugen von einem sonnigen Wintertag.

Märkische Seen wurden von Walter Leistikow überwiegend zu wärmeren Jahreszeiten dargestellt, was möglicherweise daran lag, dass die Studien stets an Ort und Stelle erstellt wurden und sich der Maler im Winter nicht so häufig im Freien aufhielt.

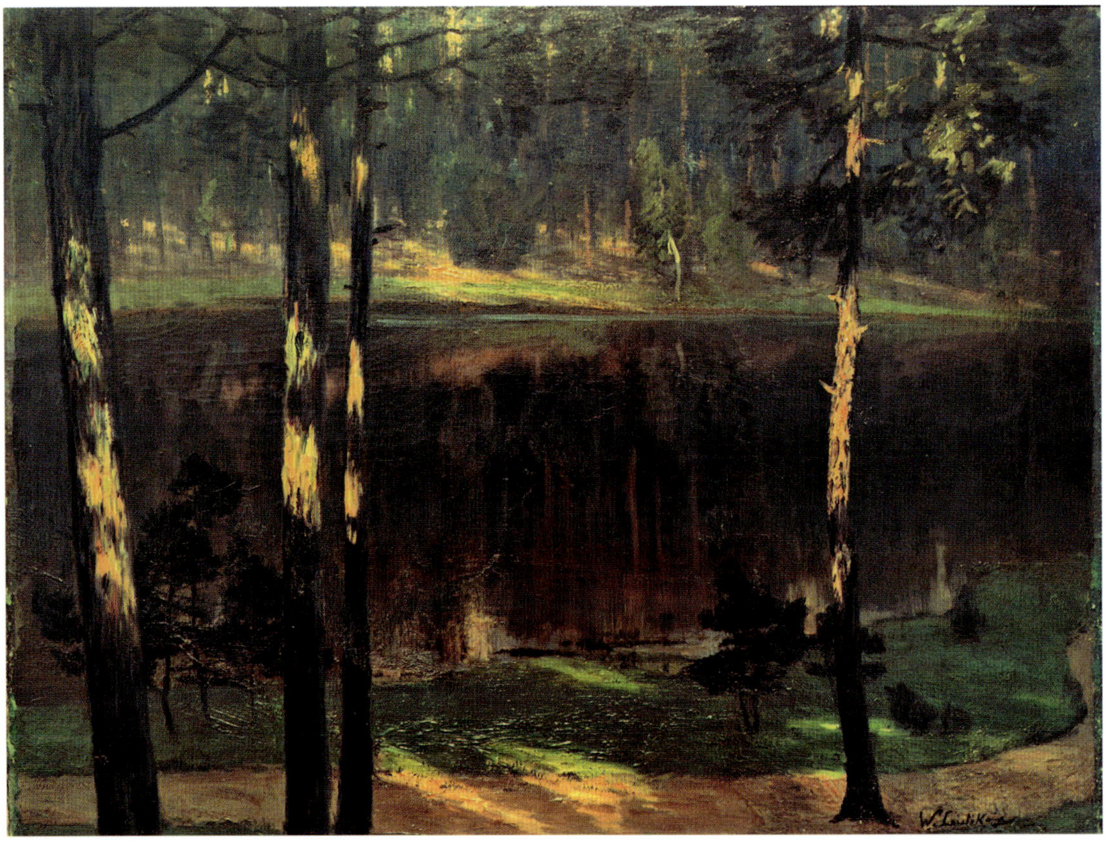

Einsamer Waldteich, um 1894
Öl auf Leinwand, 61 × 80,5 cm
Schweinfurt, Sammlung Georg Schäfer

Obwohl Walter Leistikow hauptsächlich mit der Natur der märkischen Landschaft in Verbindung gebracht wird, gibt es auch Gemälde und Studien, deren genaue Herkunft unbestimmt ist. Um welchen See handelt es sich hier? Diana- oder Riemeistersee, Teufels- oder Halensee? Alle Elemente, die Leistikows Werke auszeichnen, sind vorhanden: Wald und Wasser, Spiegelungen im See, Schattenflächen, Lichtreflexe und angeschnittene Bäume ohne Krone, doch die genaue Ortung fällt schwer.

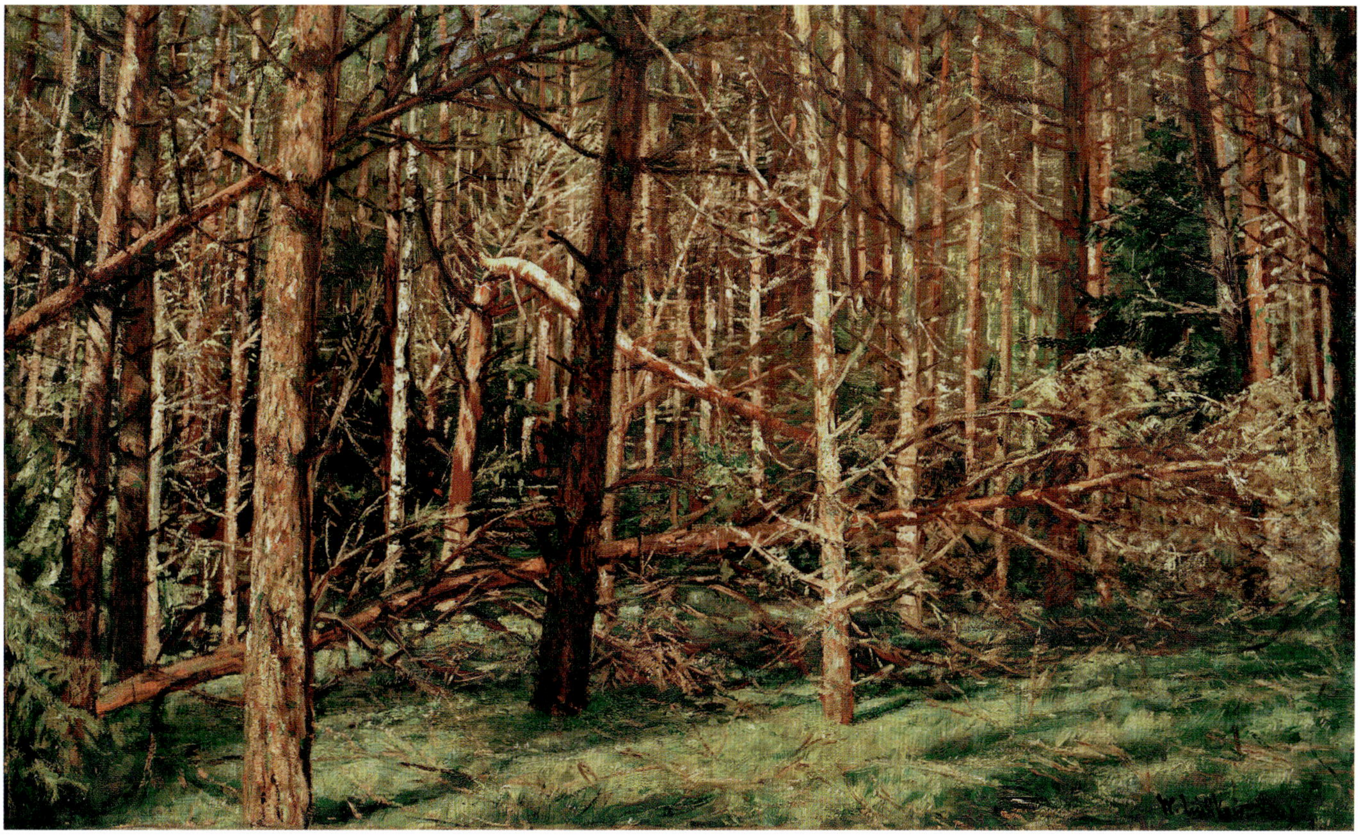

Walddickicht, um 1895
Öl auf Leinwand, 61,5 × 100 cm
Bydgoszcz (Polen), Muzeum Okregowe

Einen dichten Wald in heller, frühlingshafter Farbigkeit zeigt diese originelle Komposition. Vertikal aufragende Baumstämme ohne Krone werden gestürzten, gesplitterten Bäumen horizontal entgegengesetzt, die den Ausweg zu versperren drohen. Das Waldstück kann auf den Betrachter beklemmend wirken, als könnte man sich, wie im Märchen, leicht verirren und den Weg nach Hause nicht mehr finden. Gleichzeitig wirkt der Wald, symbolisch überhöht, als träumerischer Sehnsuchtsort und stellt ein Gegenbild zur Rationalisierung und Modernisierung der Gesellschaft dar.

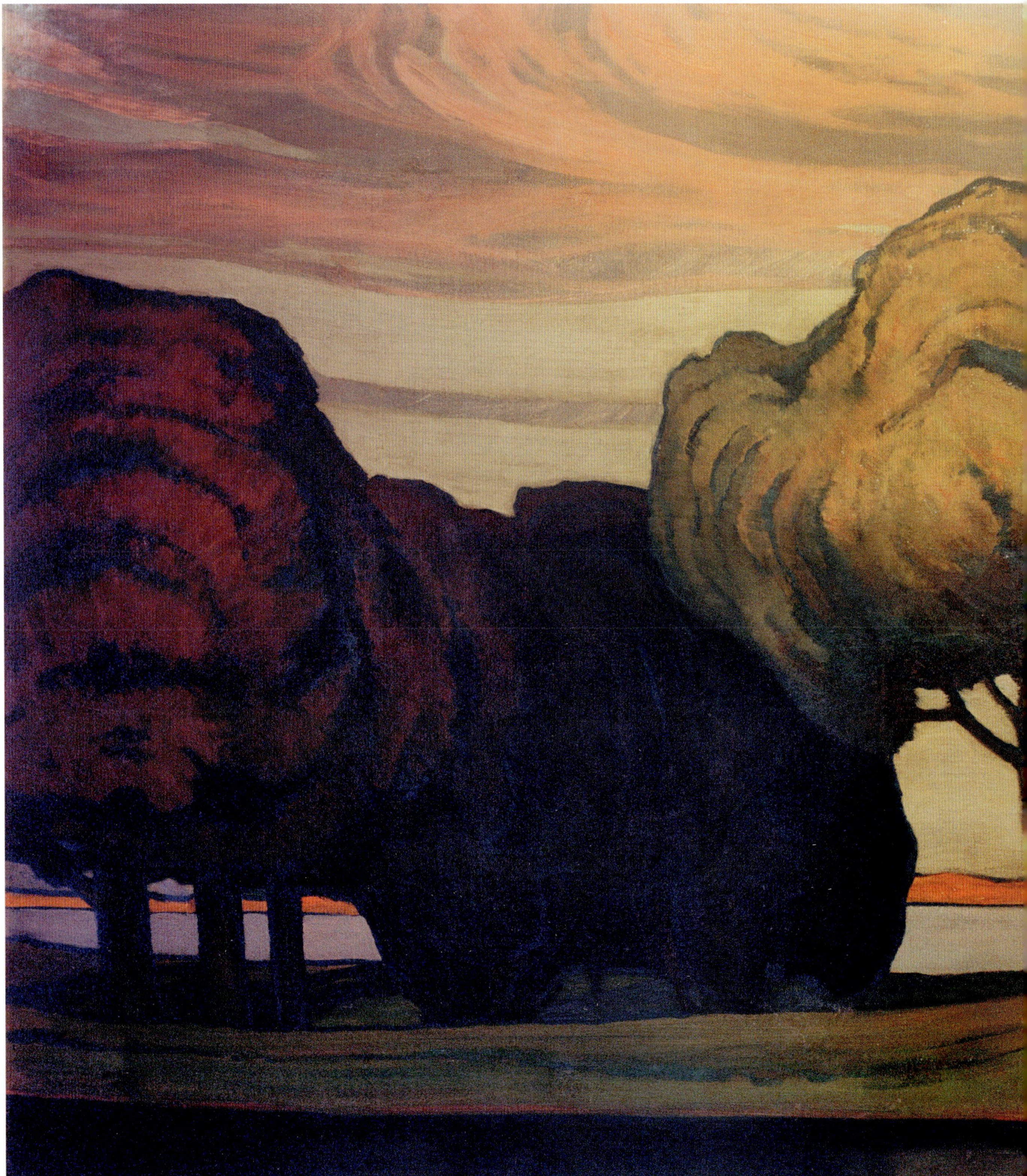

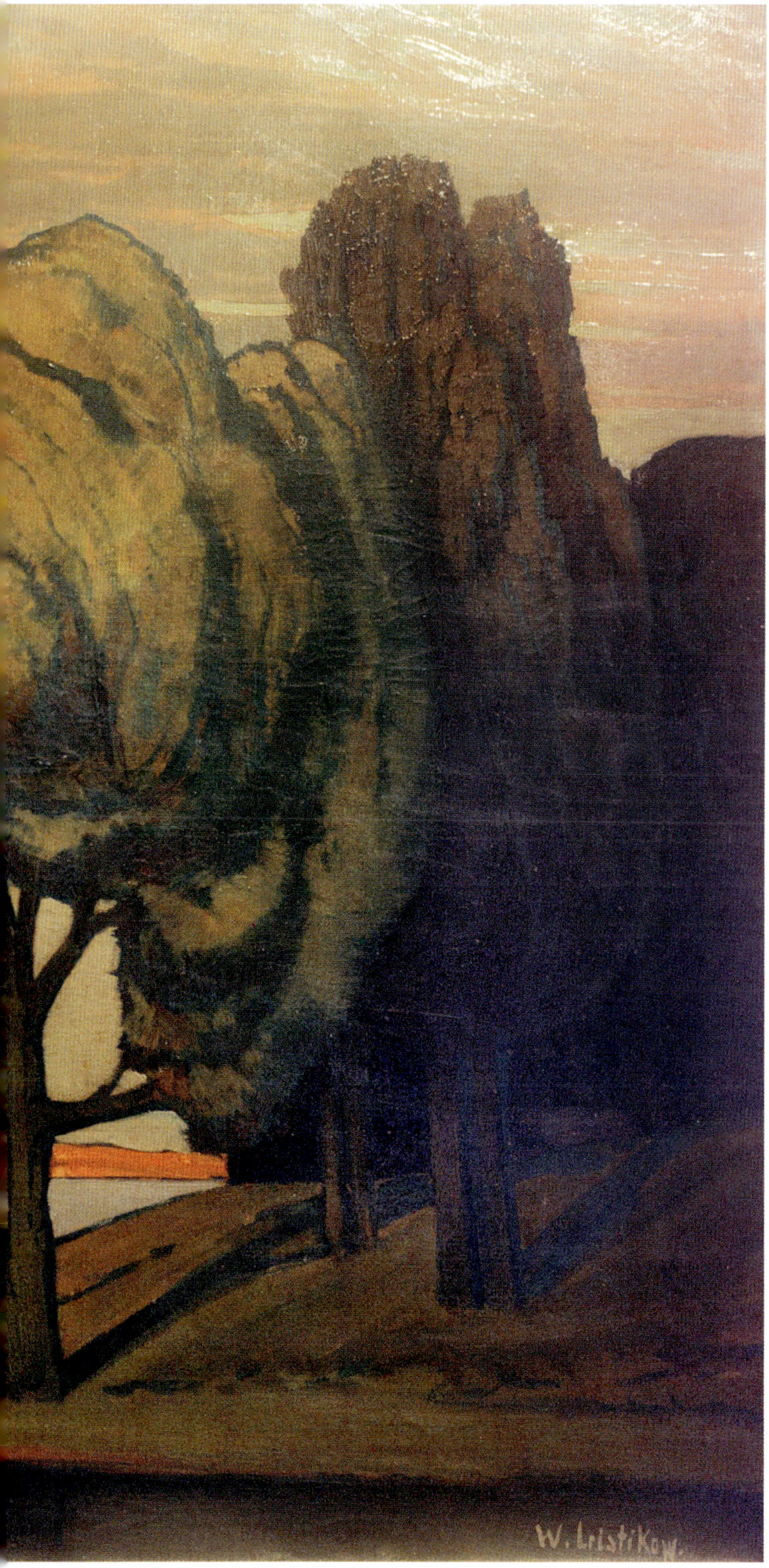

Bäume, 1895–1899

Öl auf Leinwand, 89 × 129 cm
Bydgoszcz (Polen), Muzeum Okregowe

Fünf Bäume mit dichten Kronen stehen nebeneinander auf einer Wiese. Dahinter erstreckt sich ein See, über dem im Himmel ein rosagräuliches Wolkenfeld schwebt.

Die Bäume wirken geheimnisvoll, als ob sich dahinter etwas Verborgenes verstecke. Die weichen, ausladenden Linien erinnern an die Ästhetik des Jugendstils und die Formen und Farben der Bäume an japanische Holzschnitte, die visionäre Traumgebilde verschlüsseln.

Der Waldausschnitt ist nicht mehr Stimmungsträger der Landschaft, sondern Träger einer mystischen, hintergründigen Verfremdung, die durch den symbolistischen Charakter bei den Zeitgenossen Ratlosigkeit und Verwunderung auslöste.

Brücke am Dianasee, um 1900

Öl auf Leinwand, 124 × 153 cm
Museum Charlottenburg-Wilmersdorf

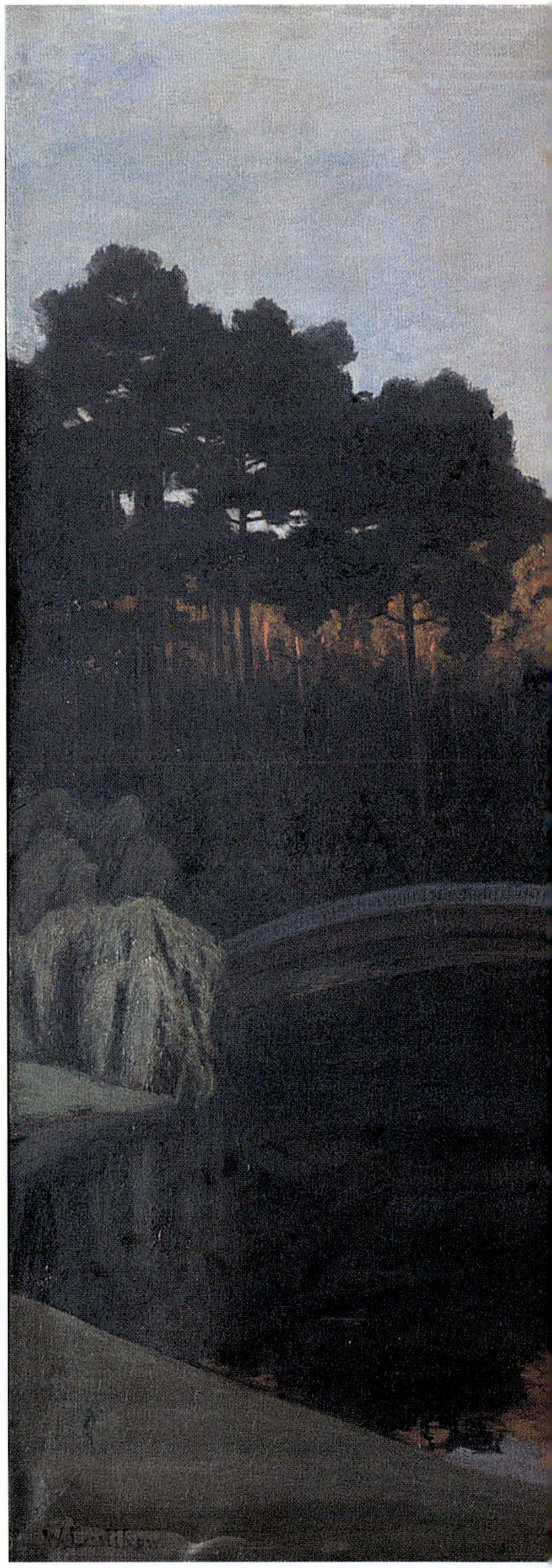

Leistikows Stimmungslandschaften sind von einer sakralen Feierlichkeit und pantheistischen Beseelung der Natur geprägt. Der See als geschlossenes Ökosystem, umgeben vom dunklen Schatten der Wälder, menschenleer und still, ruft bestimmte Assoziationen hervor, die weder Störungen noch Unruhe vertragen.

Der Dianasee im Grunewald mit seiner blauen Brücke, der üppig wuchernden Vegetation und der weißen Mauer strahlt eine geheimnisvolle Aura aus, die an ein Zauberreich erinnert. Der dunkle, abendliche Himmel und die Spiegelungen im Wasser verleihen der Szene melancholische Schönheit und sorgen für eine intime Atmosphäre.

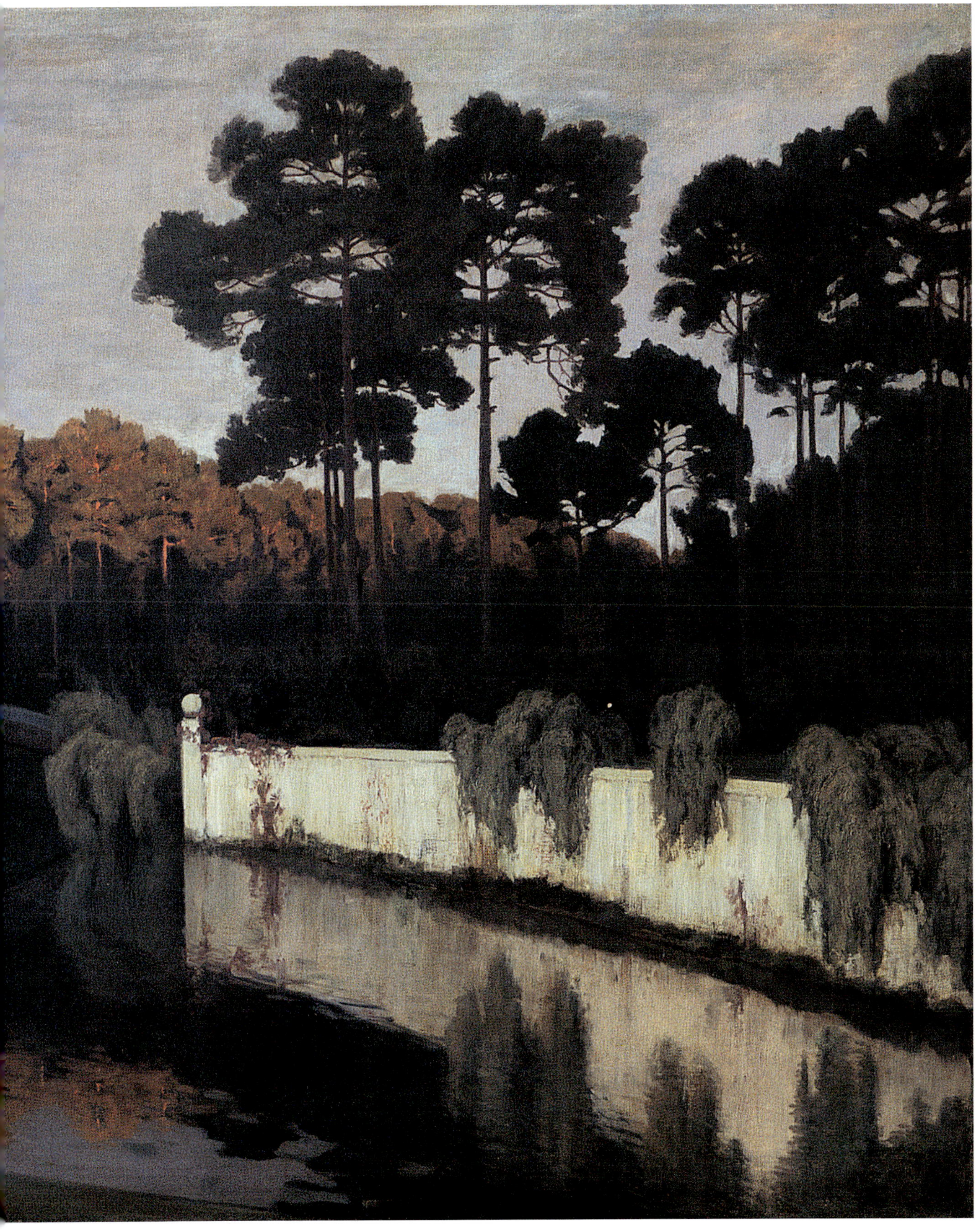

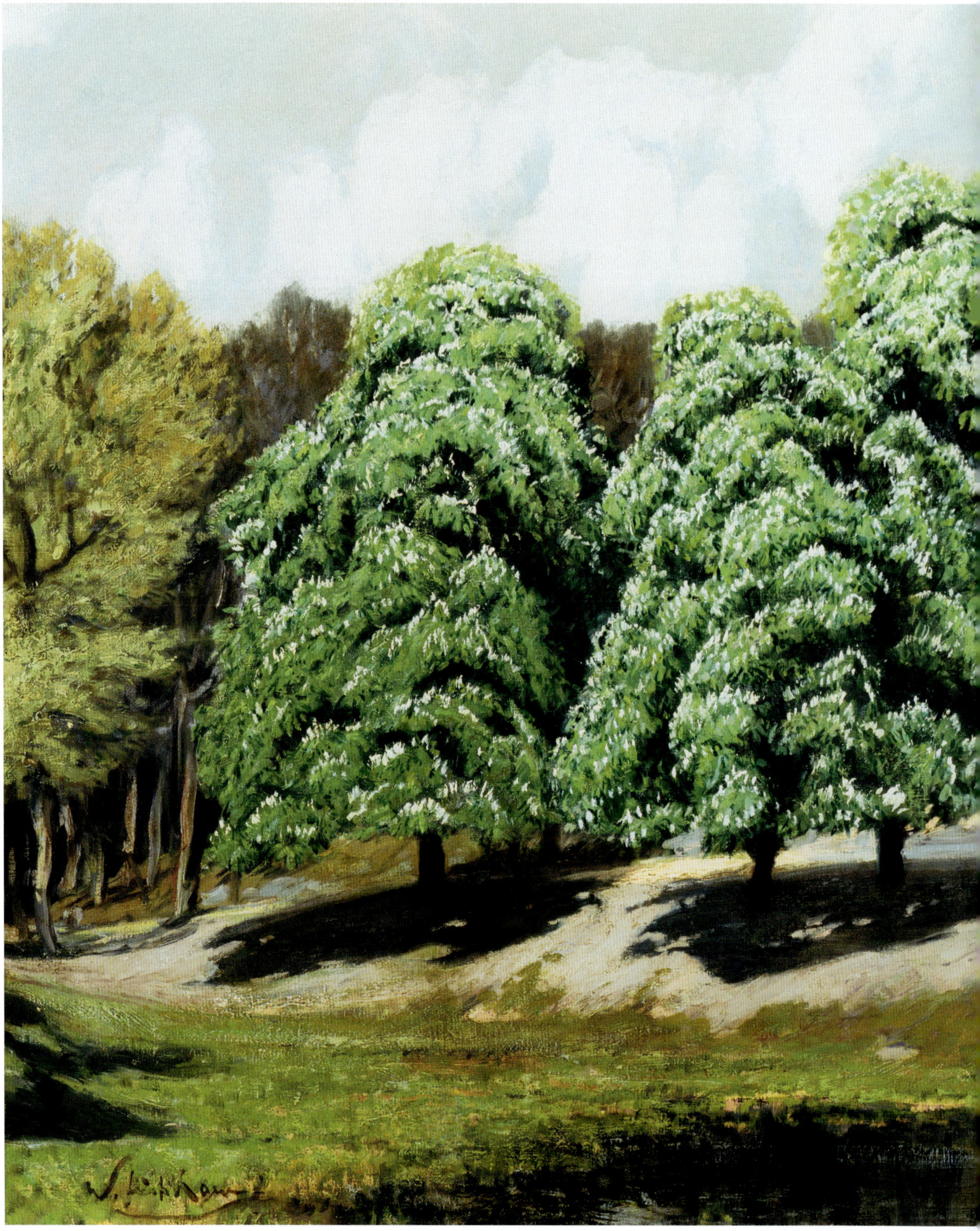

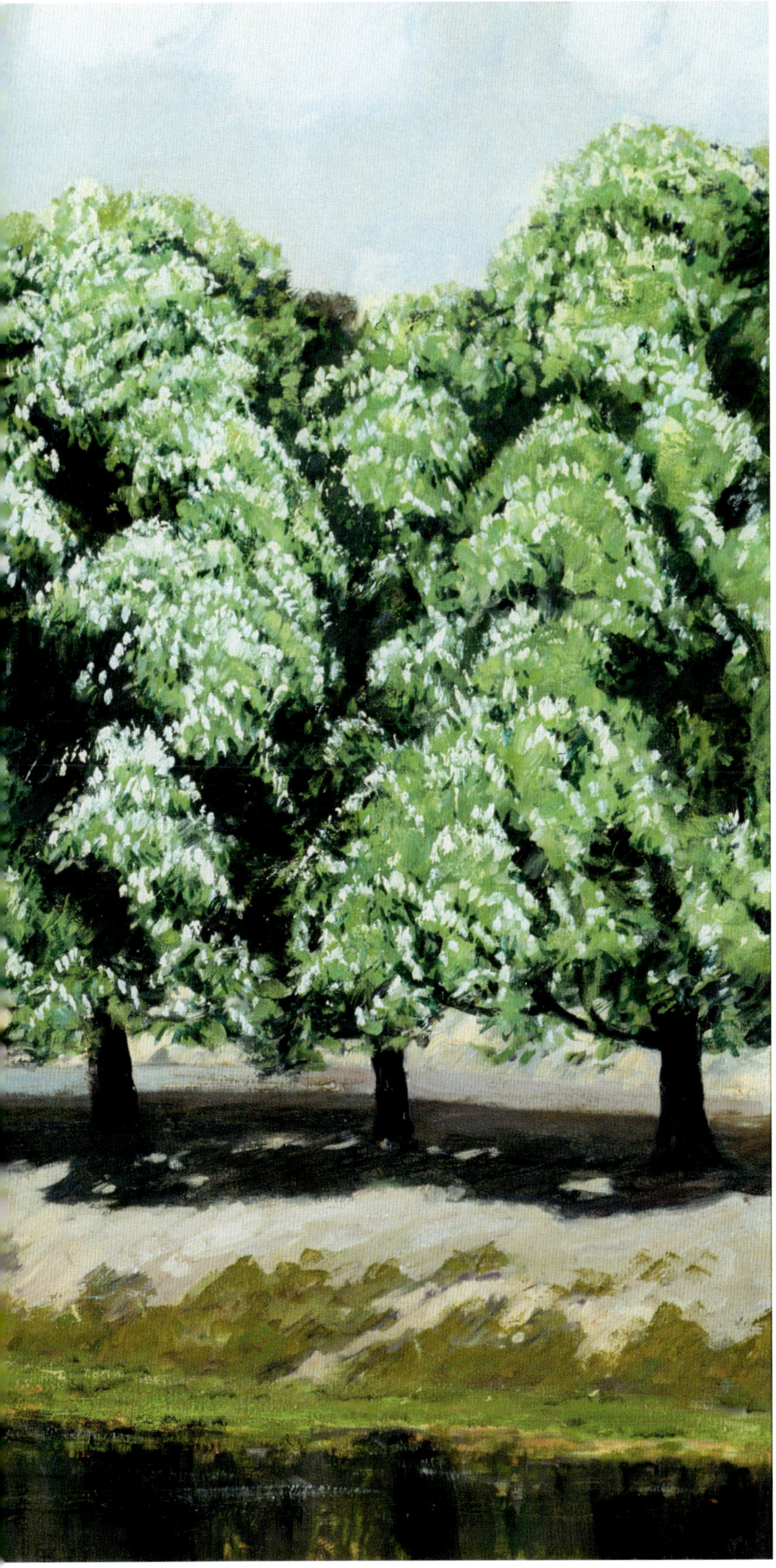

Blühende Kastanien, 1900

Öl auf Leinwand, 76,2 × 100,3 cm
Privatsammlung

Im Gegensatz zu vielen düster und melancholisch wirkenden Walddarstellungen Leistikows zeigt sich diese prächtige Kastaniengruppe sonnenverwöhnt und hell. Nichts Geheimnisvolles oder Bedrohliches geht von ihr aus, wie es dem deutschen Wald häufig nachgesagt wird, sondern vielmehr ein Gefühl von Frohsinn und Unbeschwertheit. Durch sommergrüne Farbe, weiße Blüten und den leicht wolkigen Himmel zeigt sich die schlichte Schönheit der Natur und das Gespür des Malers für die atmosphärische Schilderung.

»So kann man an seinen Bildern in abgeklärtester Form lernen, wie in jeder Landschaft ein Stück Dekoration und in jeder Dekoration ein Stück Natur ruht…«, merkte der Kunstpublizist Oscar Bie an.

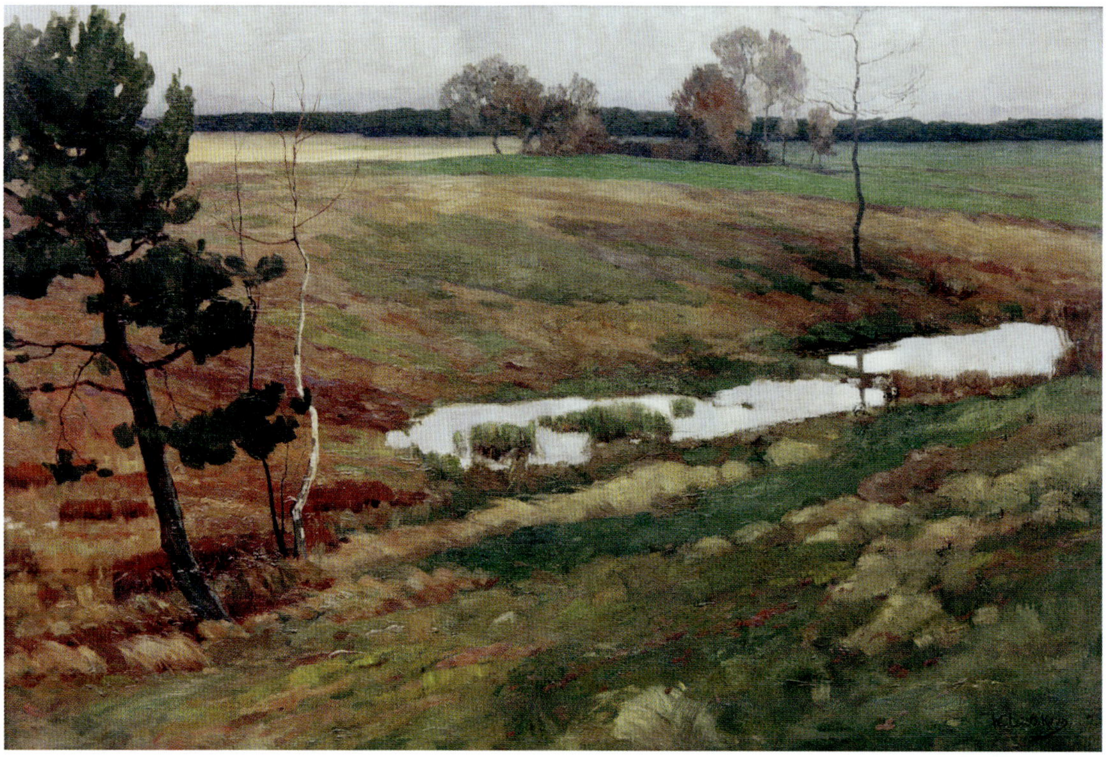

Das Bruch, um 1902
Öl auf Leinwand, 87 × 129 cm
Berlin, Stiftung Stadtmuseum

Durch die Beschäftigung mit dem literarischen Naturalismus wurde für Leistikow ab 1890 die »Naturwahrheit« zum obersten Gebot seiner Kunst. Kärgliche Acker- und Heidelandschaften rückten in den Fokus seiner Landschaftsmalerei und lösten das Pittoreske ab. Unspektakuläre Landschaften, scheinbar am Wegesrand gefundene Motive, wurden als etwas Schönes entdeckt, wie das Gemälde des mit Gras- und Heide bewachsenen Ödlands mit zwei spiegelnden Tümpeln, Krüppelkiefer und Birkenstrauch beispielhaft zeigt. Erdige Braun-, Grün- und Violetttöne dominieren den Vordergrund; weiter hinten bilden Streifen von leuchtendem Gelb und kräftigem Grün Ackerflächen und vermitteln durch die Weitläufigkeit der Komposition auf leicht ansteigendem Terrain das Gefühl der Erhabenheit in diesem abgelegenen Erdenwinkel.

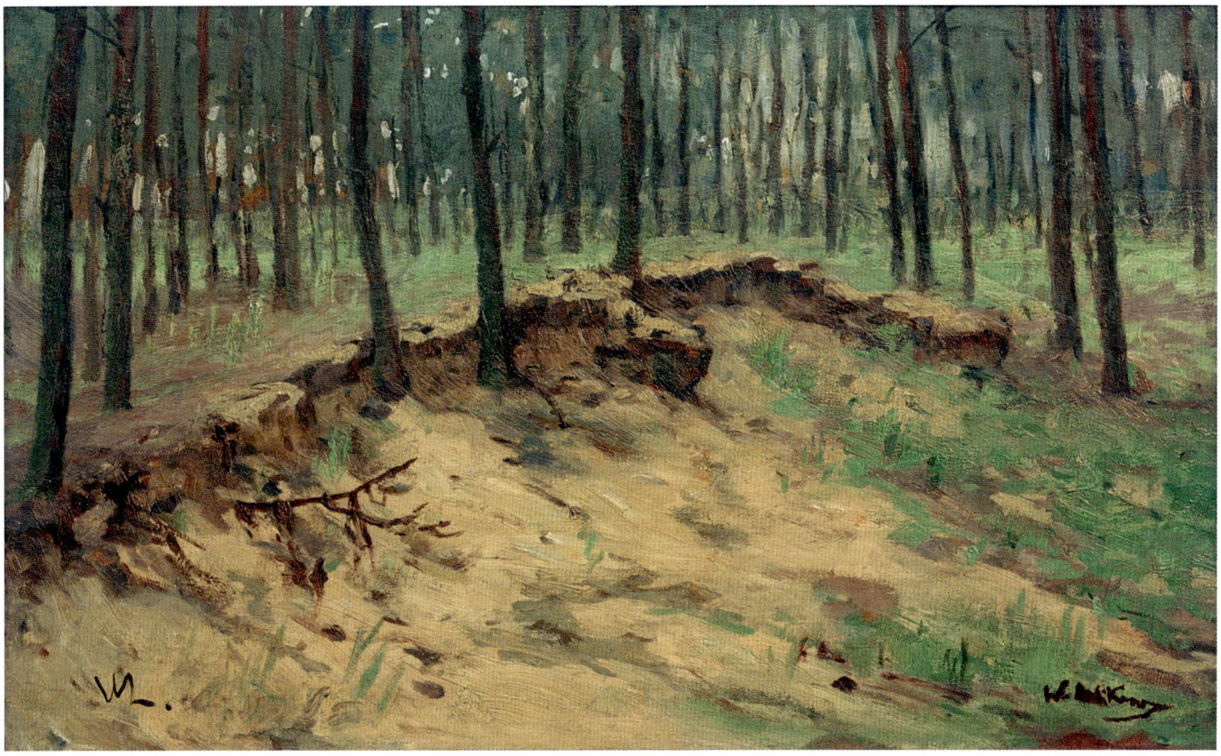

Waldstück mit Sandgrube, um 1905
Öl auf Leinwand, 30 × 50 cm
Staatliche Museen zu Berlin, Nationalgalerie

Die Begeisterung für den Wald und die symbolische Überhöhung von Bäumen, etwa der »Deutschen Eiche« oder der Buche als »Mutter des Waldes«, wurde im Lauf des 19. Jahrhunderts auf dem Weg zur »verspäteten Nation« ideologisiert und von den Nazis für rassistisch-völkische Ziele instrumentalisiert.

Davon ist bei Leistikow nichts zu bemerken. Bei ihm dominiert der atmosphärische Eindruck das Bild, da er in erster Linie ein Stimmungsmaler war und der Mythos des reinen deutschen Waldes für ihn keine Rolle spielte.

Dünen an der Ostsee, um 1902

Öl auf Leinwand, 64 × 76 cm
Bydgoszcz (Polen), Muzeum Okregowe

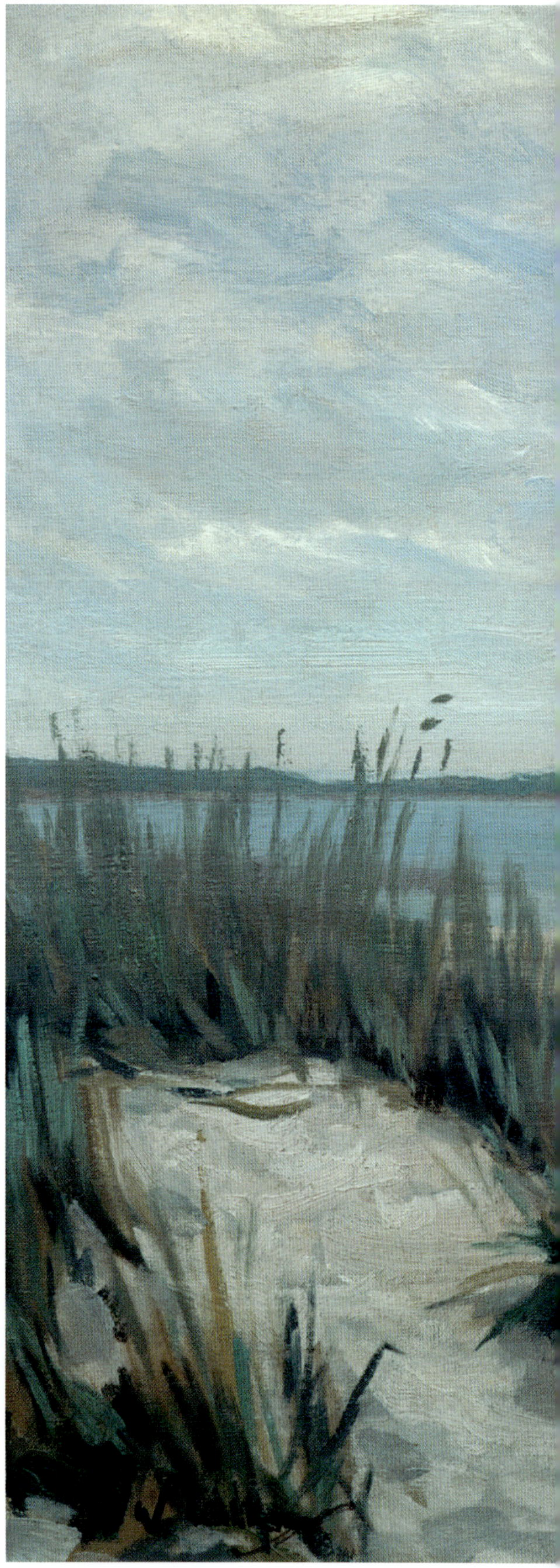

Strand und Meer, Dünen und Wolken: Leistikow verbannte früh den Menschen aus seiner Arbeit, um die banal erscheinende Natur als Motiv und Objekt seiner Auseinandersetzung mit der Malerei zu nutzen. Die Hinwendung zu einer Ästhetik der Schönheit und sensibilisierten Vorstellungskraft veränderte Leistikows Landschaften. »Denn die Landschaft selbst wird lebendig, sie hat jenes tiefe Schweigen, das alle guten Landschaften haben und in dem der Mensch eine höchst störende Leblosigkeit bedeutete.«[1]

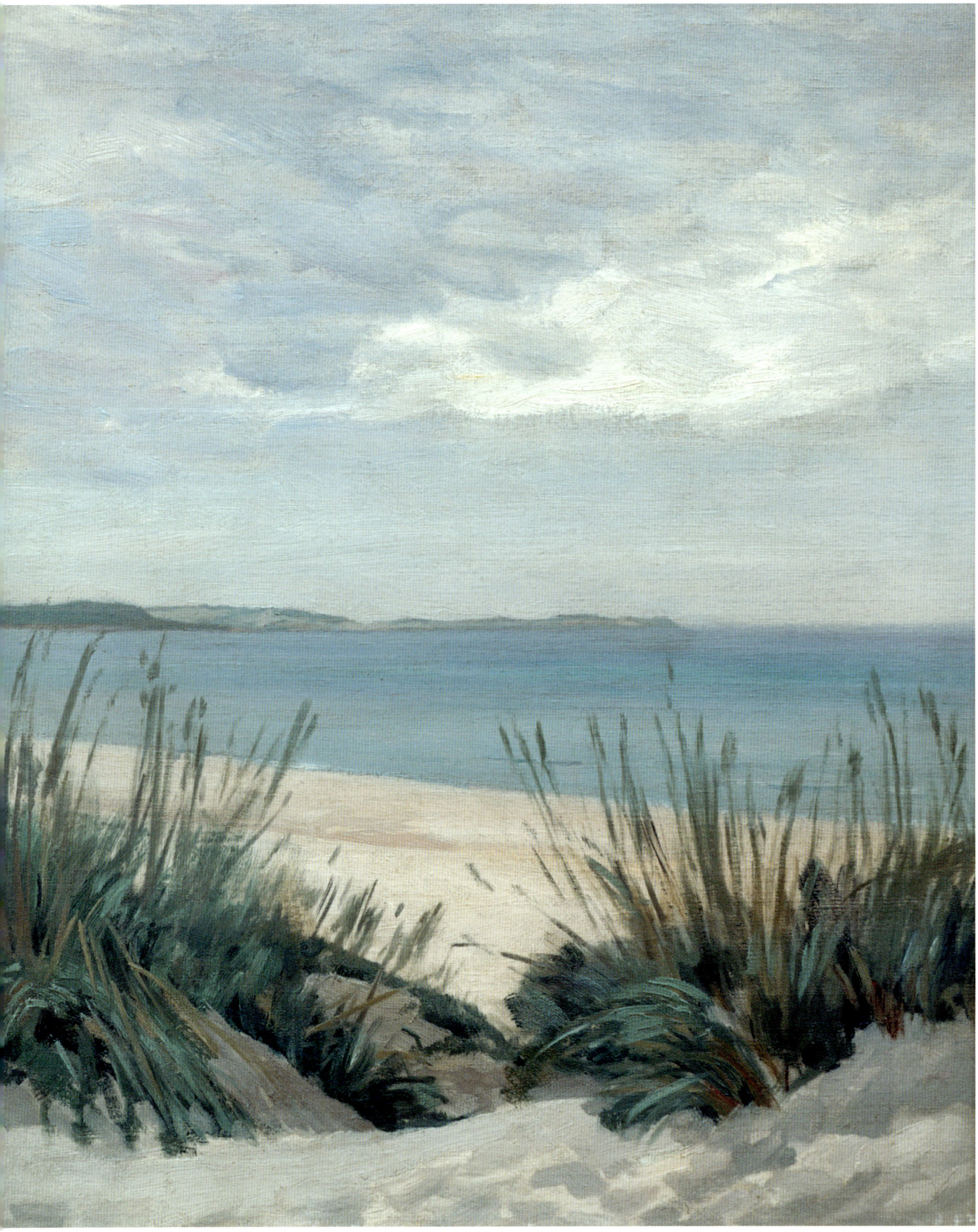

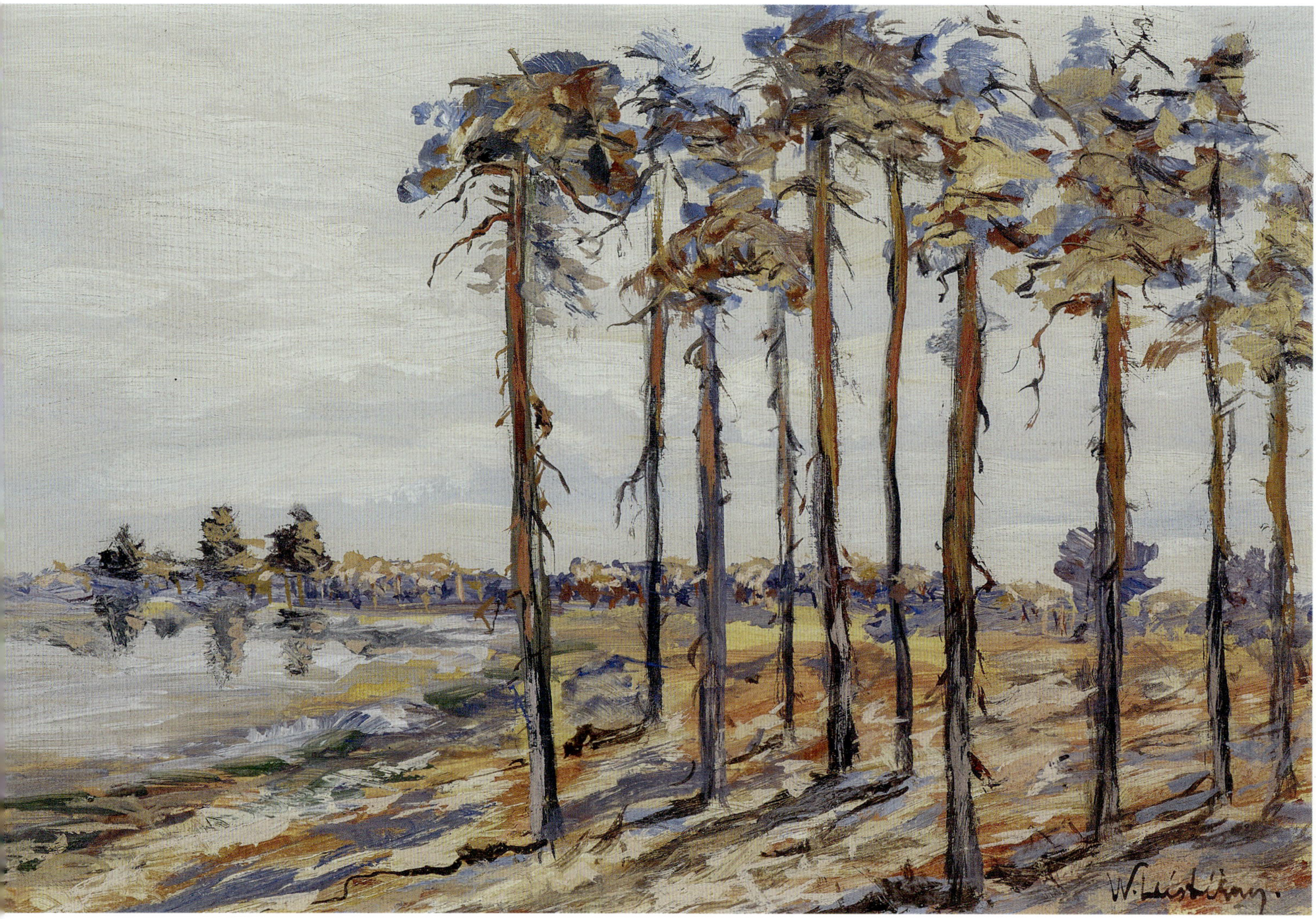

Zwei Gouachen:
Märkische Seelandschaften, undatiert

Aquarell/ Gouache auf Papier, 18 × 25,5 cm
Kunsthandel, Van Ham

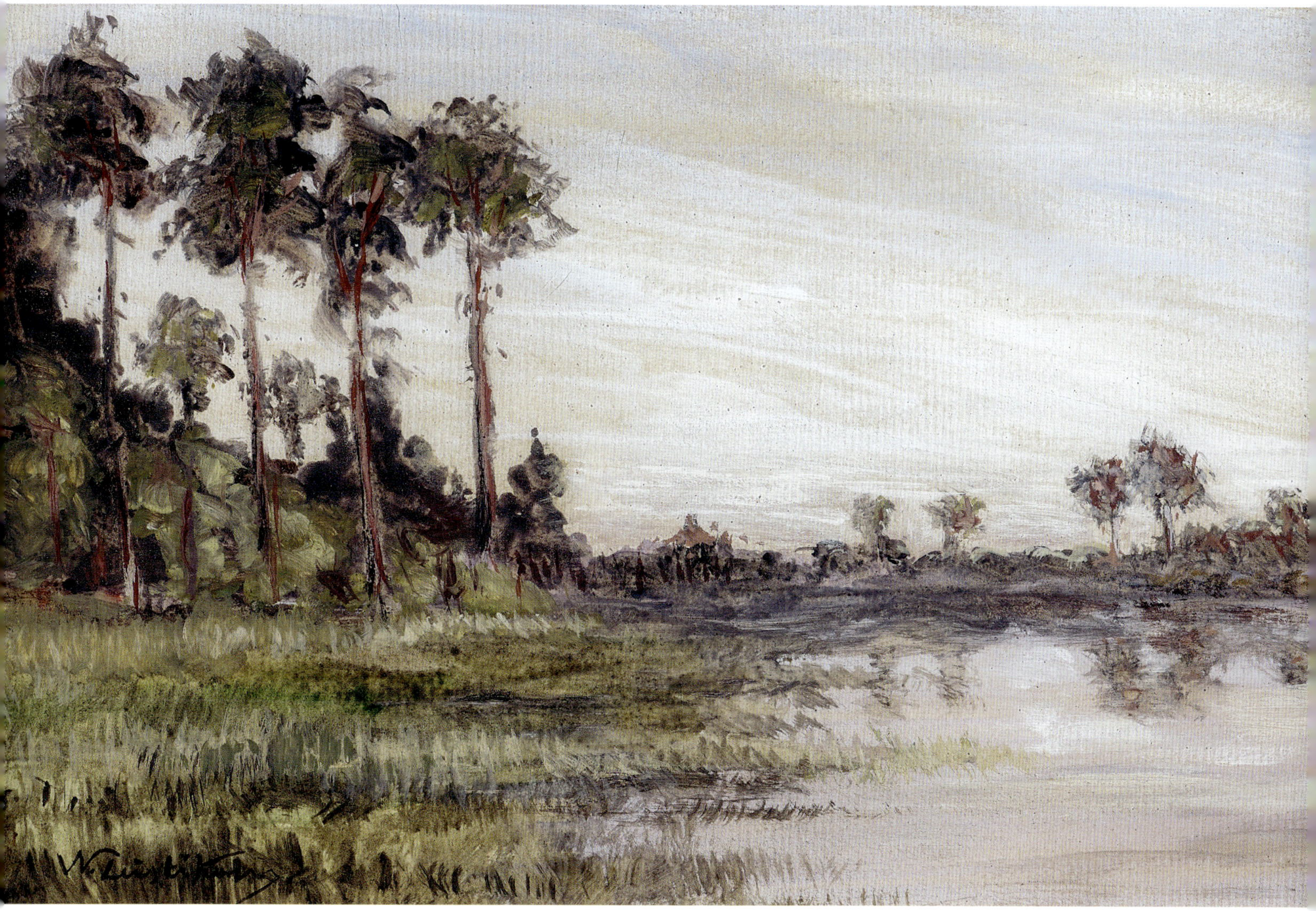

Auf dem Weg zum berühmten Maler märkischer Landschaften Mitte der 1890er Jahre, machte Leistikow verschiedene Entwicklungsschübe durch. Die Zutaten, die Leistikow für sein Kompositionsschema benötigte, waren jedoch schon früh vorhanden: das sanfte Oval des Sees, ein baumbestandener Uferbereich, Spiegelungen im Wasser, Schattenspiel und Hell-Dunkel-Kontraste.

Mischungen aus Wald- und Seenlandschaften wurden zum Schwerpunkt seiner Arbeit, zu denen auch die beiden menschenleeren Darstellungen gehören, von der die eine wie eine Nahaufnahme wirkt. »Warum sollen wir uns nicht freuen, daß man neben der Wahrheit heute auch die Schönheit sucht, neben dem Licht auch den heimlichen Schatten«, schreibt er 1893 in einem Aufsatz für die »Freie Bühne«.

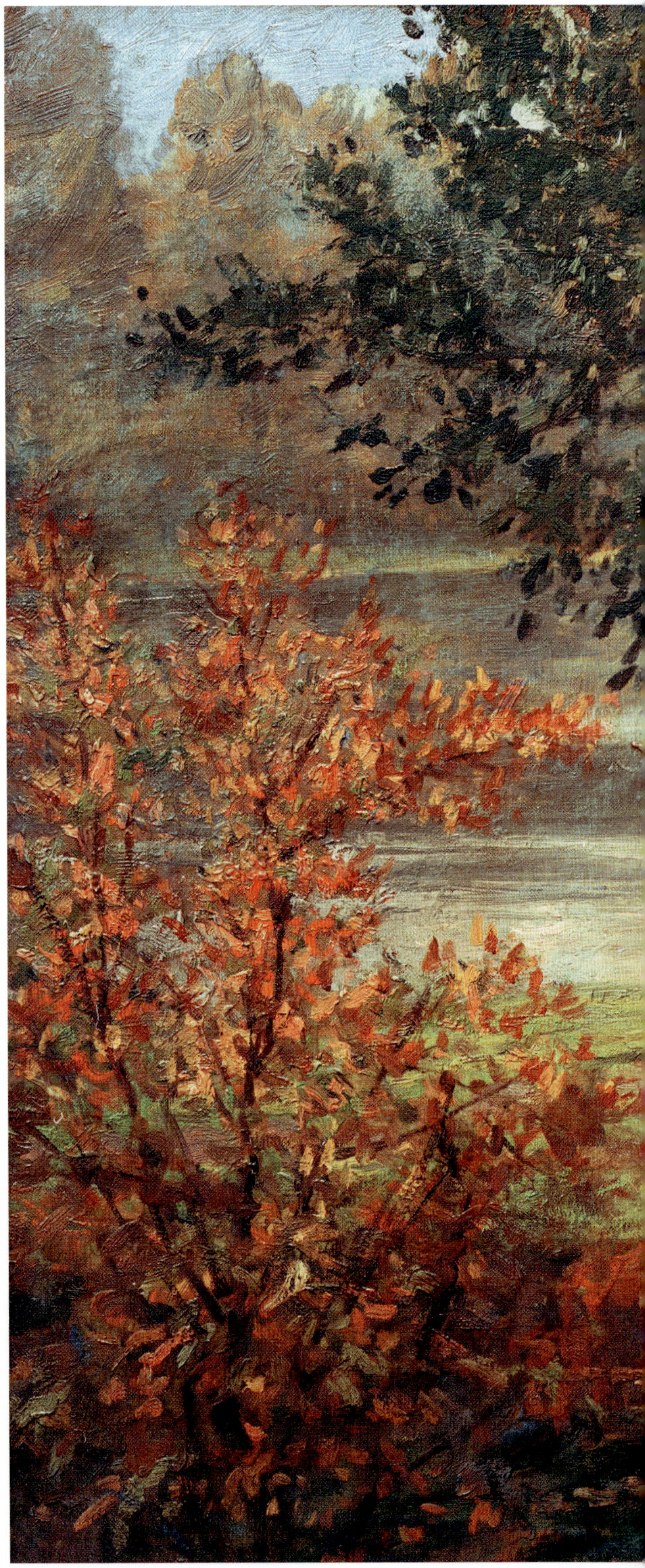

Landschaft, Ufer mit Bäumen und Büschen, o. J.

Öl auf Leinwand, 53,7 × 67,3 cm
Bydgoszcz (Polen), Muzeum Okregowe

Neben den Tages- und Jahreszeiten, die im Landschaftsbild Leistikows zu Stimmungsträgern wurden, spielte der Kontrast verschiedener Baumarten und Waldinterieurs eine Rolle, um unterschiedliche Ausdruckswerte zu erzeugen. Die variierenden Färbungen der Blätter und der unterschiedliche Wuchs der Bäume regten ihn vermutlich zu dieser Komposition an, die seine Kunst organisch entstanden wirken lässt.

Um 1900 war das Motiv des ausschnitthaften Waldstücks weit verbreitet. Künstler wie Piet Mondrian, Gustav Klimt und der Schmuckkünstler René Lalique nutzten es, um sowohl ästhetische als auch symbolische Ziele zu verfolgen.

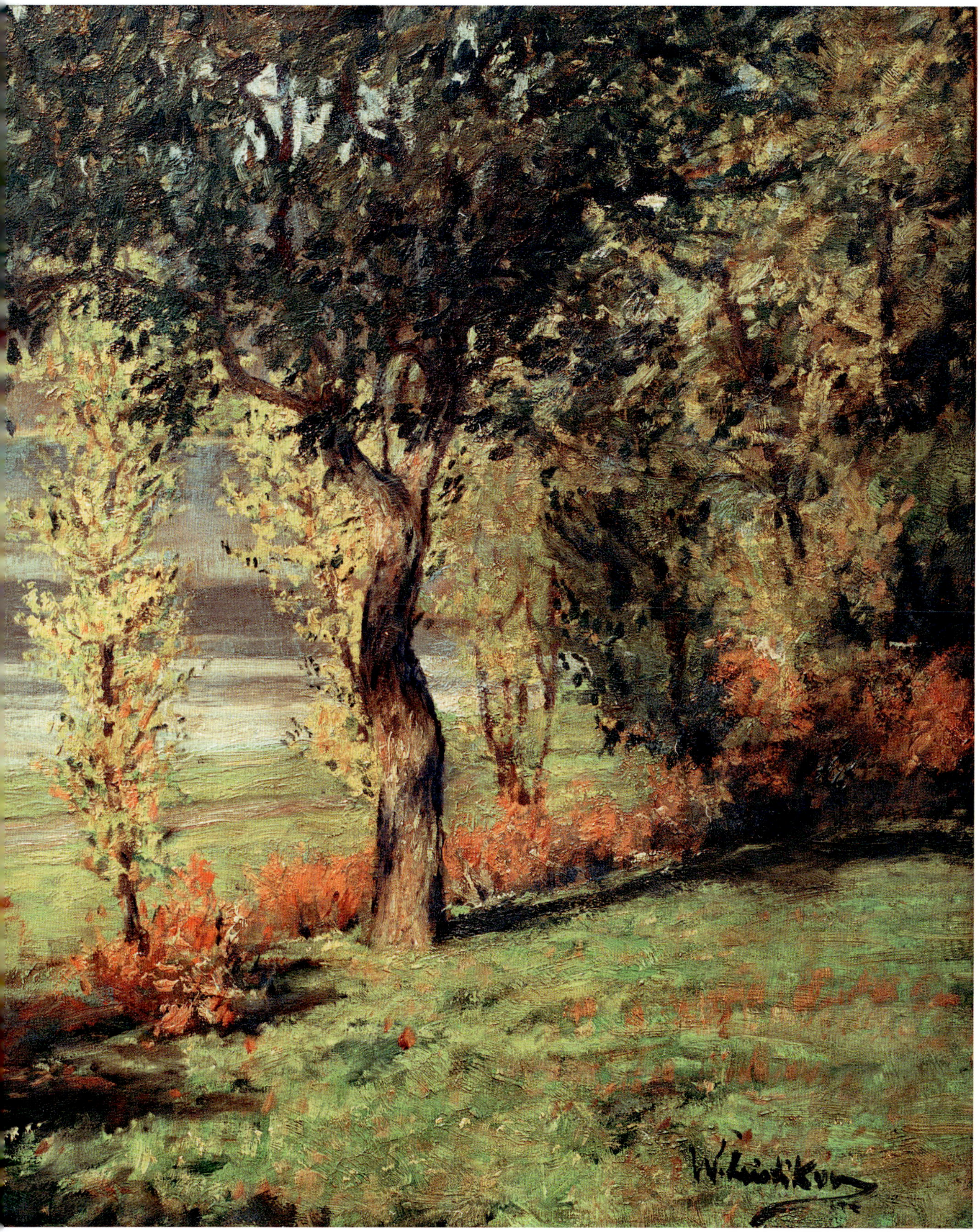

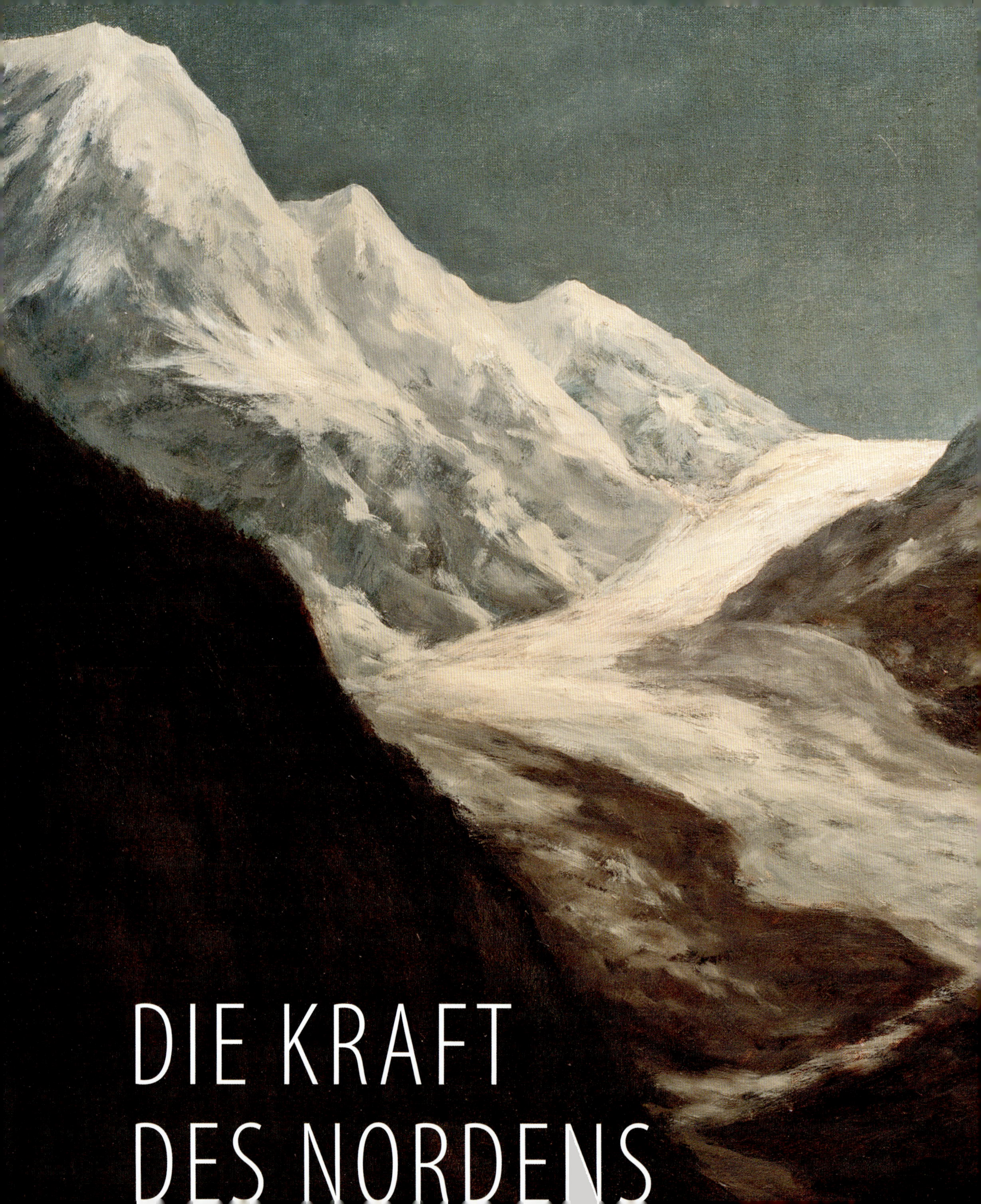

DIE KRAFT DES NORDENS

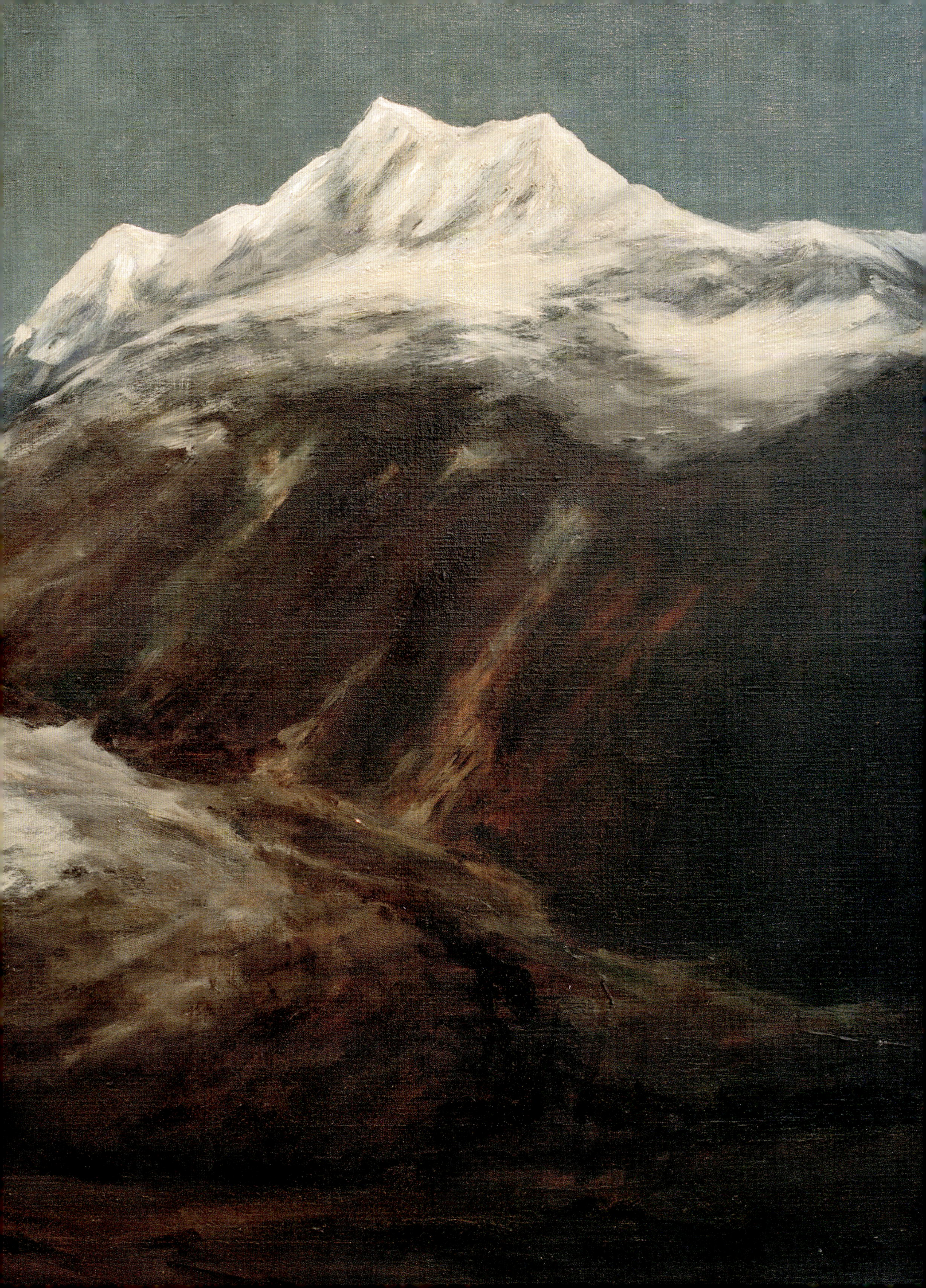

Der Landschaft blieb Walter Leistikow zeitlebens treu. Dass seine Arbeiten trotz der Beständigkeit des einmal gewählten Themas nicht eintönig wurden, liegt an Entwicklungen und Experimenten in den 1890er Jahren, die für frische Impulse sorgten und Inspiration brachten. Die Erkundung von Regionen abseits vertrauter Landstriche und die Erweiterung des eigenen Horizonts, u. a. durch die Pariser Künstlerszene und das Interesse an der japanischen Kunst, regten Leistikows wachen Geist an und flossen in sein Schaffen ein. Insbesondere die Kunst der nordischen Länder, für die er auch zum Vermittler wurde, sowie seine eigene Naturerfahrung in der Berg- und Küstenlandschaft übten großen Einfluss aus. Gemeinsam mit seiner Frau Anna, die aus einer Kopenhagener Kaufmannsfamilie stammte, erkundete er ab 1895 Sommer für Sommer die Felsen- und Meereslandschaft Dänemarks, Schwedens, Norwegens und Finnlands. Diese Länder galten zahlreichen Künstlern als Sehnsuchtsquelle, denn die Begeisterung für alles Nordische entsprach dem Zeitgeist und die vielen skandinavischen Künstler und Schriftsteller, die in Berlin ansässig waren, beflügelten die Fantasie. Wie sehr Leistikow dem Zauber des Nordens erlag, zeigen die Spuren im eigenen Schaffen, die in einer veränderten Formensprache und in kunstgewerblichen Erzeugnissen sichtbar wurden. Es ging ihm nicht darum, die Natur wirklichkeitsgetreu darzustellen, sondern die »Seele der Landschaft« einzufangen. Die Poesie einer realistischen Romantik zeigte sich in einer zur Abstraktion neigenden Stilisierung, die sich an die Kunst des Nordens anlehnte und zu einer subjektiven Zwiesprache mit der Natur führte.

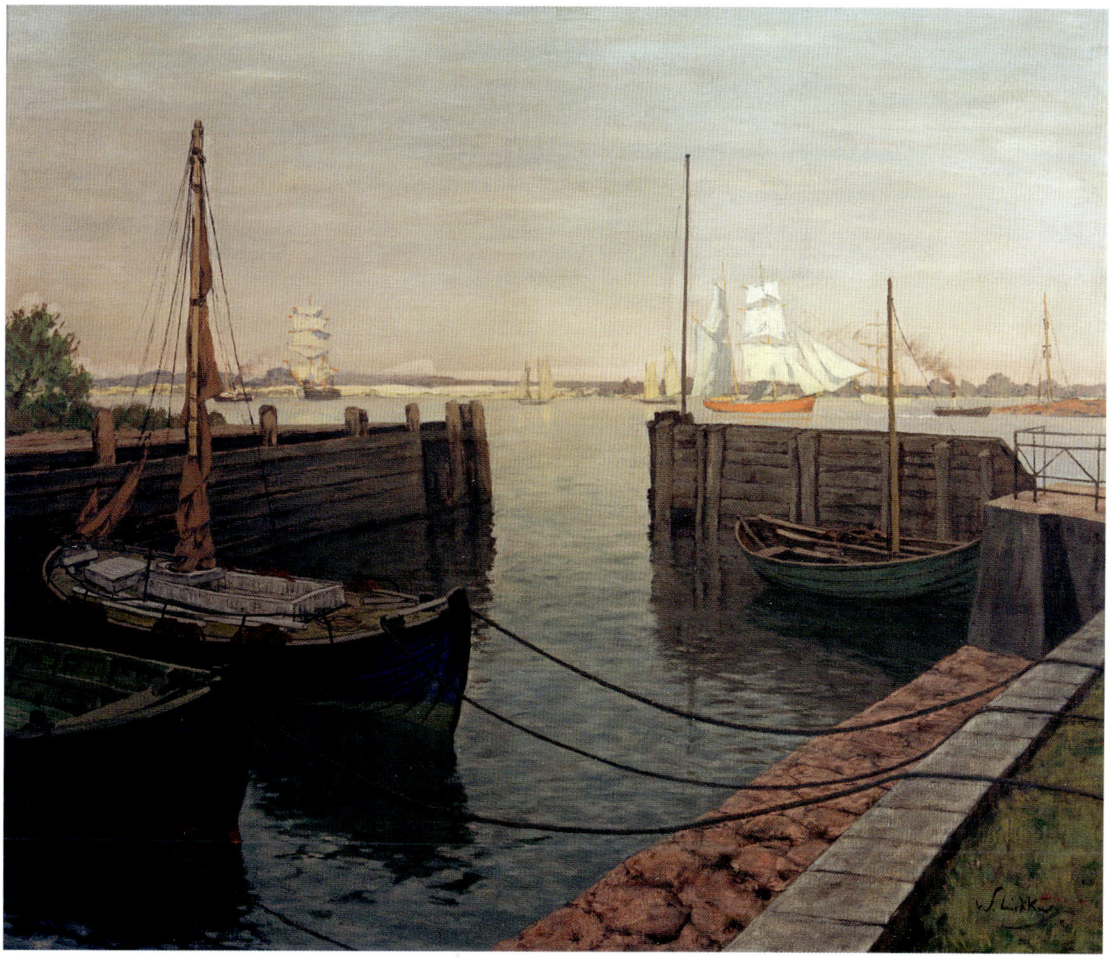

Die alten Lotsenboote, um 1894/95
Öl auf Leinwand, 105 × 125,5 cm
Staatliche Museen zu Berlin, Nationalgalerie

Hafendarstellungen bilden innerhalb der Landschaftsmalerei Walter Leistikows ein Sonderthema, dem er sich von seinen naturalistischen Anfängen bis in die späte Schaffenszeit immer wieder widmete. Diese frühe Komposition gleicht eher einer topografischen Ansicht und nicht den symbolbehafteten, rätselhaften Szenen der späteren Jahre, obwohl Licht- und Schattenflecken für leichte melancholische Akzente sorgen, während die aufgehellte Farbpalette eine impressionistische Stimmung erzeugt.

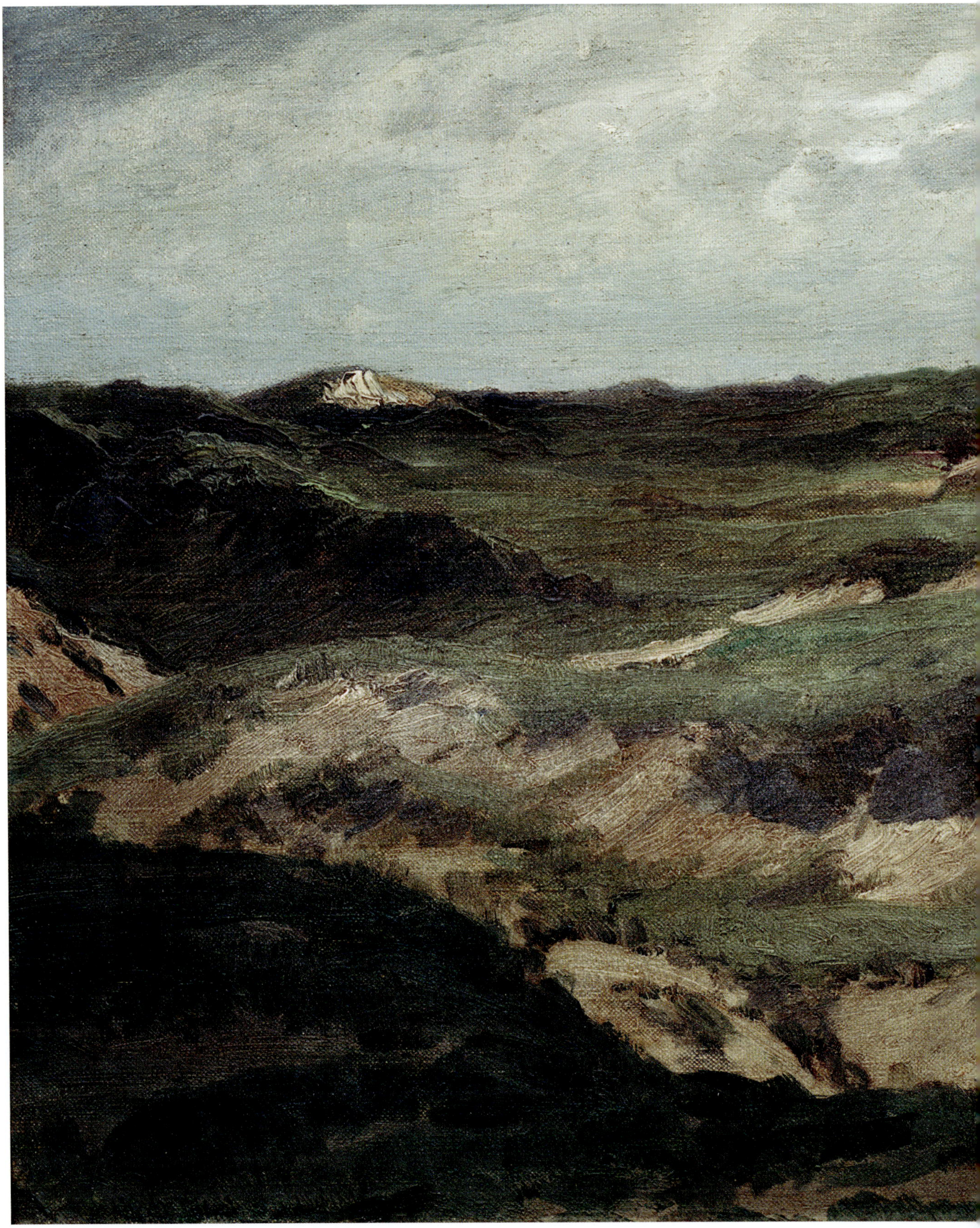

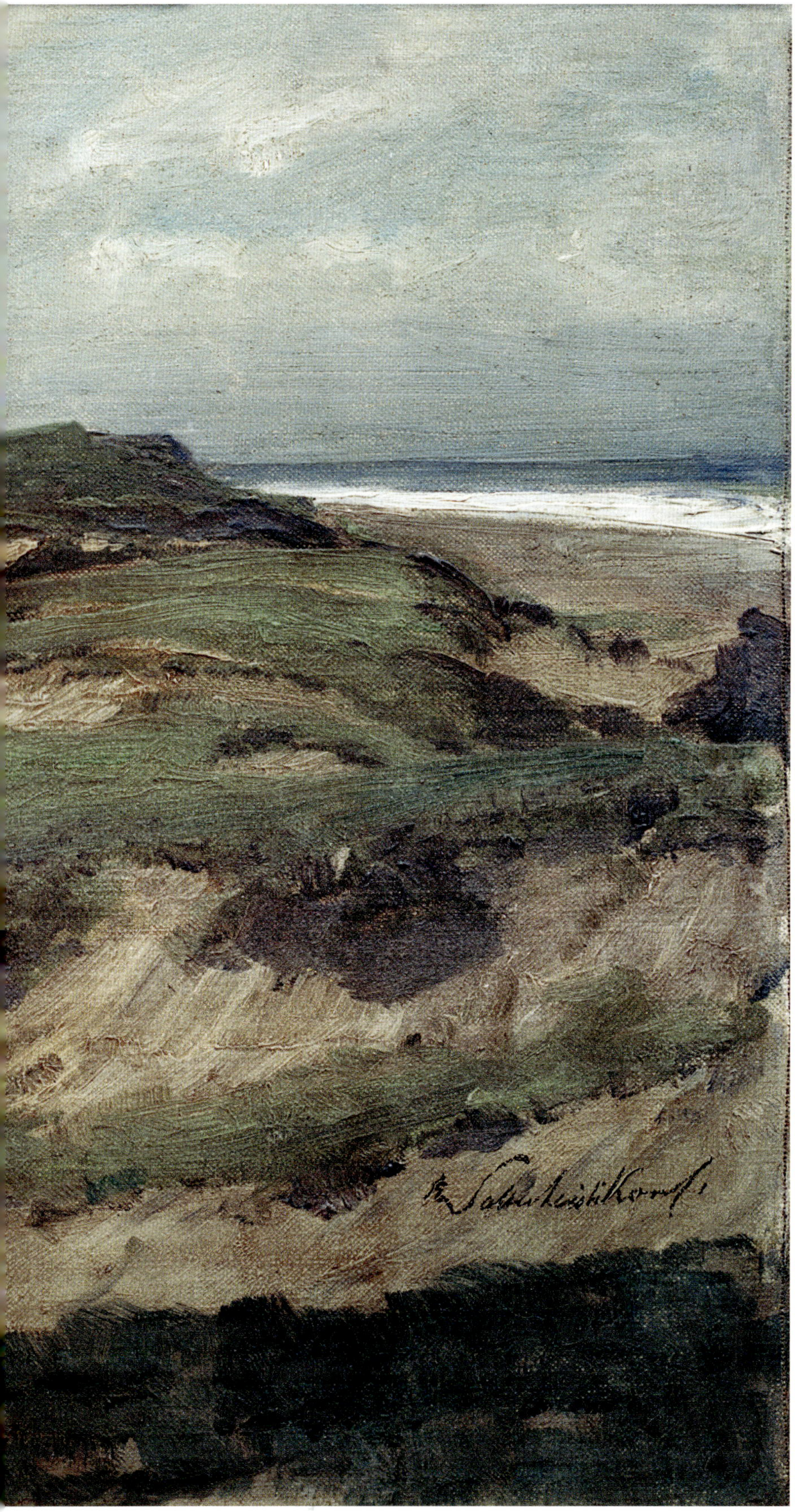

Dünen auf Juist, 1900

Öl auf Leinwand, 46,5 × 64 cm
Berlin, Bröhan-Museum

Nicht nur in den nordischen Ländern fand Leistikow Motive für seine zivilisationsfernen Küstenbilder, sondern auch bei Reisen auf die Nord- und Ostseeinseln des eigenen Landes wie beispielsweise nach Rügen oder Helgoland.

Auf Juist malte Leistikow wieder ein Stück Natur, ohne Hinweise auf menschliches Leben, und konzentrierte sich dabei ausschließlich auf die unberührte Landschaft. Der seichte, leicht kurvige Dünenabschnitt, in dessen Hintergrund sich ein Dorf andeutet, ist ein gutes Beispiel für sein Interesse an einfacher, unmittelbarer Natur. Leistikow malte keine übertriebenen heroischen Landschaften, wie es noch im 19. Jahrhundert üblich war. Stattdessen wählte er unaufdringliche Naturansichten, die in ihrer Schlichtheit für sich selbst sprechen und sowohl Motiv als auch Objekt der Betrachtung sind.

Herbst (auch: Norwegisches Hochgebirge), um 1895

Öl auf Leinwand, 103 × 130 cm
Berlinische Galerie, Berlin

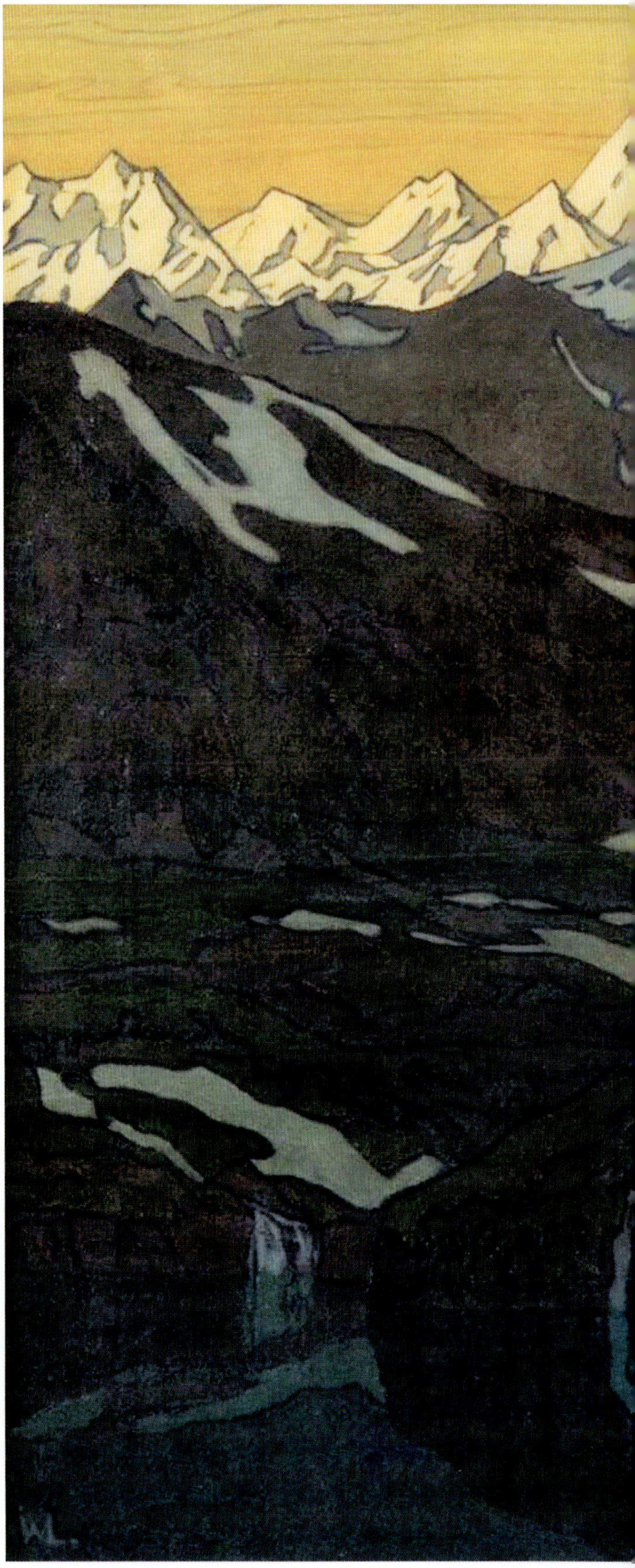

Dunkle Felsformationen mit schneeweißen Spitzen des ewigen Eises ragen vor einem wolkenlosen Firmament hoch in den goldgelb gefärbten Himmel. Expressiv und abstrakt zeigt sich die Bergwelt in kristalliner Atmosphäre. Klar und rein symbolisiert sie Ruhe und Ewigkeit und verweist auf eine Umgebung frei von Spannungen oder Konflikten, in der alles transparent erscheint.

Leistikow steht mit seinen Ansichten von Meer und Gebirge in der Tradition der deutschen und nordischen Romantik des 19. Jahrhunderts. Dabei liegt der Fokus auf symbolhaften Darstellungen, die das Unendliche, Zivilisationsmüde und Erhabene thematisieren.

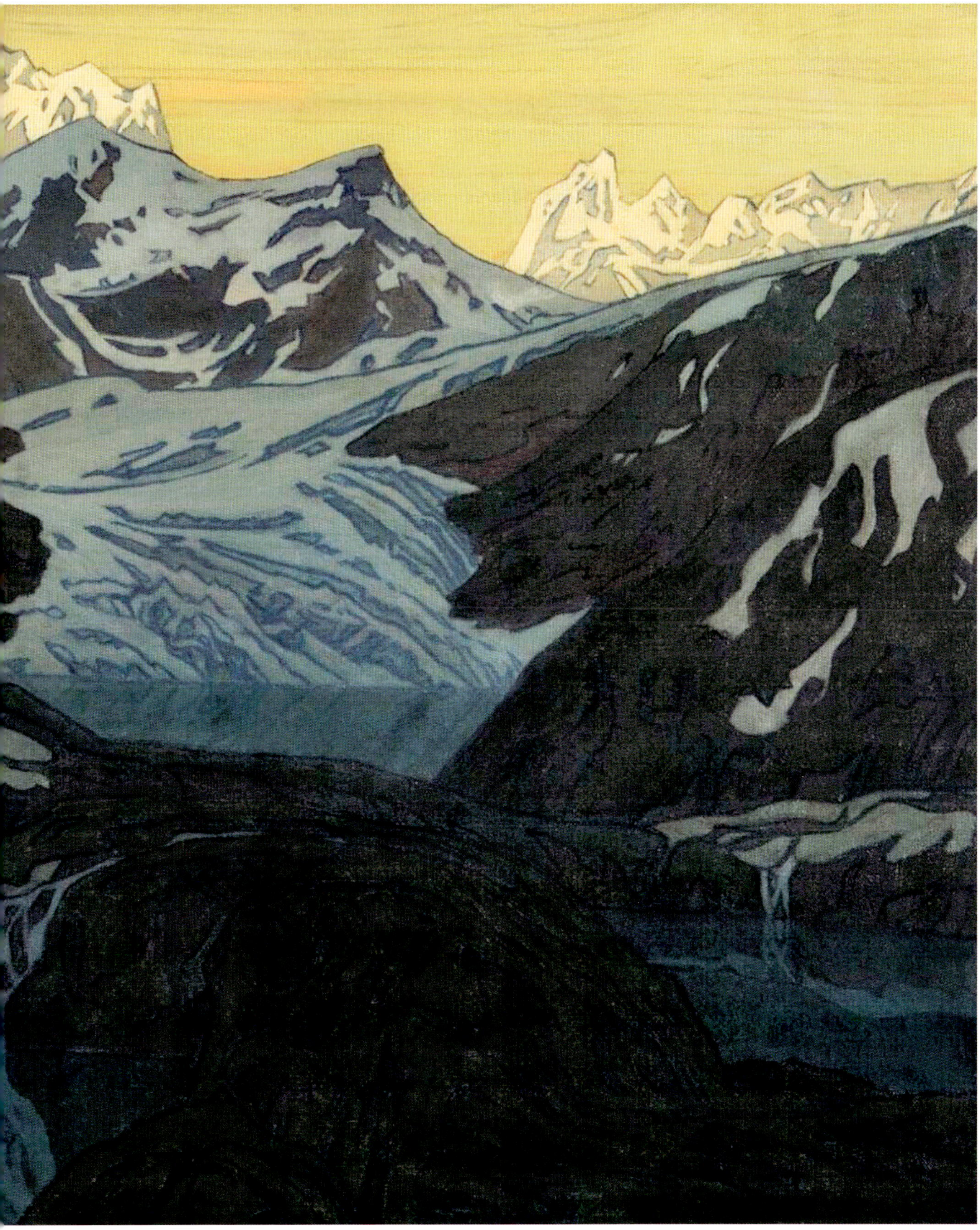

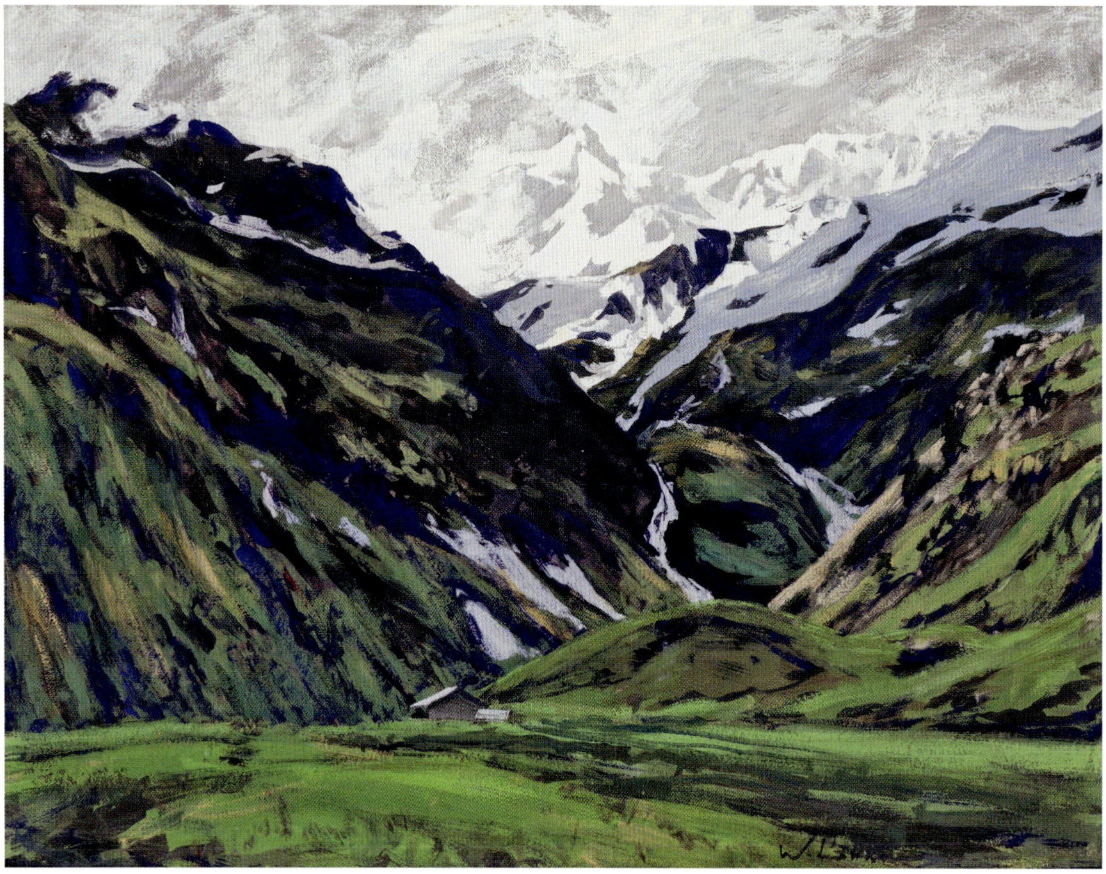

Berglandschaft mit Blick zum schneebedeckten Ortler, vor 1903

Deckfarben auf Papier, 47 × 61,7 cm
Berlin, Bröhan-Museum

Das Bergmotiv kann bei Leistikow auch im Zusammenhang mit seiner Nietzsche-Verehrung betrachtet werden, die er mit Edvard Munch teilte. Das Prophetische und Übermenschliche rückt angesichts der unendlichen Weite und der gewaltigen Berge in den Vordergrund und erschafft einen eigenen geistigen Raum. Dieser Raum, geprägt von der Kraft der Stille und der Erhabenheit, bildet ein Gegenbild zur Zivilisation.

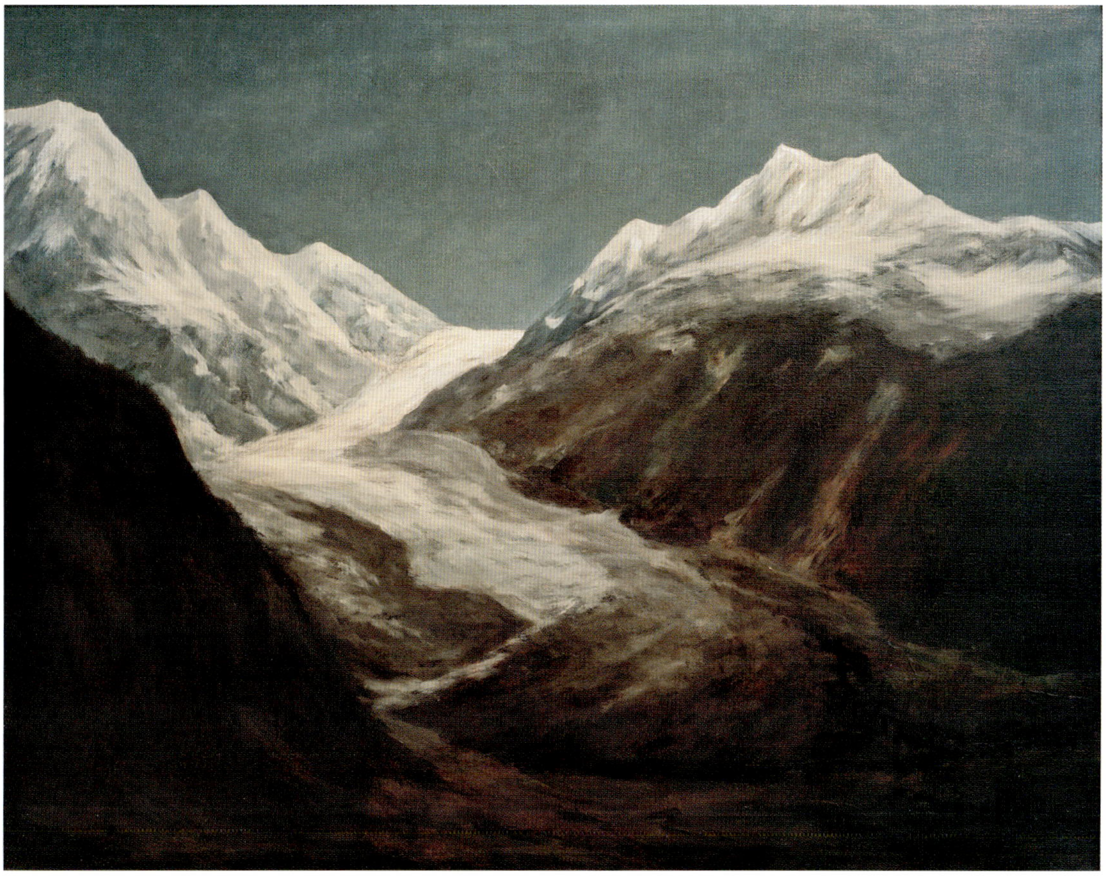

Hochgebirge, 1908
Öl auf Leinwand, 80,5 × 105,5 cm
Berlin, Bröhan-Museum

Ein von gewaltigem Eis bedecktes Bergmassiv erhebt sich in einen leuchtend blaugrauen Himmel, der von Spiritualität und Heiligkeit durchdrungen ist. Die schneebedeckten Gipfel glitzern im Sonnenlicht und erzeugen das Gefühl ehrfürchtiger Stille, in der die Zeit stillzustehen scheint und das Göttliche zum Greifen nahe ist.

Um 1900 war die Berglandschaft von besonderer Bedeutung. Wie das Meer wurde das Gebirge als erhaben angesehen, da die unendliche Weite zum Sinnbild von Ewigkeit und Abgeschiedenheit wurde. Gleichzeitig stand sie für modernes Heroentum, da die Expeditionen der ersten Bergsteiger Bewunderung auslösten und ihre Erfahrungen Freiheit und Herausforderung symbolisierten.

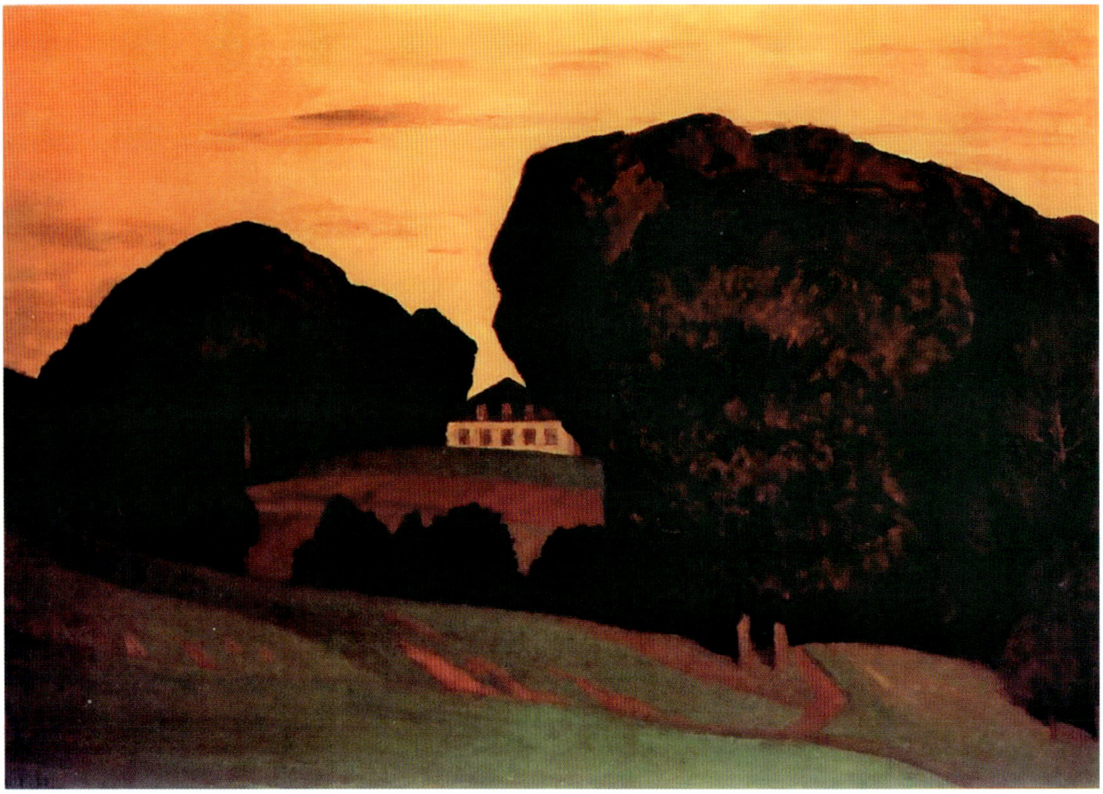

Haus in Dänemark, 1898
Öl auf Leinwand, 78 × 107,5 cm
Belvedere, Wien

Zwei mächtige Baumgruppen wölben sich über ein mittig stehendes Haus, das auf die Grundelemente reduziert wurde: Dach, Fenster und Mauern. Der Himmel in orange-rötlichem Ton erzeugt eine soghafte Wirkung, magisch und kontemplativ zugleich und zieht den Blick des Betrachters in die Tiefe, auf grüne und erdfarbene Ackerflächen und das Haus. Das Gemälde ist ein Beispiel für die edle Vereinfachung der nordischen Landschaft, die Leistikow eindrucksvoll auf die Leinwand bringt.
Für ihn war Dänemark durch die regelmäßigen Sommeraufenthalte ab Mitte der 1890er Jahre zu einer Art zweiter Heimat geworden. Die tolerante Gastlichkeit und der intellektuelle Austausch mit der dortigen Künstlerschaft sowie die Besuche von Freunden und Kollegen machten ihm das Wohlfühlen leicht.

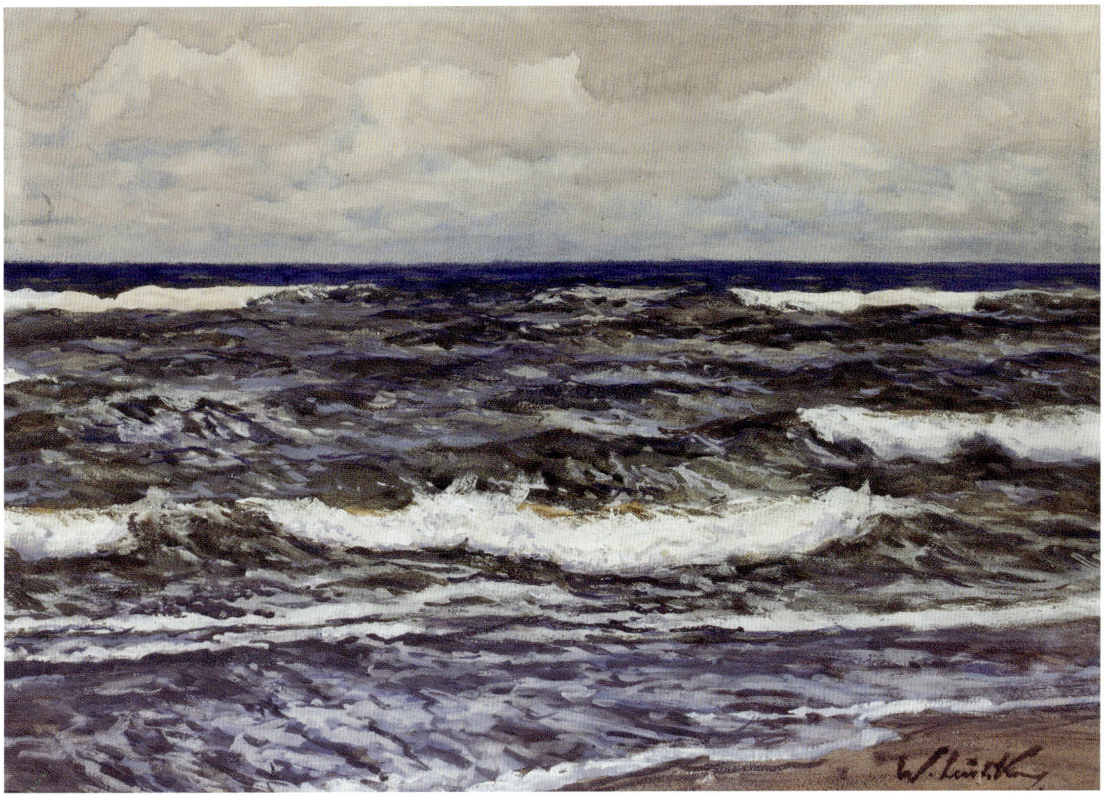

Küste in Dänemark, 1898

Gouache auf Pappe, 50 x 34 cm
Bröhan-Museum, Berlin

Schäumende Wellen, brandendes Meer und ein Himmel voller Wolken. Alles in Blau-, Grün-, Grau- und Weißtönen, am rechten Rand ein winziges Stück Strand. Bis auf die dynamische Bewegung der Wellen bleibt das Bild gleichförmig. »Dieses Spiel der Wellen jedoch ist ein malerisches Ereignis, in dem Leistikow seine Lust am Farbauftrag und an einem Nebeneinander und Ineinander der Farbtöne Blau, Weiß und Grün zelebrieren kann – wild und dynamisch bewegt im Wasser und eher sanft und gut abgestimmt im Bereich des Himmels.«[1]

An der Küste Dänemarks sammelte Leistikow Eindrücke zu diesem Bild, das den Auftakt zu einer Reihe von Seestücken bildet, in denen das malerische Ereignis in die Abstraktion kippte.

Der Maler Leistikow, 1900

Gemälde von Lovis Corinth
Öl auf Leinwand, 60 × 49 cm
Staatliche Museen zu Berlin, Nationalgalerie

Leistikow liebte Menschen und pflegte viele Freundschaften. Auf seinen Nordlandreisen verabredete er sich gerne in ruhigen Badeorten mit Freunden und Kollegen, um gemeinsame Ferientage zu verbringen. Im Sommer 1900 kam Lovis Corinth für einen ganzen Monat nach Dänemark. Dort malte er seinen Freund, wie er ihn vermutlich häufig zu sehen bekam: auf einem Schemel hockend, mit Pinsel und Blatt in der Hand, in Studien vertieft, vor der weitläufigen Landschaft Dänemarks.

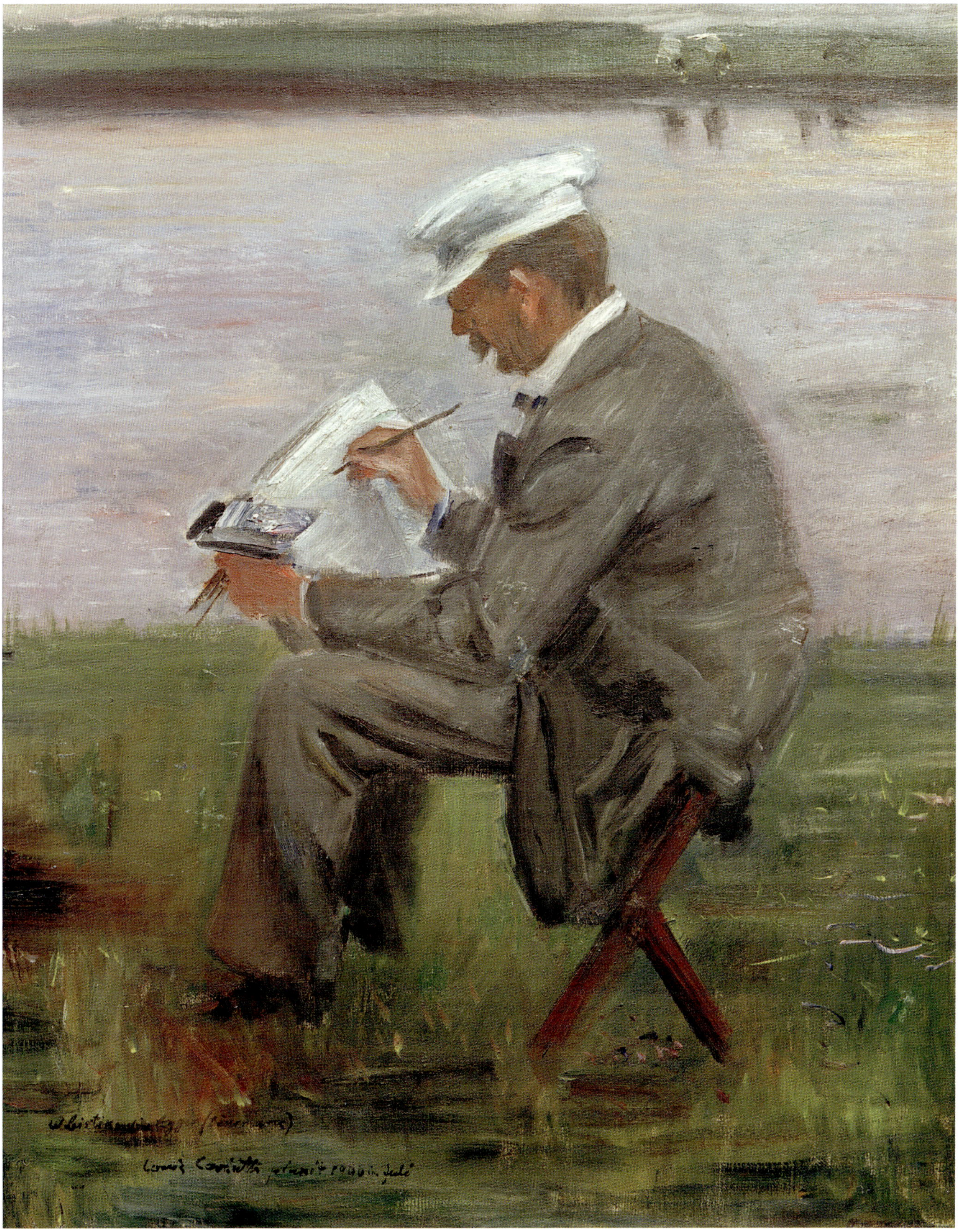

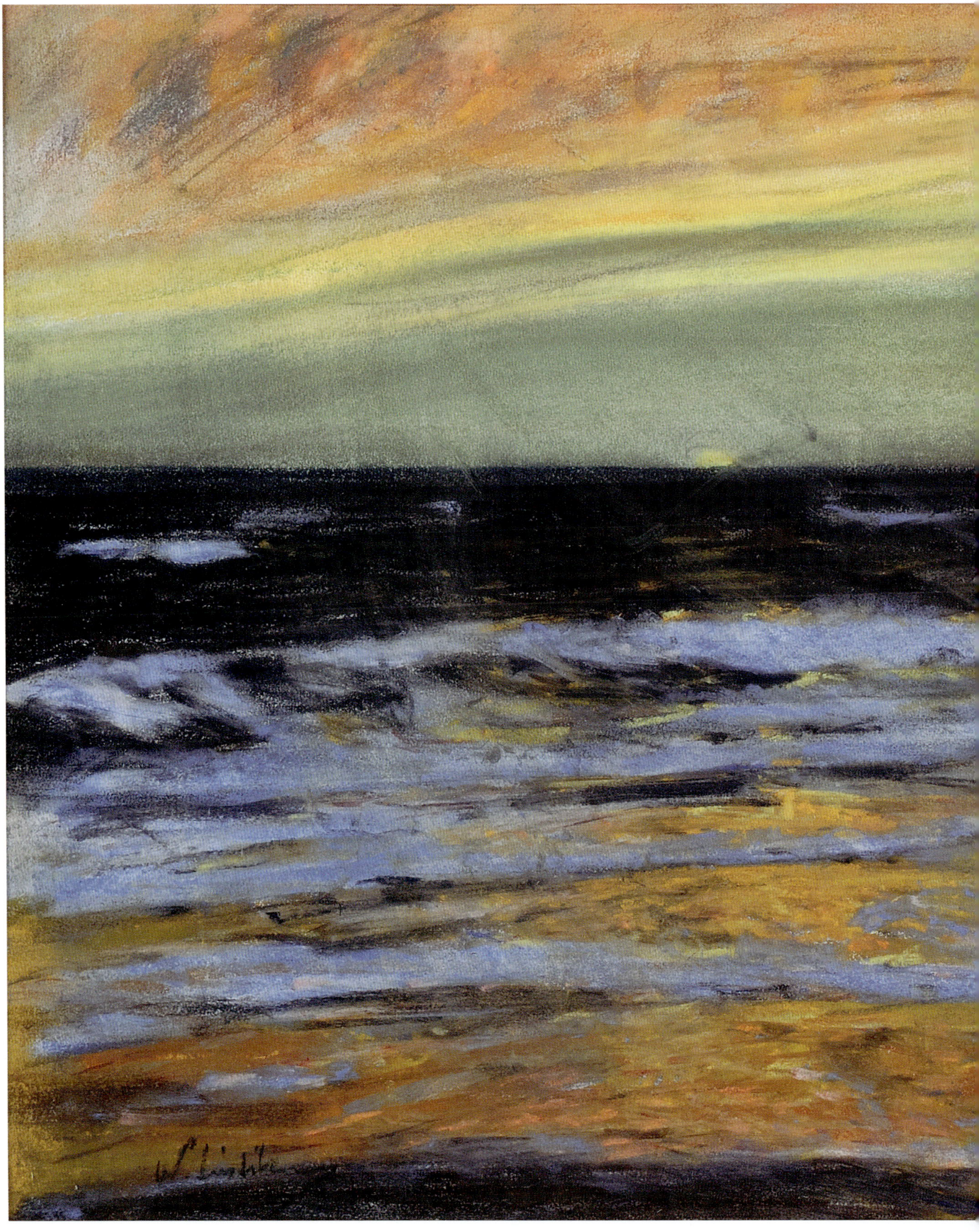

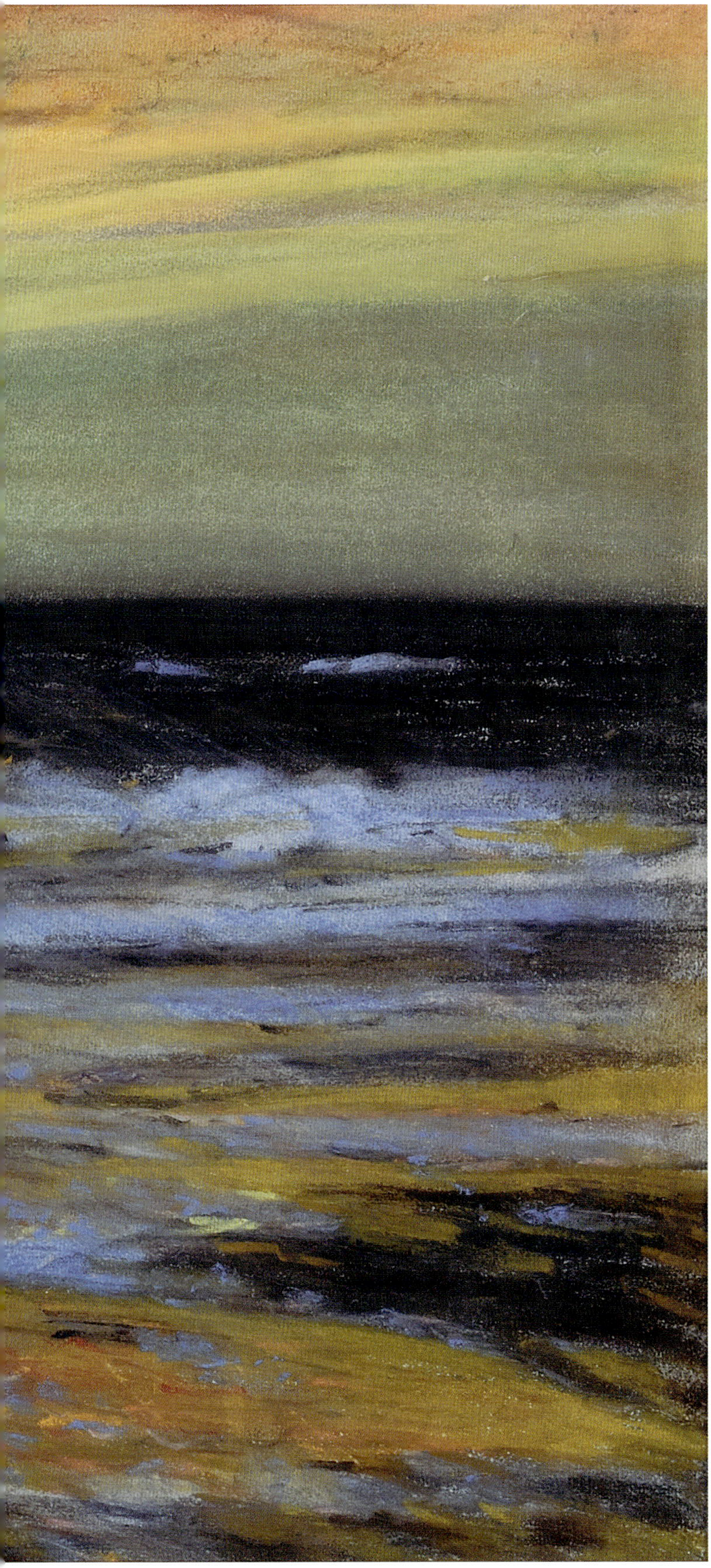

Meer bei untergehender Sonne, um 1902

Pastell auf Papier, 49 × 64,5 cm
Bydgoszcz (Polen), Muzeum Okregowe

Solange es seine Gesundheit erlaubte, suchte Leistikow den unmittelbaren Kontakt mit der Natur, insbesondere auf Reisen durch die Berg- und Küstenwelt des Nordens, wo viele ausdrucksstarke Ansichten entstanden.

Als leuchtende, expressive Farblandschaft in Orange-, Gelb-, Grün- und Blautönen präsentieren sich auf diesem Gemälde die zurückgedrängten Wassermassen schichtartig bei Ebbe vor einem gestreiften Firmament, in dem die Sonne nur noch als winziger Punkt erscheint und die Nacht ankündigt. Die Natur spricht für sich, voller Dynamik und Farbenpracht, und bildet eine harmonische Gegenwelt zu Hektik und Großstadttrubel.

Meer (auch: Blaue See), um 1902

Gouache auf Papier, 45,5 cm × 64 cm
Bydgoszcz (Polen), Muzeum Okregowe

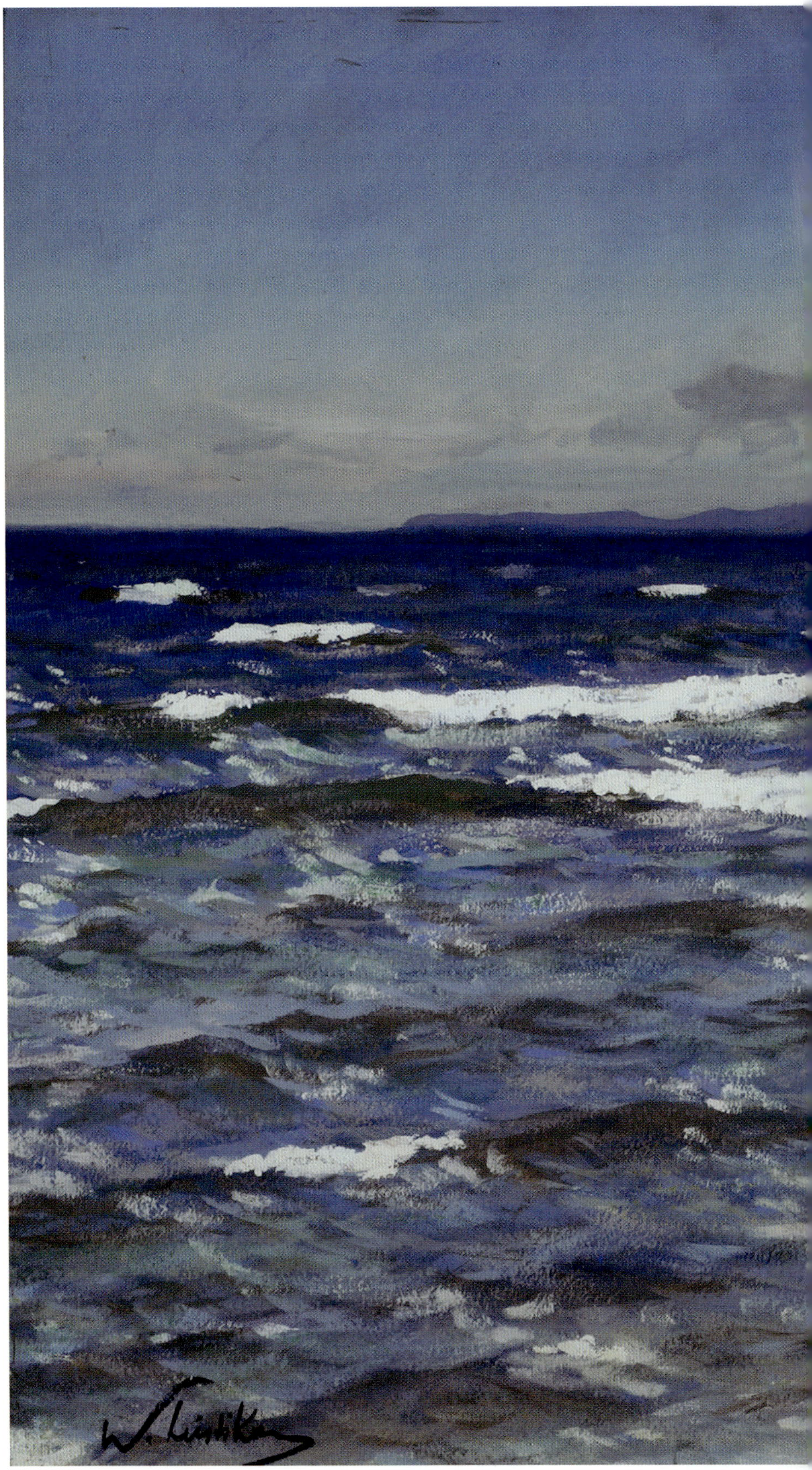

Das Gemälde zeigt das bewegte Nichts. Das niemals zur Ruhe kommende Meer, rau und ungezähmt, in spiritueller blauer Farbe, fast ohne erkennbare Form, von weißem Schaum gekrönt.

Im Gegensatz zu den meisten Seelandschaften von Leistikow, die das ruhige Wasser mit romantischer Schönheit durch Spiegelungen von Himmel und Landschaft darstellen, betont diese Darstellung das »Erhabene«. »So wird die Unendlichkeit des Meeres von den Menschen als eine nicht erfassbare Kategorie empfunden.[1]

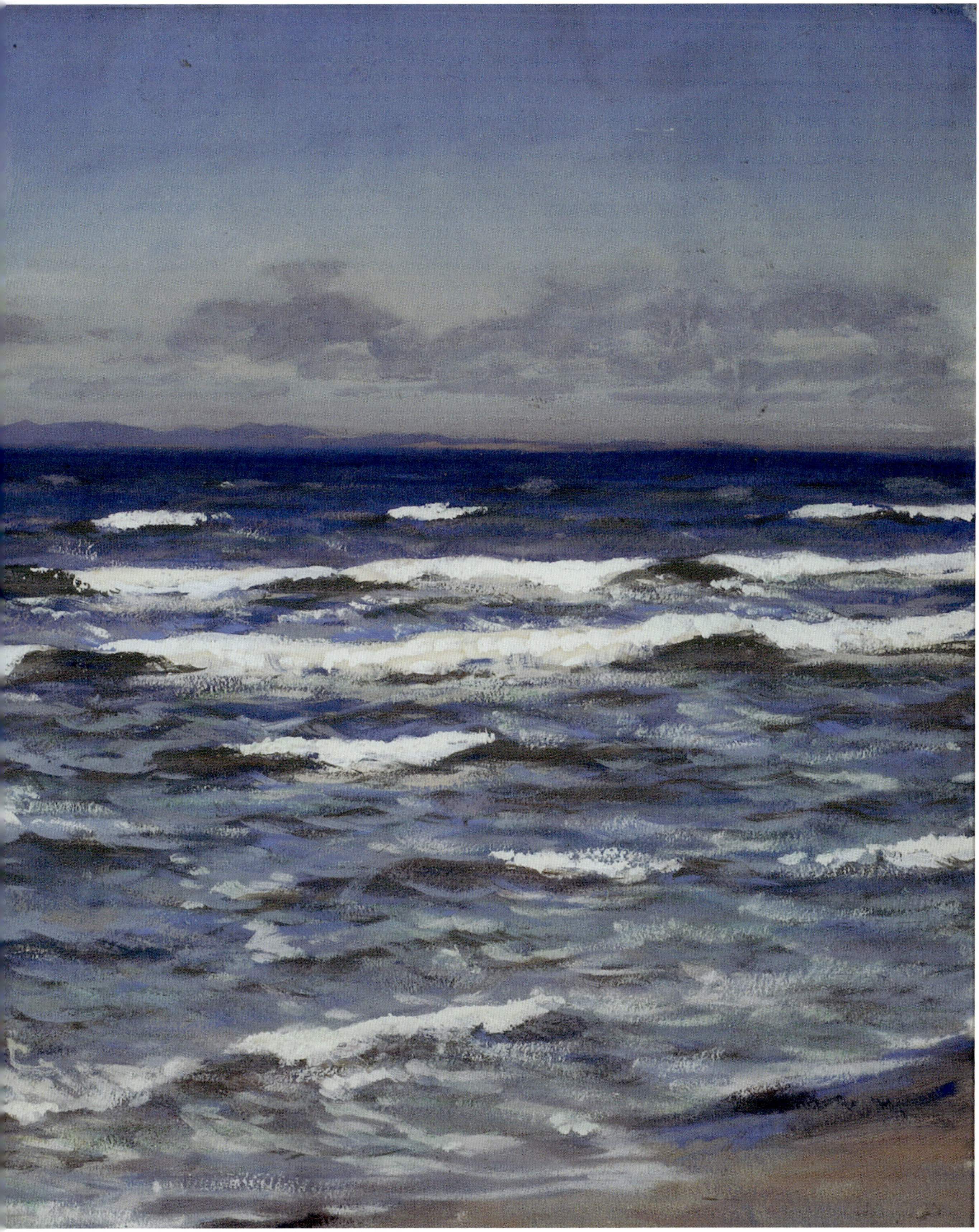

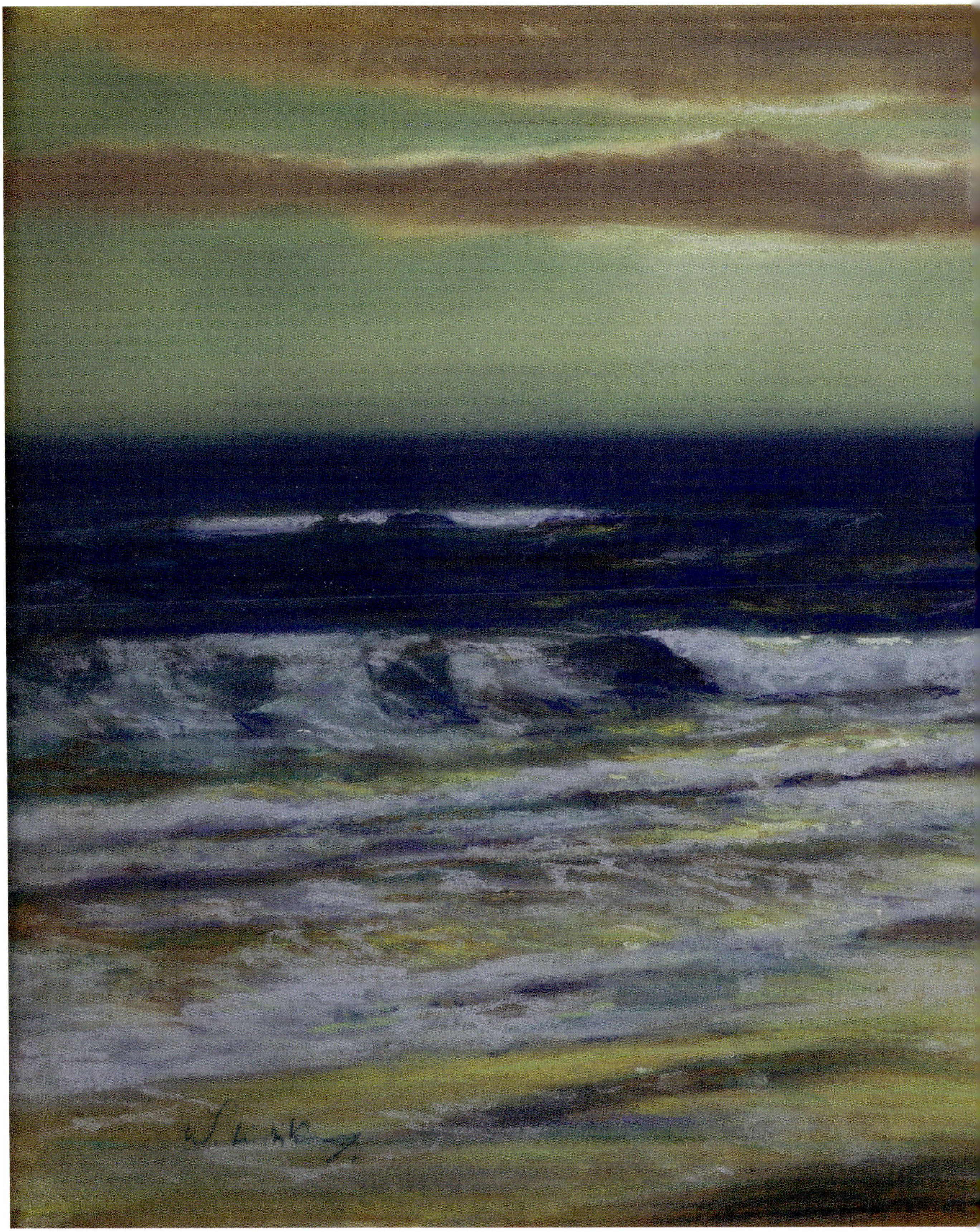

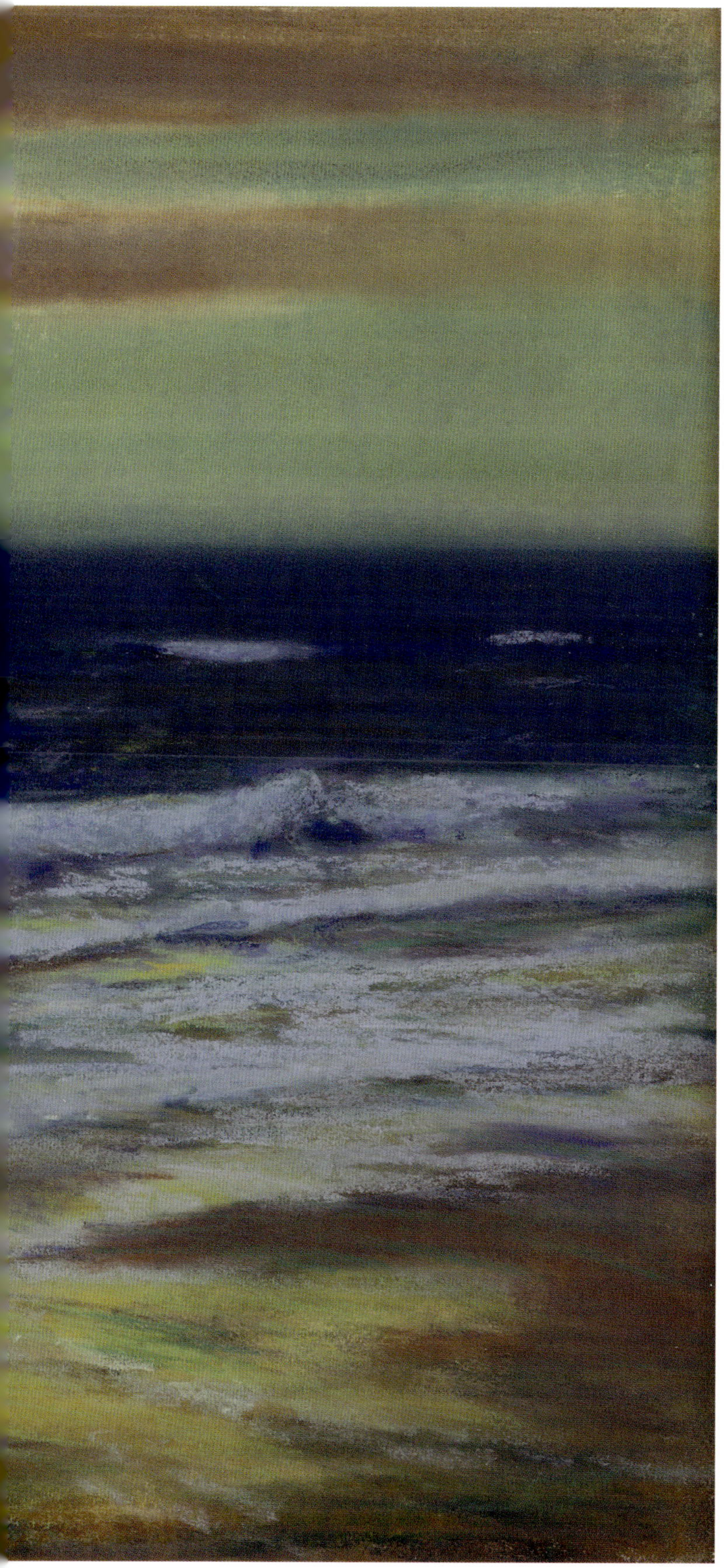

Abend an der Nordsee (auch: Seestück), o. J.

Pastell auf Pappe, 54 × 69 cm
Privatbesitz

Leicht bewegtes Meereswasser vermischt sich in der Tiefe der zum Horizont hin dunkler werdenden Nordsee mit dem Abendhimmel. Die gelb-blau-weiße Farbigkeit der bildnerischen Wiedergabe betont die kosmische Verschmelzung von Firmament und Wasser, die durch das hinter Wolken verborgene Mondlicht verstärkt wird und eine sanfte, kontemplative Stimmung erzeugt.

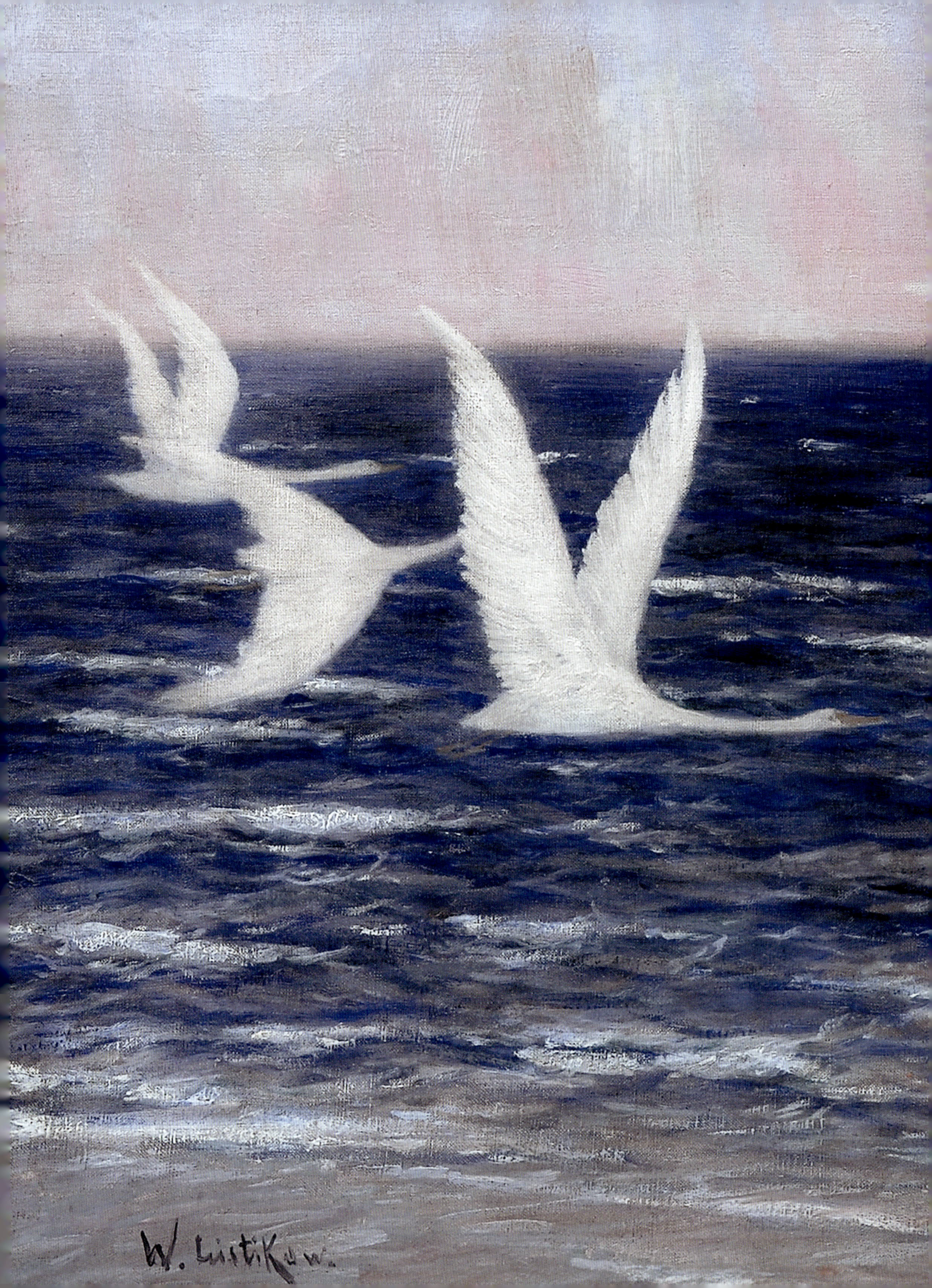
W. Listikow.

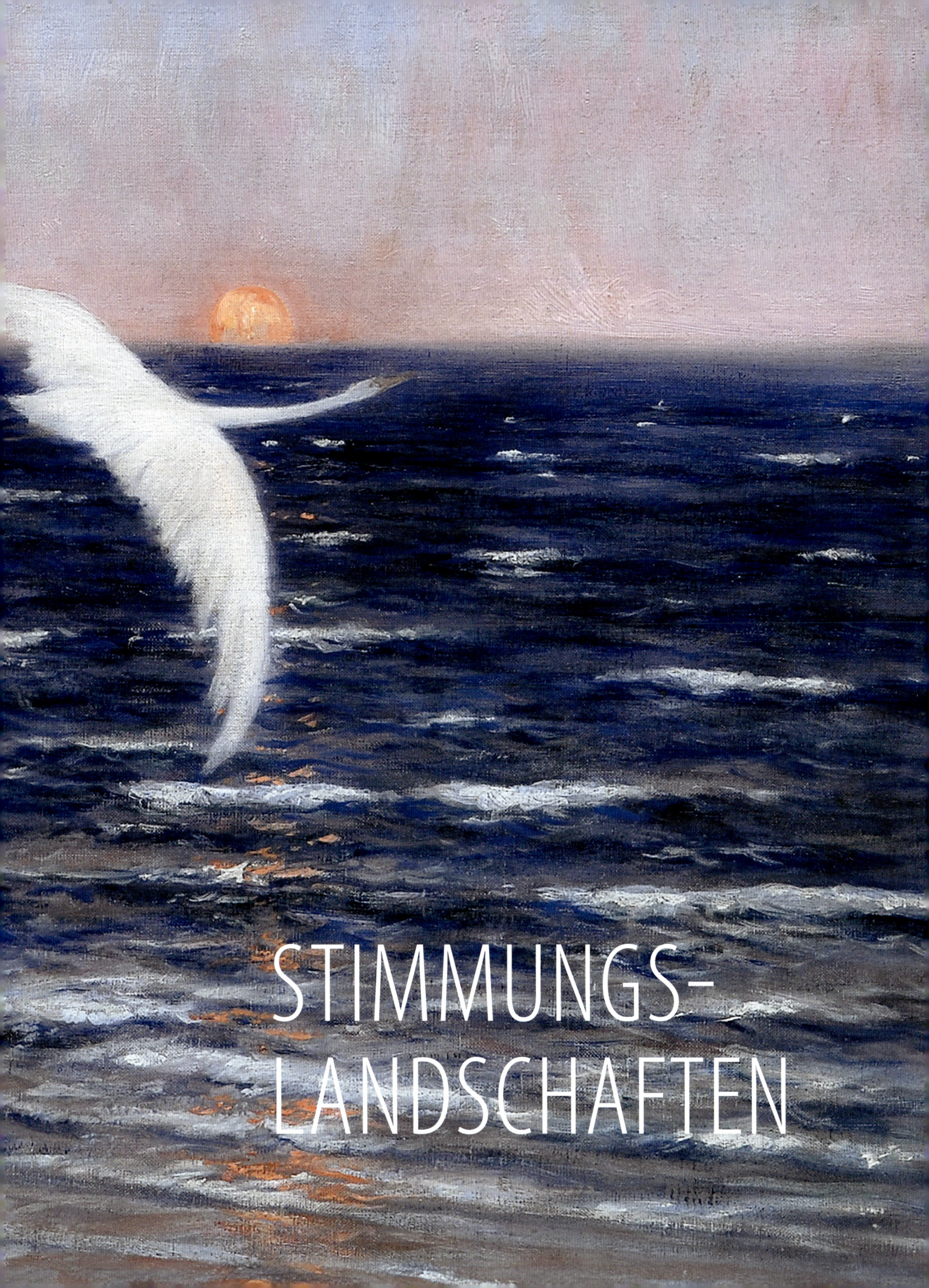

STIMMUNGS-LANDSCHAFTEN

Dunkle Wipfel setzen sich gegen hell wehende Wolken ab. Feurig rote Kiefernstämme leuchten im Licht der Abendsonne und schimmern im spiegelglatten See. Die Lust an der Farbe, an Kontrasten, an Dämmerdunkel und Helligkeit setzte Walter Leistikow geschickt für die Emotionalisierung des Betrachters ein, um eine feierliche Stimmung zu erzeugen. Der Prozess des Malens begann für ihn stets mit der intensiven Sinneserfahrung in der Natur und führte zum wohlgeplanten Arbeitsprozess im Atelier. Das Gesehene reifte durch sein empfindsames Naturell zu einer individuellen Stimmungslandschaft heran, »die den Nerv der Menschen traf, die wie er selber Kinder dieser Landschaft sind, und die im alltäglich Vertrauten, im selbstverständlich Hingenommenen nun das Eigentümliche, das Typische sahen, und das war eine verborgene poetische Schönheit.«[1]

Leistikows poesievolle Bildkompositionen, aus denen er früh den Menschen verbannt, können auch als Flucht aus der Großstadtgegenwart gedeutet werden. Von allem Störenden und Beunruhigenden befreit, wirkt die gereinigte Landschaft wie Balsam auf die Seele und evoziert eine harmonische Gegenwelt zu Problemen und Hektik der Stadt. Dass Leistikow dafür weder ein utopisches Arkadien benötigte noch eine südländische Sehnsuchtslandschaft, sondern die spröde Natur vertrauter Regionen in realistischer Romantik, zeigt das Moderne seiner Kunst.

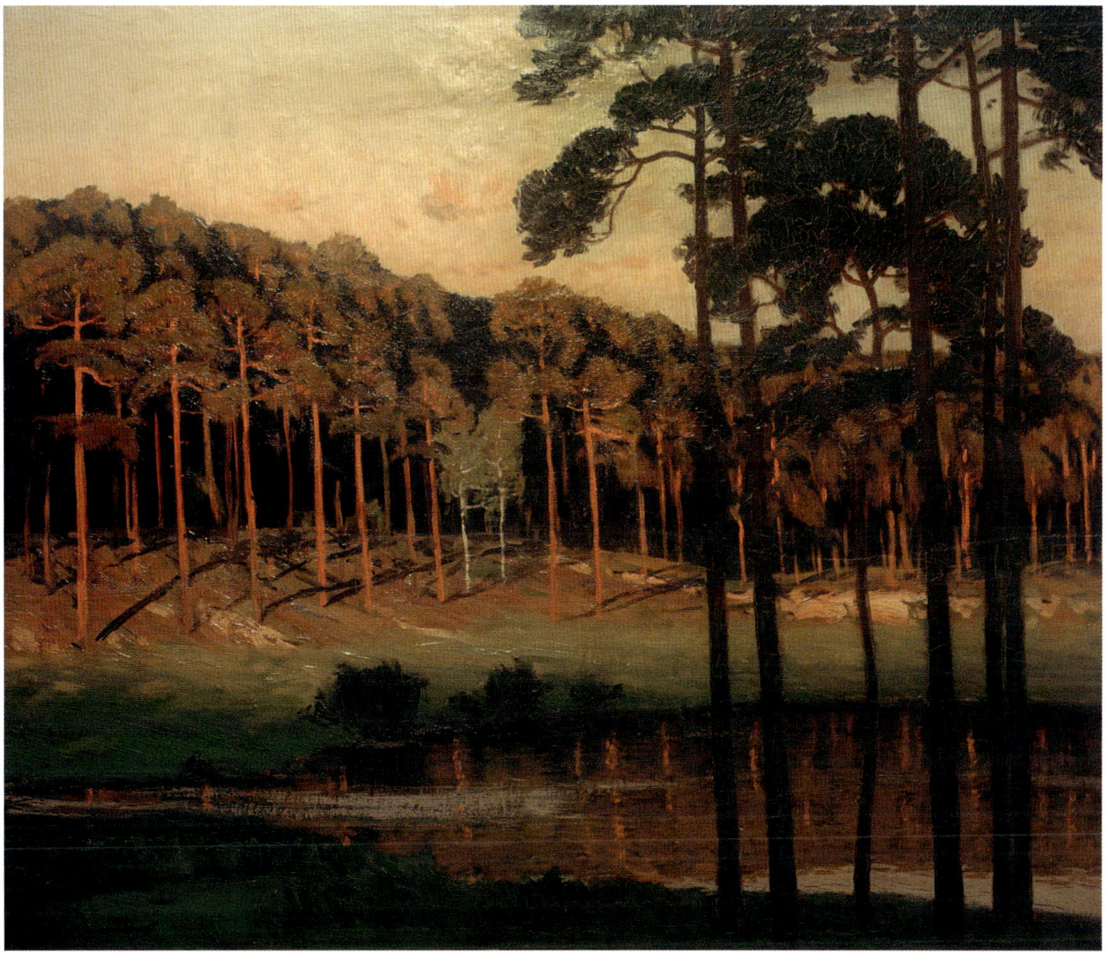

Märkischer Waldsee mit zwei Birken, um 1895
Öl auf Leinwand, 55,5 × 67,5 cm
Berlin, Bröhan-Museum

Diese menschenleere Darstellung eines späten Nachmittags am See besticht durch ihre Farbexplosion und Hell-Dunkel-Kontraste. Die verschiedenen Farbflecken, die dunkelbraunen Baumstämme im Vordergrund, die die Tageszeit andeuten, und das orange-rötliche Sonnenlicht, das auf die Kiefern fällt und in den Himmel scheint, zeigen dem Betrachter die feierliche Einfachheit der Natur. Bemerkenswert ist der strenge, formale Aufbau des Gemäldes, den waagerechte und senkrechte Linien prägen und der den Einfluss des japanischen Holzschnitts wie auch des Jugendstils erkennen lässt.

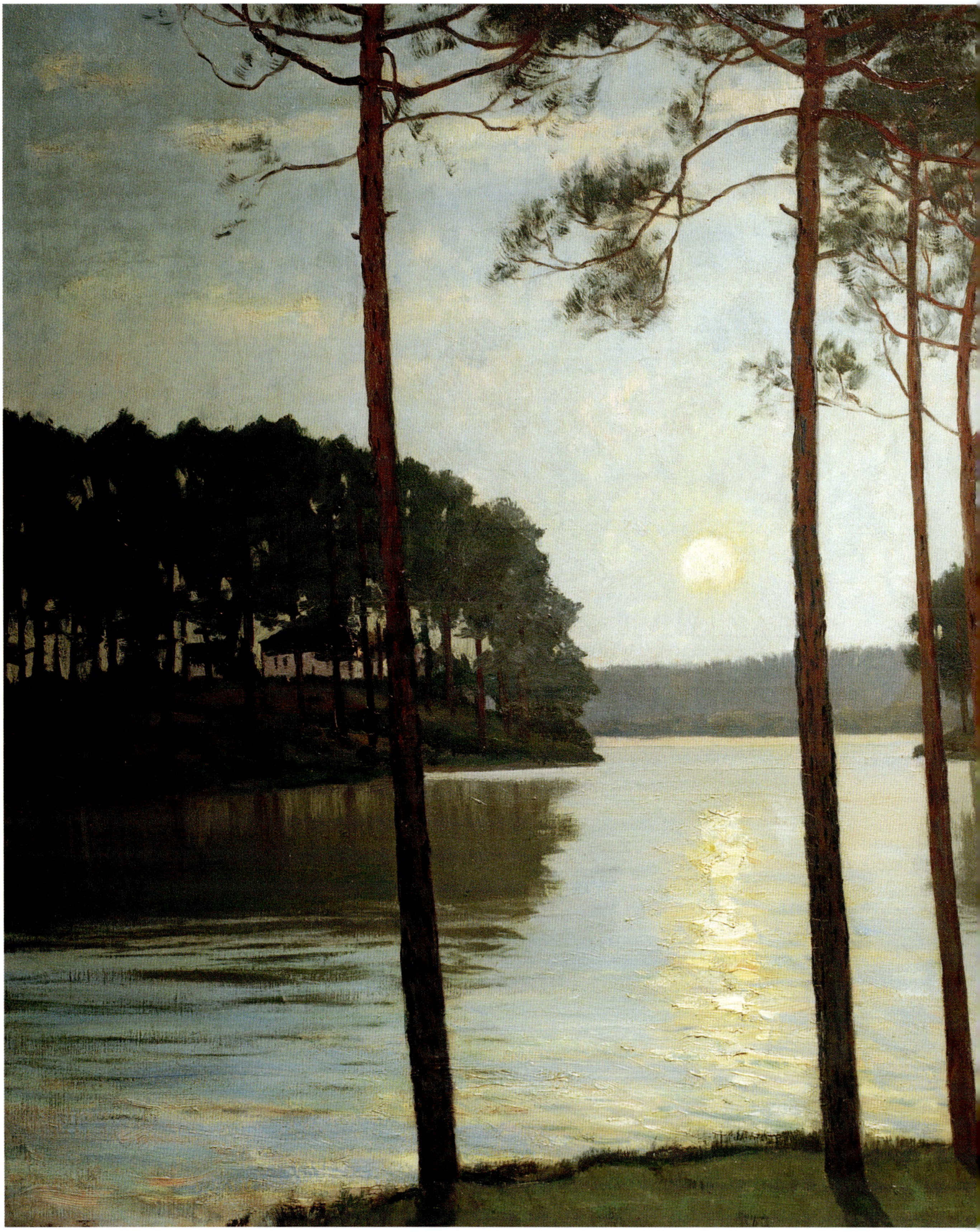

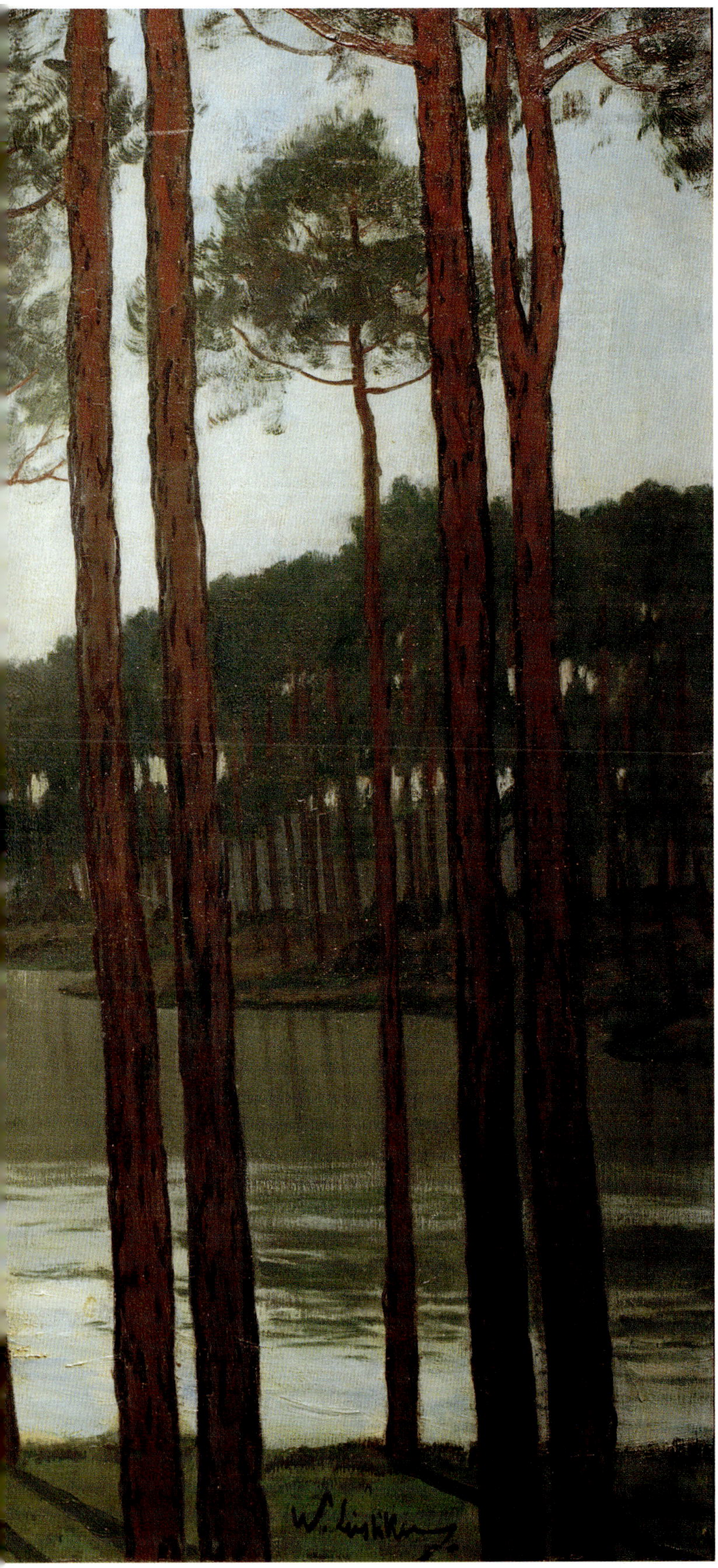

Abendstimmung am Schlachtensee, um 1895

Öl auf Leinwand, 73 × 93 cm
Berlin, Stiftung Stadtmuseum

Leistikows Motivwiederholungen mit dem lang gestreckten Oval des Seespiegels und einem dichten Kiefernwald dahinter entziehen sich durch Variationen im Bildaufbau und verschiedener Kompositionstechniken der Eintönigkeit.

Japanischer Einfluss zeigte sich Mitte der 1890er Jahre in seinen Bildern im Aufgreifen bestimmter künstlerischer Techniken: dem flächenhaften Bildaufbau bis hin zur Silhouettierung, der diagonalen Komposition, der geflecht- und gitterartigen Anordnung von Formen vor weitem Ausblick sowie der dekorativen Wirkung seiner poesievollen Landschaftsbilder.

Der Hafen, um 1895

Öl auf Leinwand, 76 × 112 cm
Bröhan-Museum, Berlin

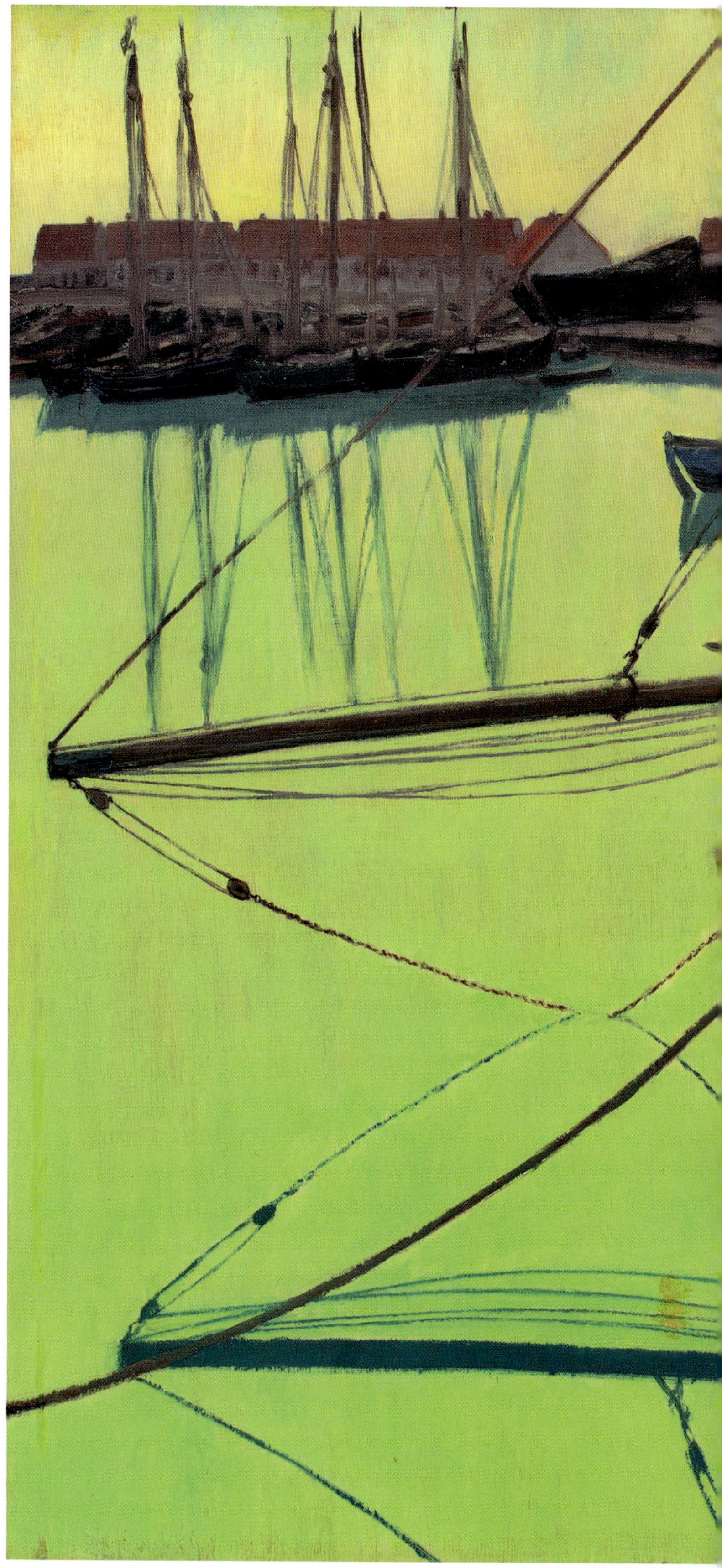

In dieser Darstellung des »gelben« Hafens wurden Wasser, Boote und Schatten auf farbige Flächen reduziert, die sich klar voneinander abgrenzen. Leuchtendes Grün-Gold im Himmel und auf der glatten Wasserfläche, in der sich die ausschnitthaften Schiffrümpfe mit Teilen von Masten und Takelage in einem tiefen Blau spiegeln, verleihen der Szene eine magisch-rätselhafte, aber auch dekorative Note.

Der Hafen als Stätte von Abfahrt und Ankunft, Schiffe, die für schicksalhafte Lebensreisen und Veränderungen stehen, wurden in magisch-symbolistischer Atmosphäre inszeniert.

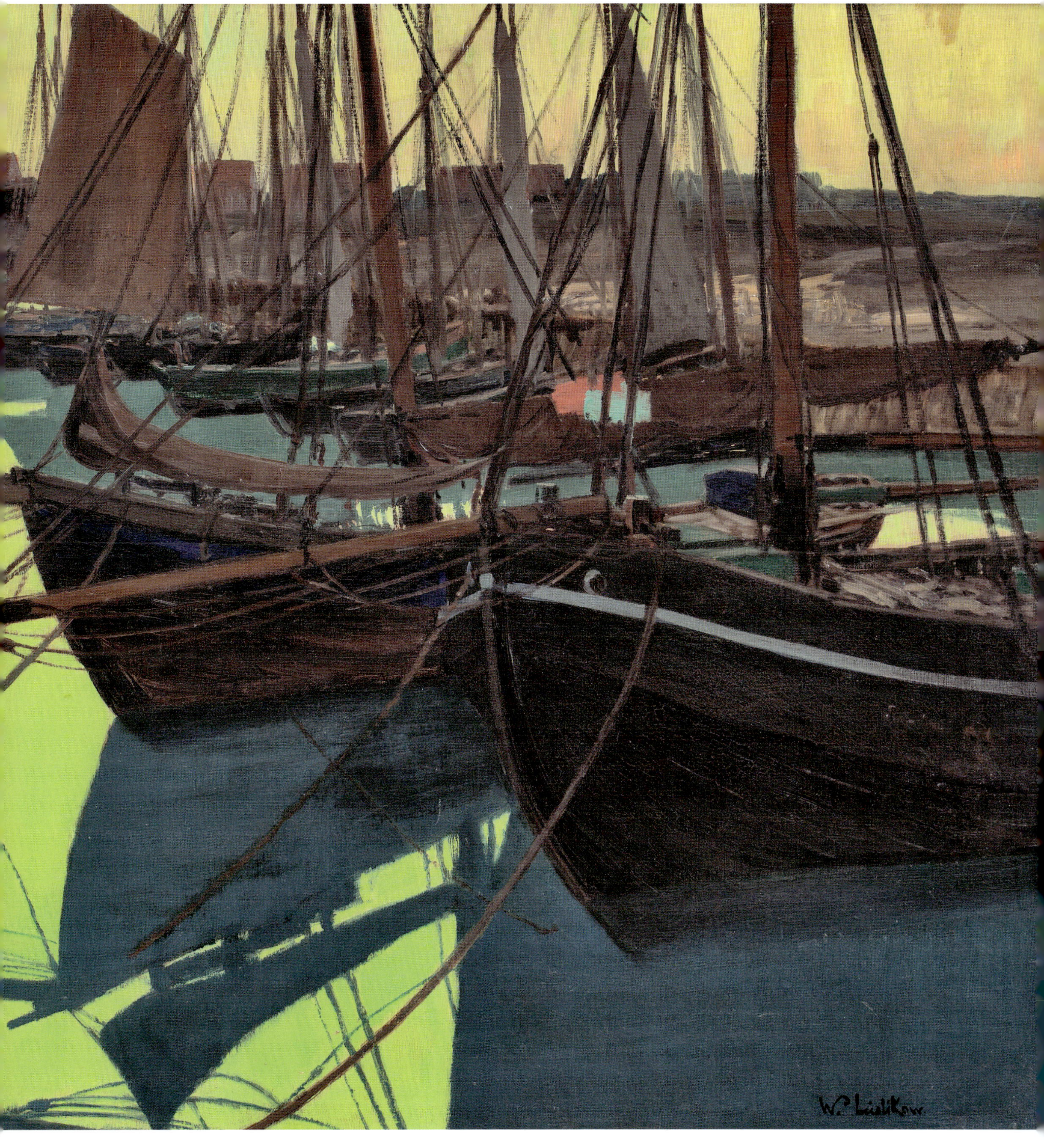
W. Lüdikow

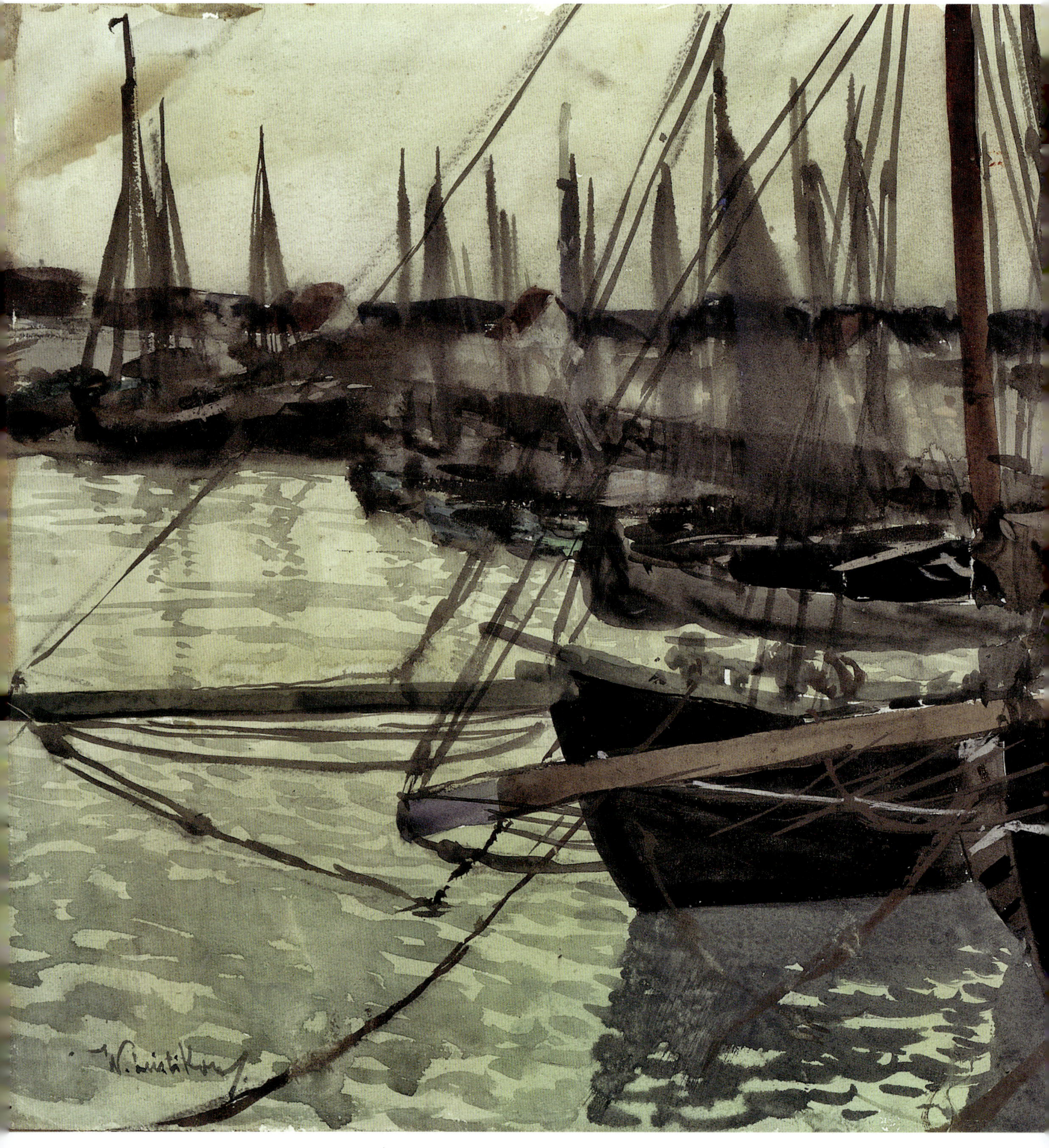

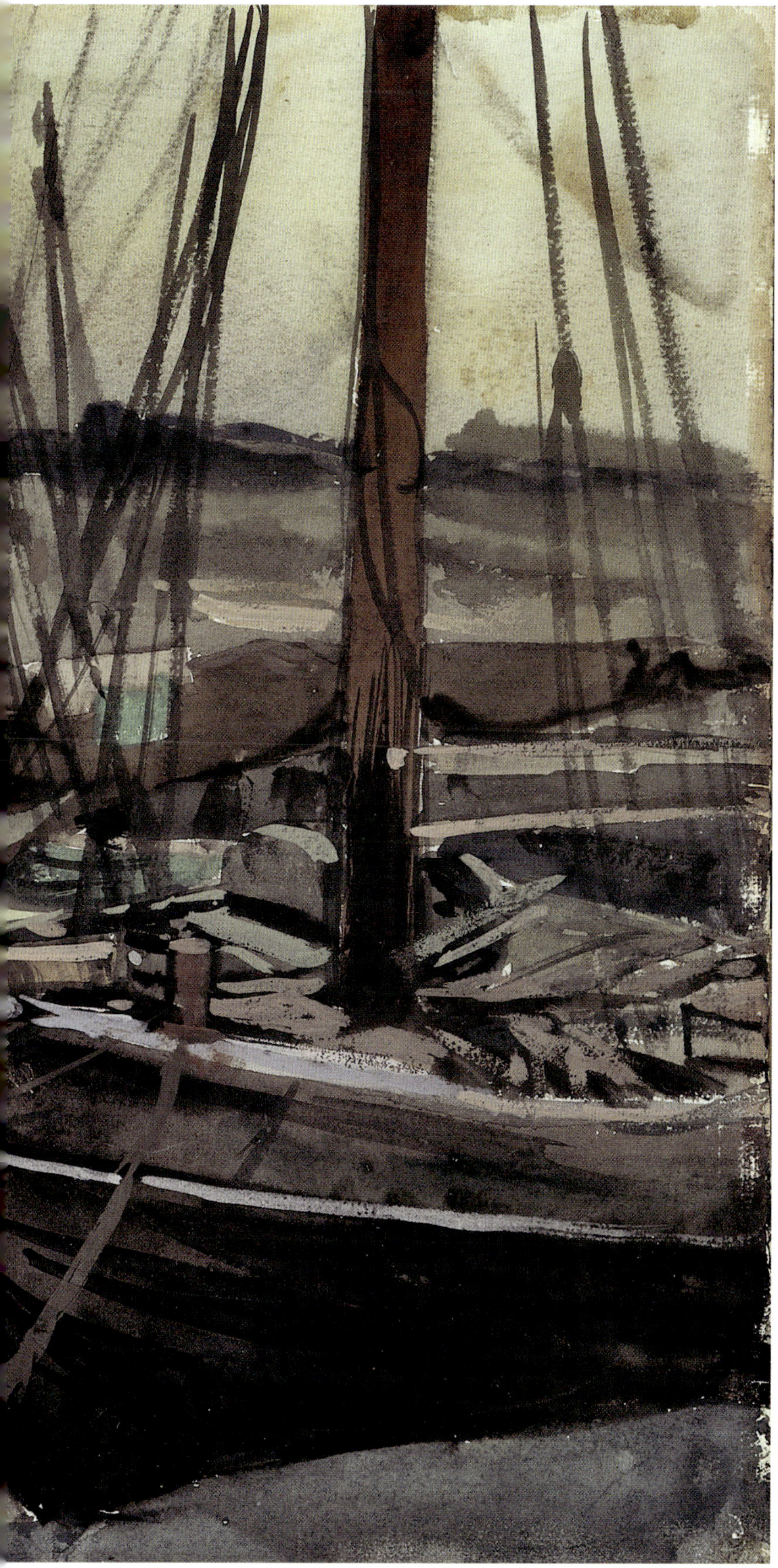

Fischerboote im Hafen, um 1895

Aquarell, 32 × 46 cm
Privatbesitz

In dieser Hafenkomposition liegen die Segelboote sanft in graubraunem Hafenwasser, dessen unbewegte Oberfläche Schiffsrumpf und Aufbauten spiegelt. Formen und Farben befinden sich in einer bedeutungsvollen Spannung zueinander, was ein Gefühl von Geheimnis und Symbolik hervorruft.

Das Motiv des »Hafens«, das heute nicht mehr lokalisiert werden kann, aber vermutlich an einer dänischen Küste entstand, wurde von Leistikow mehrfach mit veränderter Farbpalette und Perspektive gemalt. Diese Variante gibt der Forschung allerdings Rätsel auf. Unter der Malschicht verbirgt sich das Gelb, das vom »gelben Hafen« bekannt ist. Warum übertünchte er das Bild? Welches Werk entstand zuerst? Leistikow war für seinen sicheren Pinselstrich bekannt, sodass eine Übermalung in diesem Umfang für ihn äußerst ungewöhnlich ist.

Grunewaldsee (auch: Sonnenuntergang über dem Grunewaldsee), 1895

Öl auf Leinwand, 166 × 250 cm
Berlin, Märkisches Museum

Das berühmte Gemälde »Grunewaldsee«, vor dem der Kaiser schimpfte, Leistikow habe den ganzen Grunewald »versaut«, gibt weder den tatsächlich erlebbaren Wald wieder noch das heranwachsende Produkt preußischer Forstwirtschaft. Vielmehr veranschaulicht das großformatige Gemälde die Intensivierung der Naturstimmung bis hin zur Verklärung. »Die sinnliche Wahrnehmung erhöht sich zu einer Flucht aus der Realität in eine Haltung der Versenkung und Inneren Harmonie.«

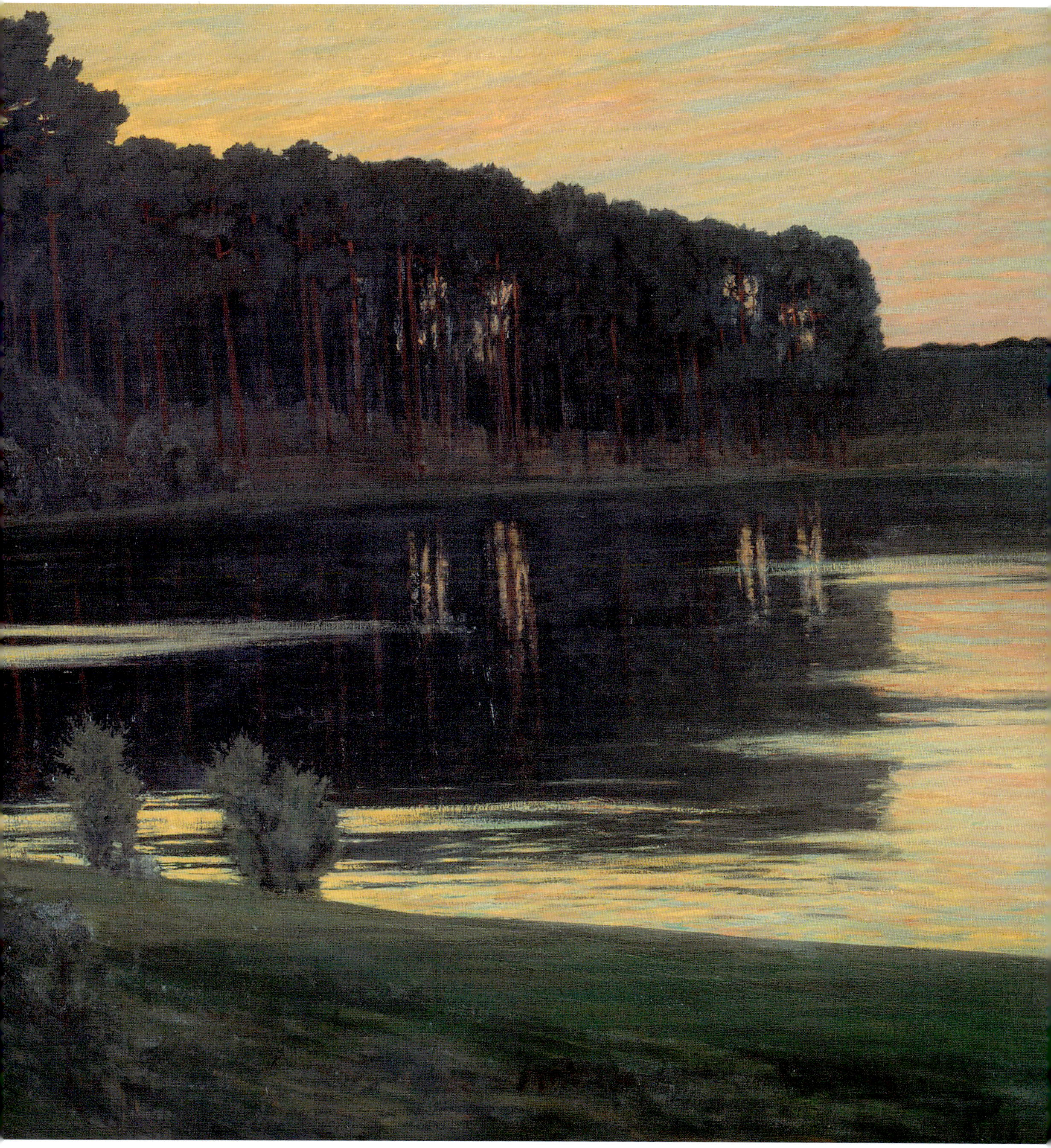

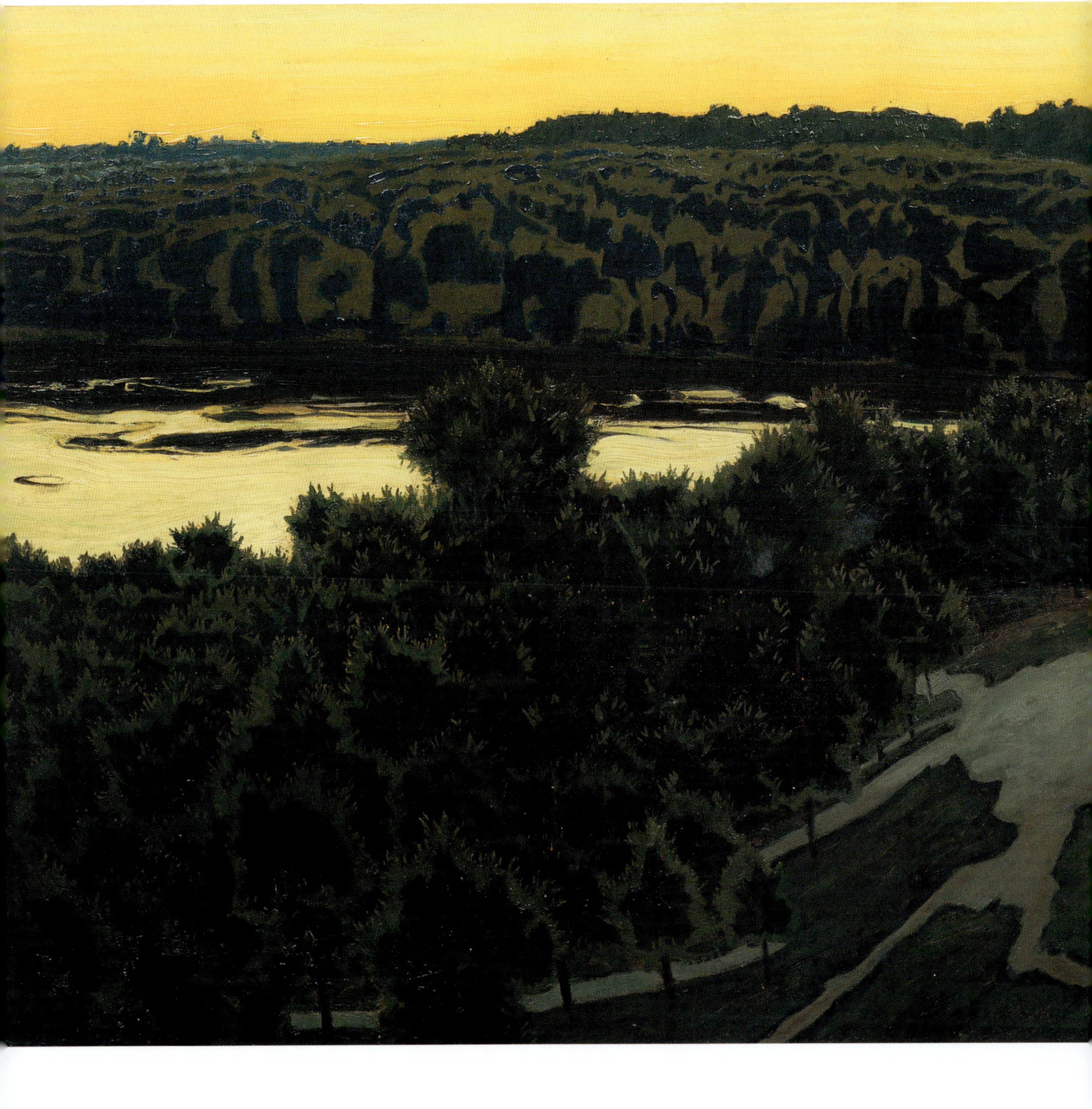

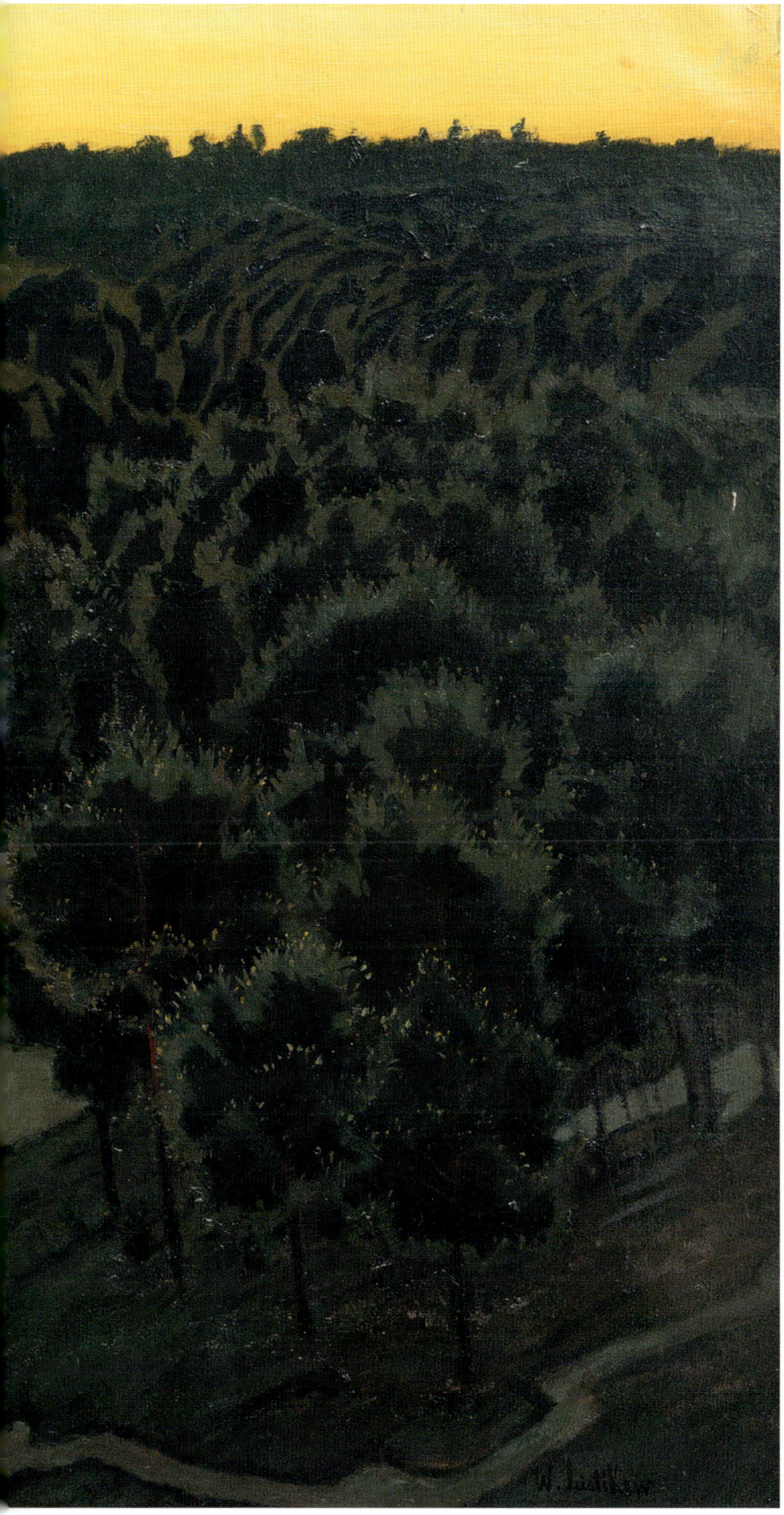

Schlachtensee, 1898

Farblithografie auf Velin, 1. Zustand, 13,3 × 21 cm
Staatliche Museen zu Berlin, Kupferstichkabinett

Leistikows Stimmungslandschaften sind durch eine sakrale Feierlichkeit geprägt. In der ausschnittartigen Darstellung des märkischen Sees im untergehenden Licht der Sonne experimentiert er mit Farbeffekten, indem er Himmel und Wasser verändert und sich dabei der Grenze eines naturalistisch-realistischen Kunstverständnisses nähert. Fahlgelb und nachtschwarz bestimmen die Ansicht, deren Dunkelheit und Melancholie den Bereich der Unterwelt heraufbeschwört und so eine Atmosphäre von tiefgründiger Beseelung der Natur und mystischer Tiefe erzeugt.

An der Havel, 1898

Öl auf Leinwand, 76,5 × 101,5
Bezirksmuseum in Toruń, Polen

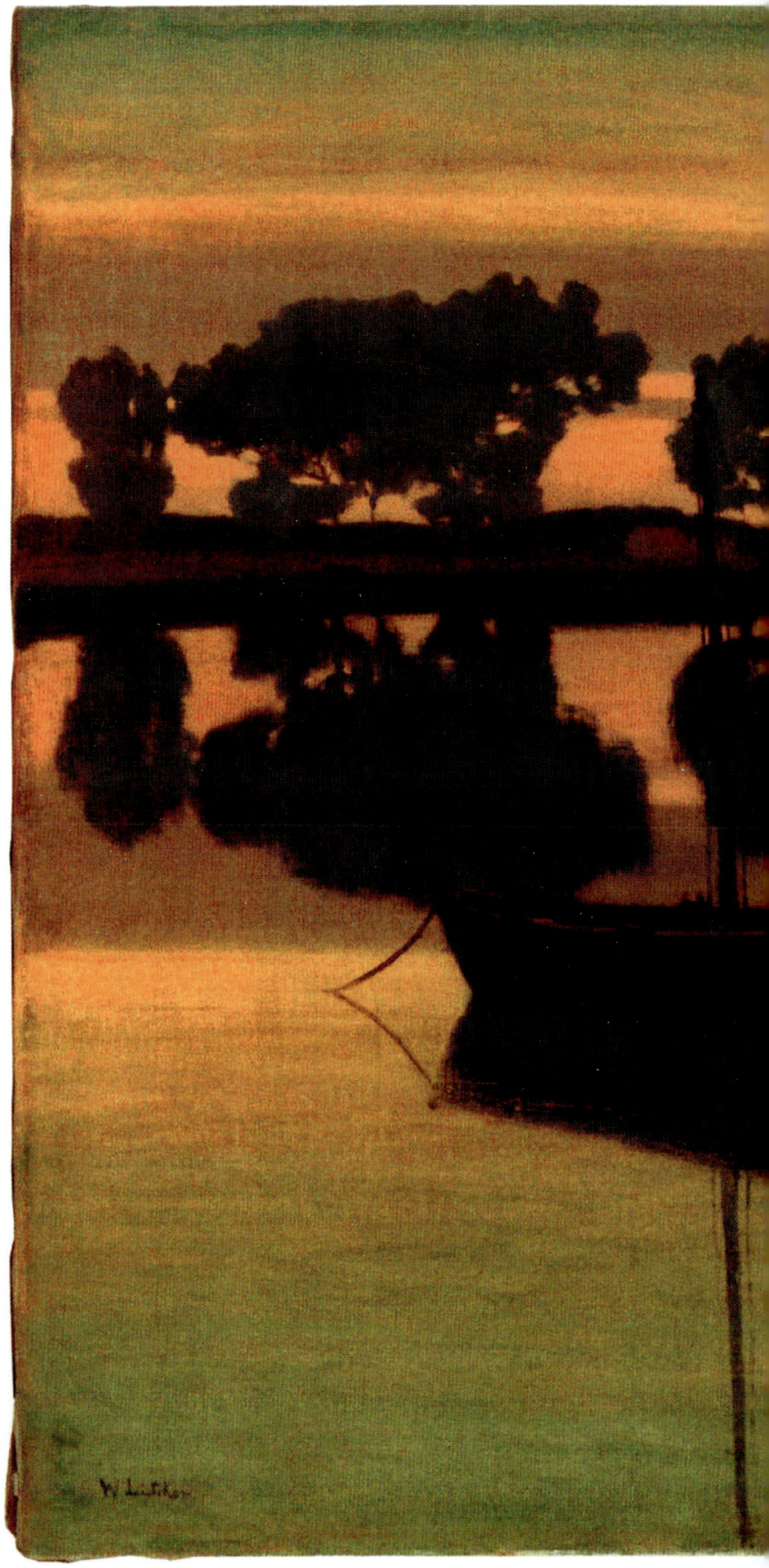

Festverankert liegen die Boote auf glattem, unbewegtem Wasser im Hafen. Im Hintergrund stehen ein paar Bäume, deren buschige Kronen sich in der gläsernen Wasserfläche spiegeln.

Die Darstellung besticht durch ihre leuchtend grün-goldene Farbigkeit, die jegliche Gegenstandsfarbe verloren hat und eine magische Wirkung entfaltet. Die dunkle Spiegelung wirkt rätselhaft und mystisch, wodurch die Symbolik von Schiffen und Booten als schicksalhafte Orte verstärkt wird.

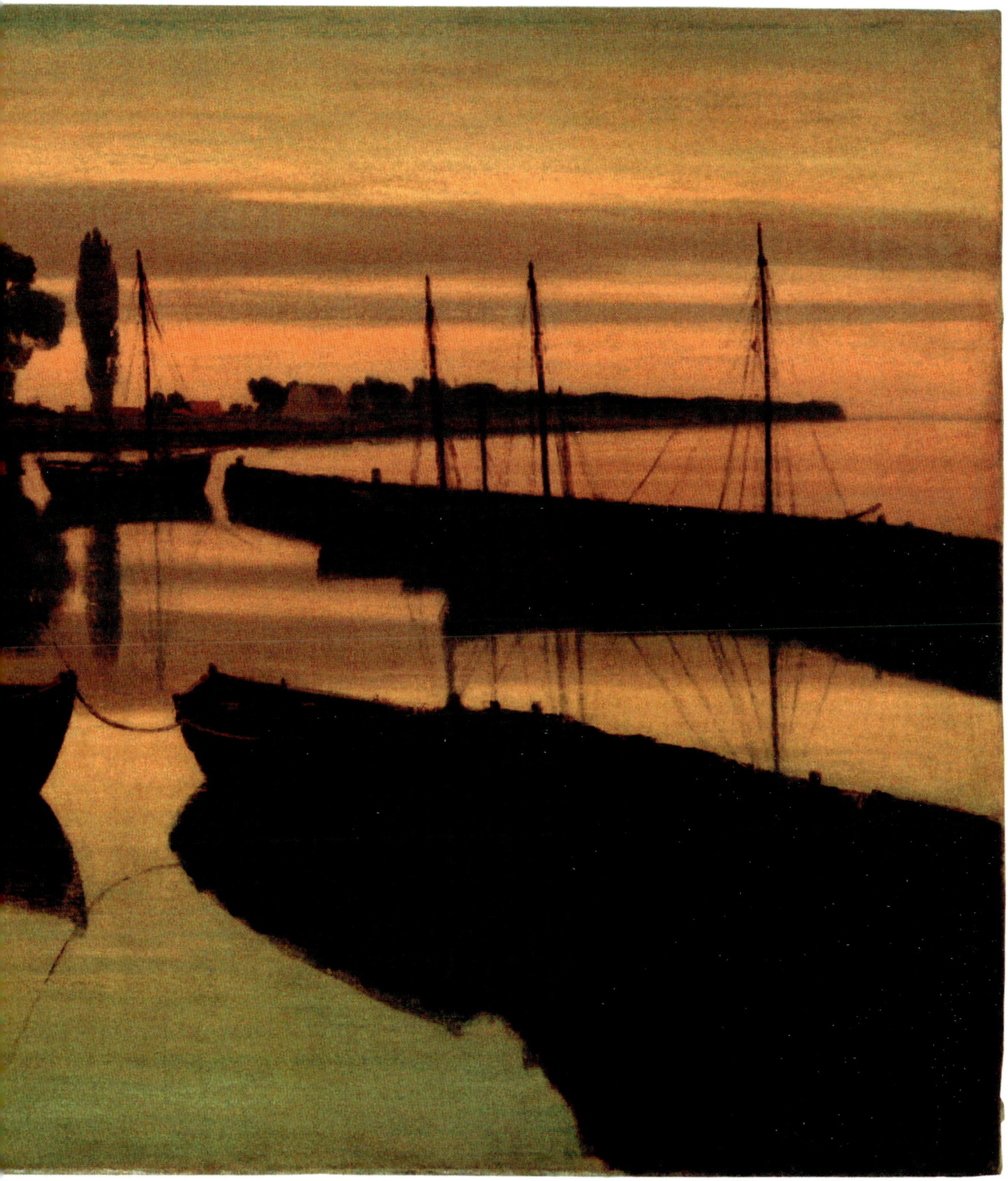

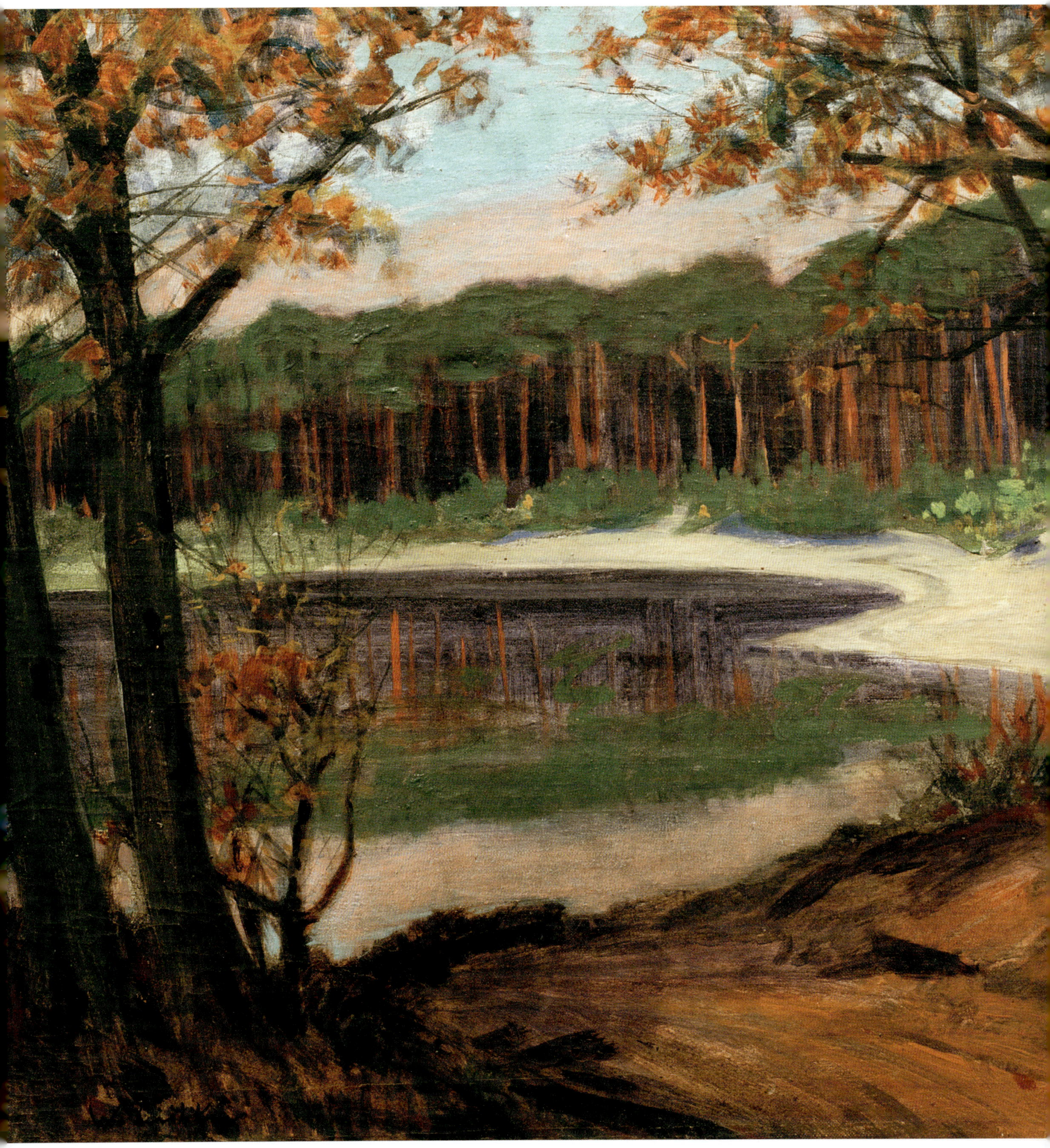

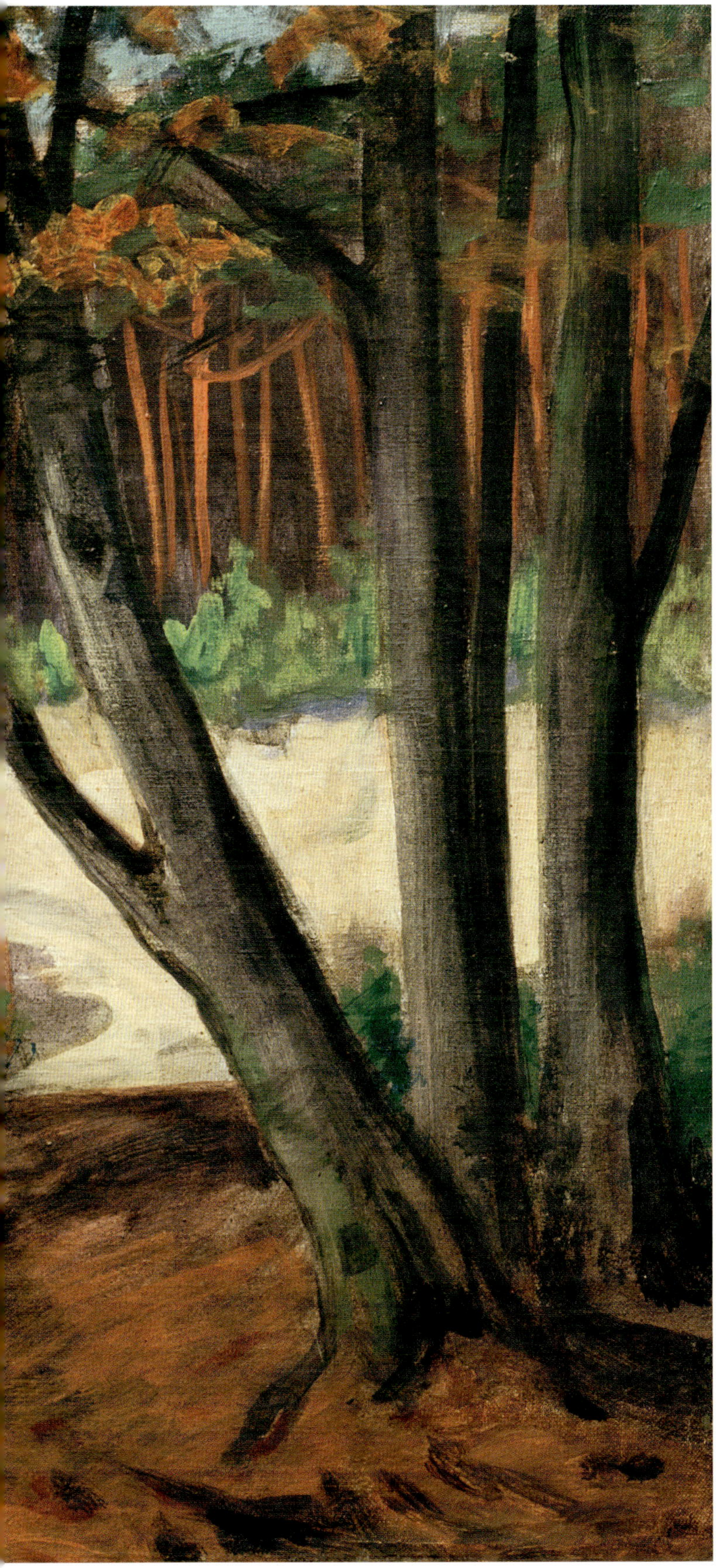

Märkischer See, um 1900

Öl auf Leinwand, 46 × 68 cm
Berlin, Bröhan-Museum

Die geordnete Landschaft, befreit von allem Beunruhigenden und Störenden, entfacht eine sehnsüchtige Gelassenheit beim Betrachter. Damit traf Leistikow offenbar den Nerv der erschöpften, problembeladenen Stadtbevölkerung, die in seinen Bildern eine Gegenwelt zum rationalen, modernen Alltag fand.

Alfred Kerr, der selbst im Grunewald wohnte, reimte zu Leistikows Bildern:

Dunkle See und Kieferstämme
Ernst und ehrlich anzuschaun;
Sacht umbuschte Höhenkämme,
Wipfeldächer grünlich braun
Und das Licht zum Abhang neigend
Am geklärten Horizont
Und der Grunewald wie schweigend
Von dem kargen Schein besonnt.
Fest und still im Schmucklos-Schlichten,
Auch der dürftigen Schönheit froh,
Fein, (besonders im Verzichten…),
das war Walter Leistikow.

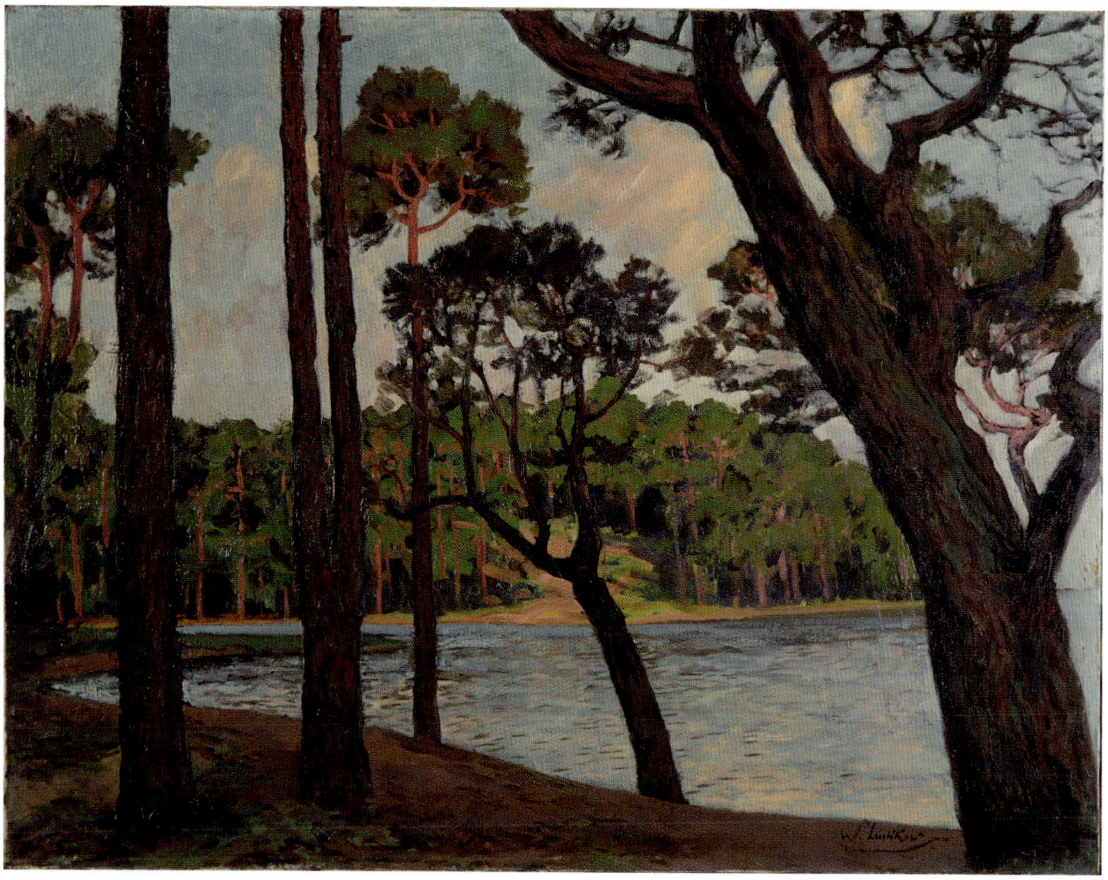

Grunewaldsee, 1902

Öl auf Leinwand, 76 × 104 cm
Leipzig, Museum der Bildenden Künste

Dieser einfache, aber prägnante Naturausschnitt mit dem ewig gleichen Motiv ist ein Beispiel für Leistikows kompositorische Erneuerung. Bemerkenswert ist der vordergründig angeschnittene, diagonal gesetzte und verästelte Baum, der den Bildrahmen gitterartig verspannt und durch die extreme Nahsicht einen Kontrast zur räumlichen Tiefenwirkung erzeugt. Diese Technik, einen angeschnittenen Baum ins Bild zu setzen, war ein Schlüsselmotiv des Japonismus in der westeuropäischen Malerei, den u. a. auch van Gogh, Breton und Gauguin verwendeten.

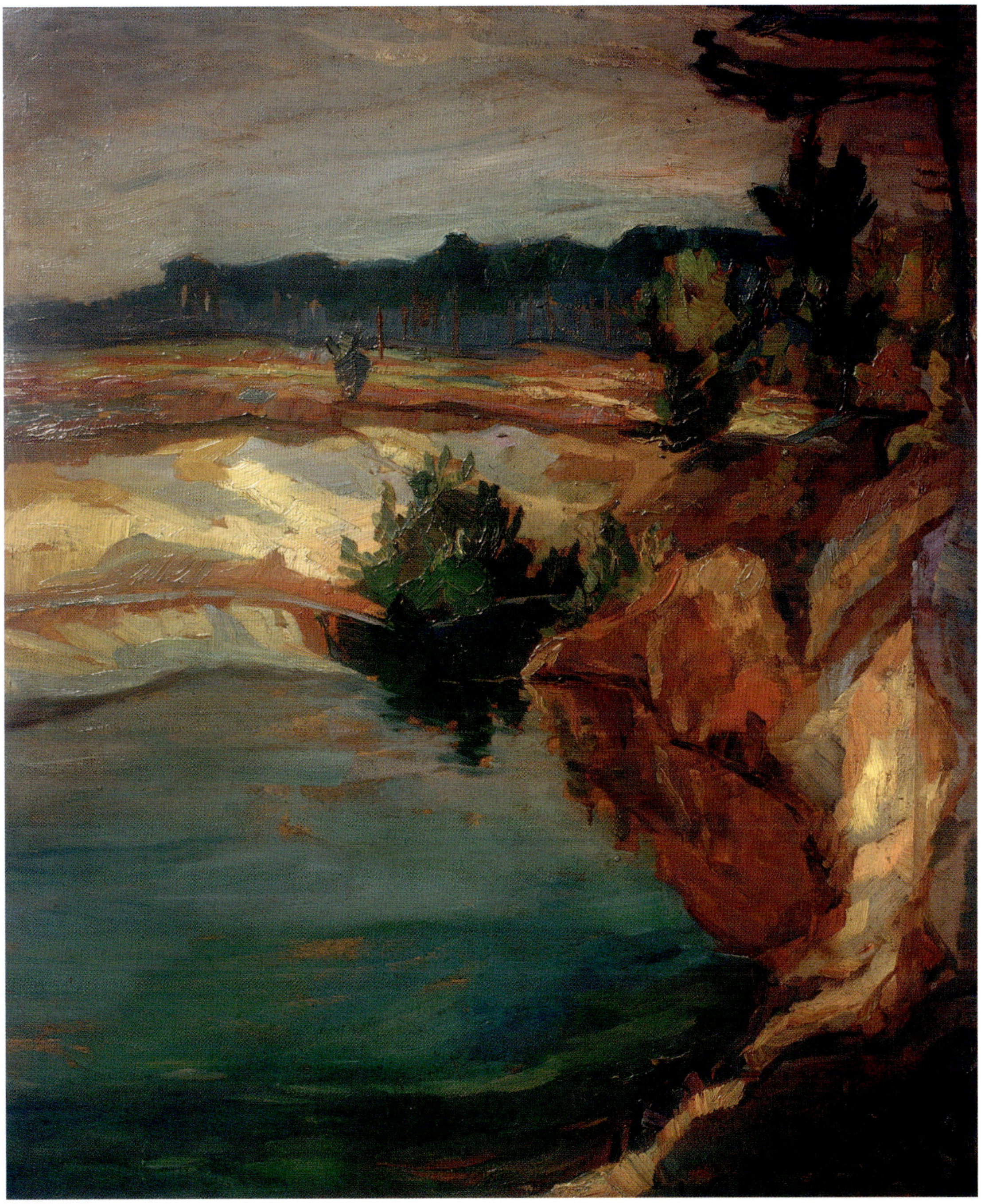

Teich in der Mark, o. J.
Öl auf Sperrholz, 60 × 52 cm
Berlin, Bröhan-Museum

Das Motiv des Waldsees, das zu Leistikows Markenzeichen wurde, erschöpfte sich nicht durch immer gleiche Wiederholungen, sondern veränderte sich beständig durch Experimente, »die eine neue Melodie in anderer Tonart«[1] zur Folge hatten.

Der »Teich in der Mark« weist mit dem markanten Helldunkelkontrast die charakteristische farbliche Wirkung Leistikowscher Waldseen auf, zeigt jedoch auch moderne, französische Einflüsse, die zwischen Impressionismus und Expressionismus angesiedelt sind.

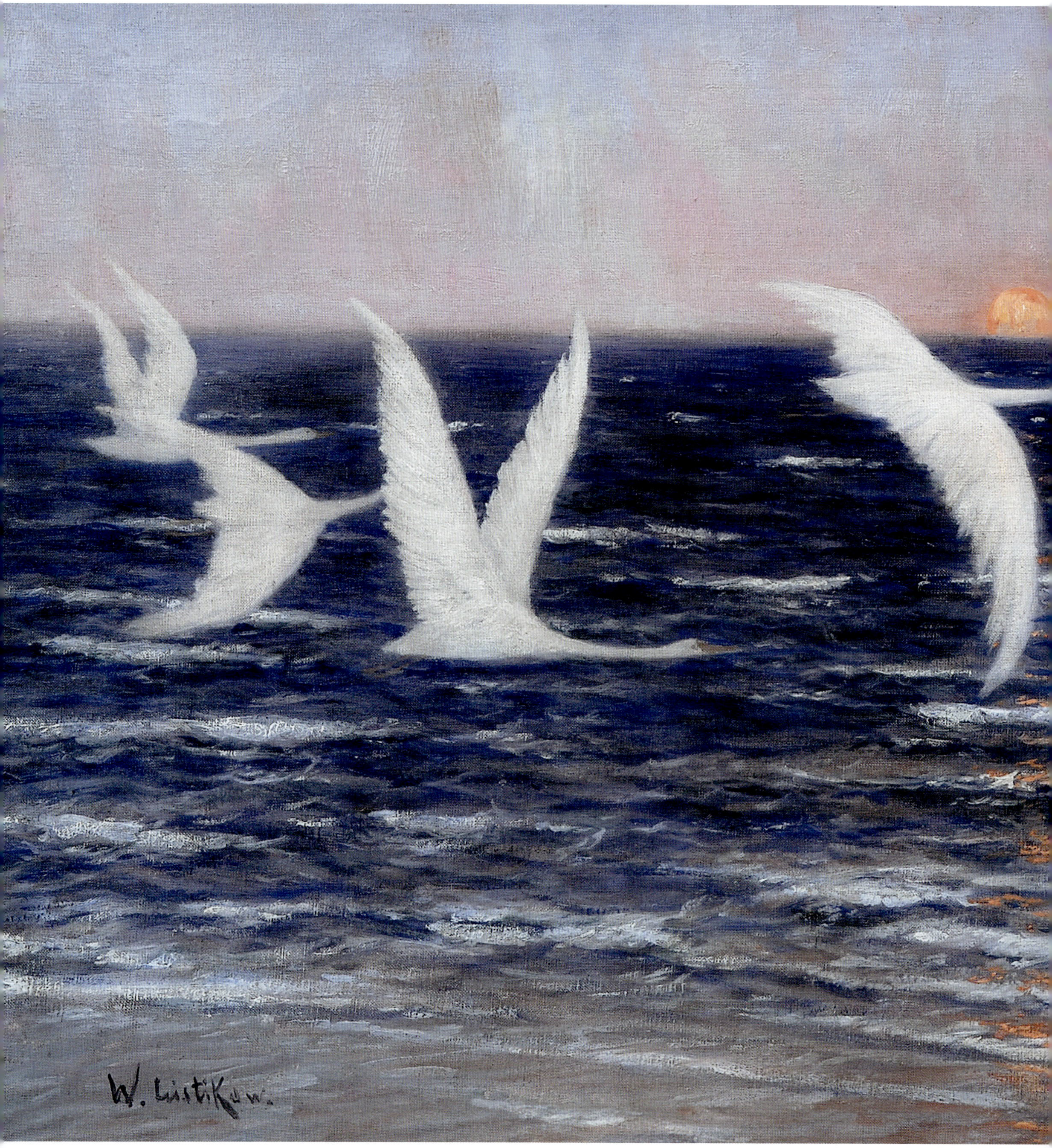
W. Leistikow.

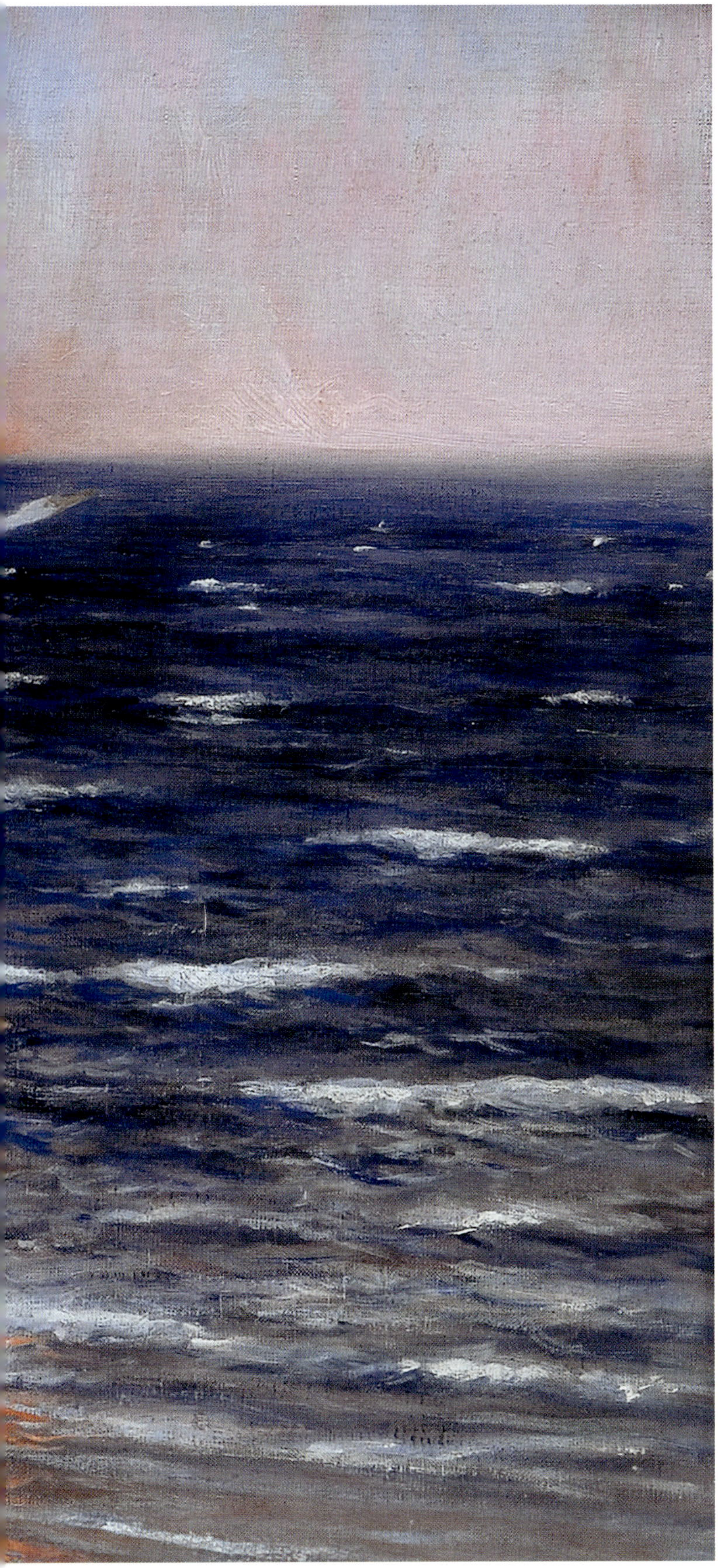

Ziehende Schwäne bei untergehender Sonne, o. J

Öl auf Leinwand, 53 × 78 cm
Privatbesitz

Vier flügelschlagende weiße Schwäne fliegen über dem offenen, bewegten Meer bei untergehender Sonne von links nach rechts der Unendlichkeit entgegen. Die sanfte, sehnsuchtsvolle Grundstimmung besticht durch eine ungewohnt lichte, transluzente Farbigkeit, die das Sinnbild für das schicksalhafte Ziehenmüssen und das kosmische Verschmelzen von Himmel und Erde unterstreicht. Die Eleganz der Bewegungen, die Schwerelosigkeit und die Überwindung der Erdgebundenheit verkörpern transzendentale Erfahrungen und verleihen dem Bild eine nahezu sakrale Feierlichkeit.

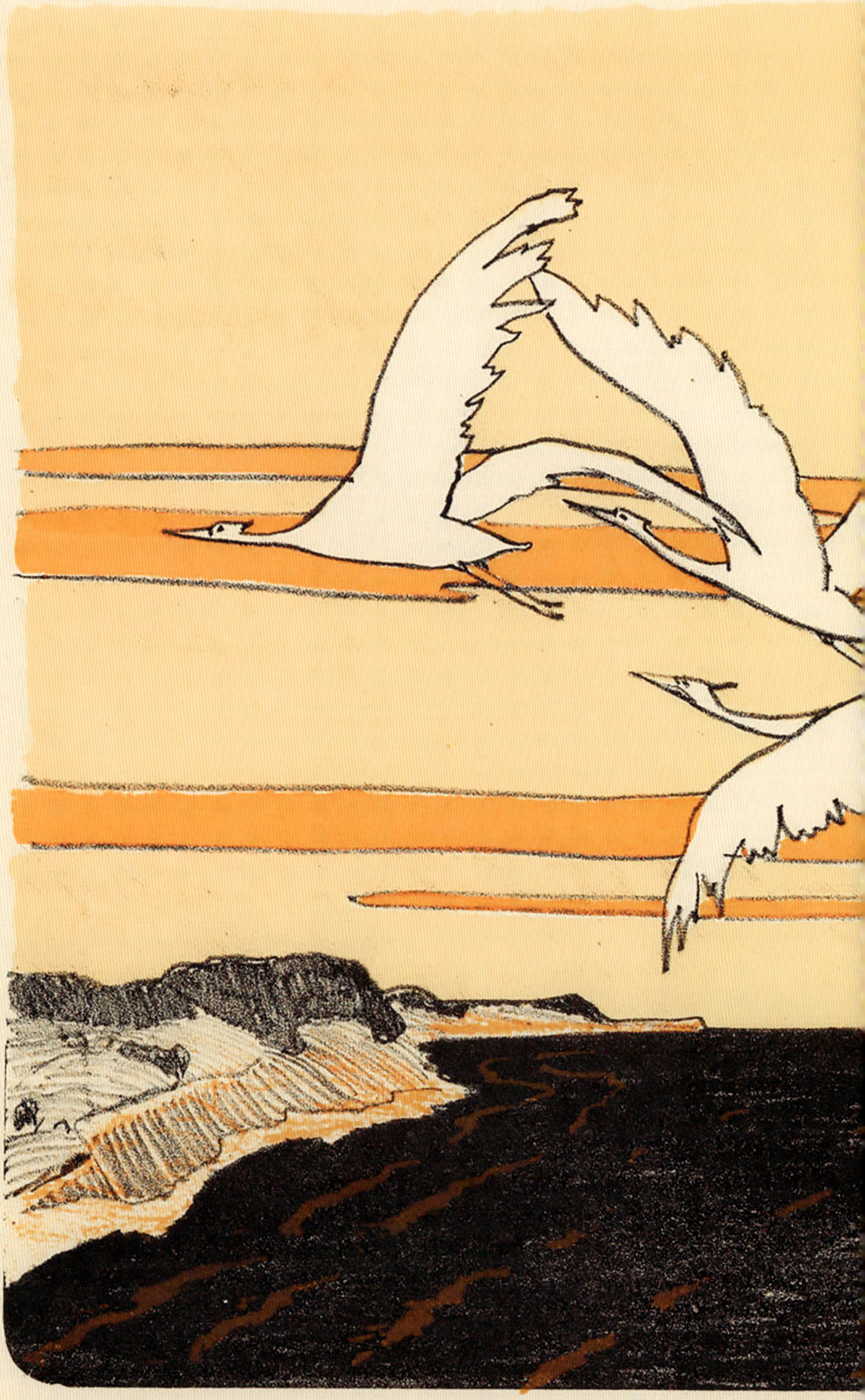

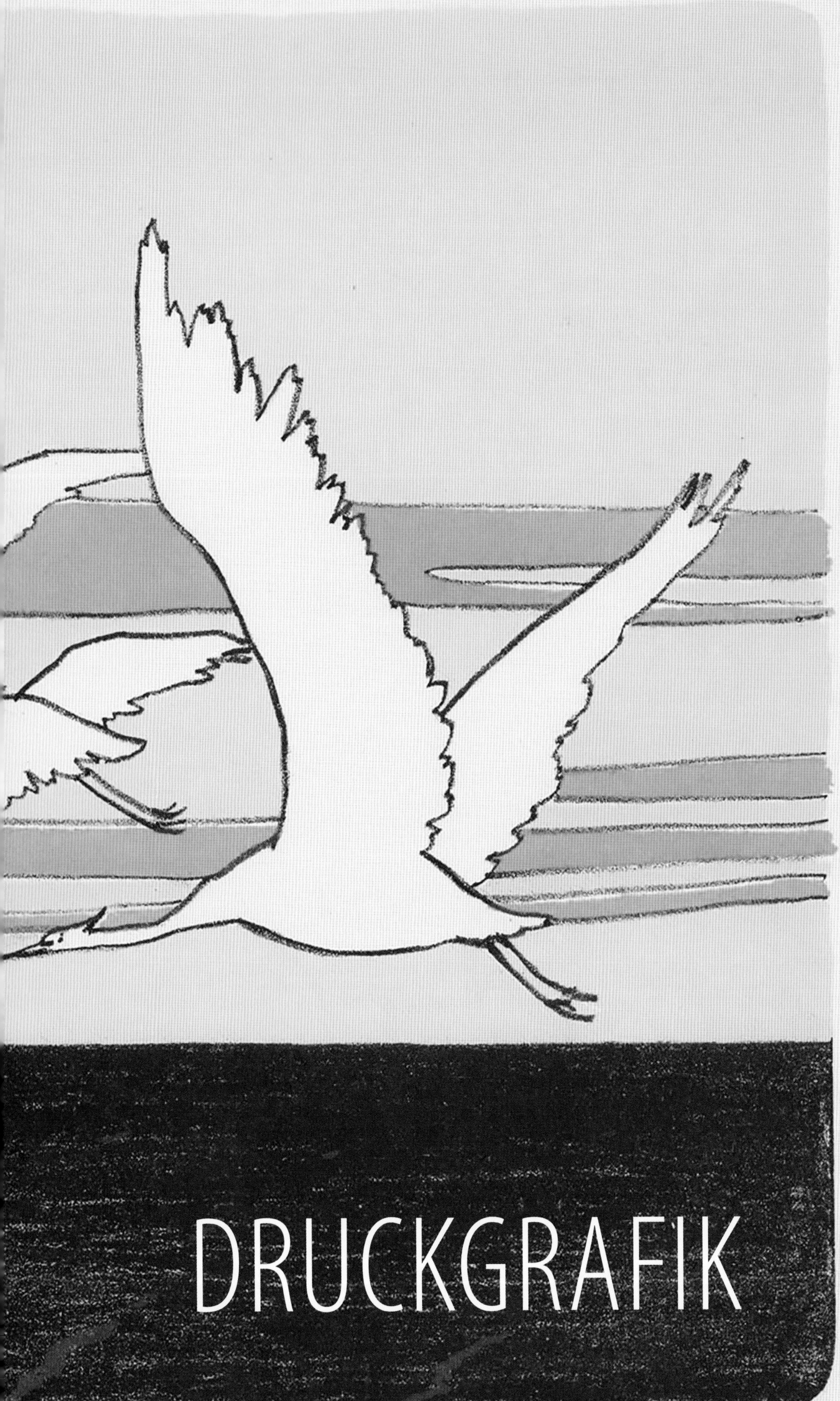
DRUCKGRAFIK

Walter Leistikows Radierungen und Lithografien entstanden aus künstlerischer Neugier und Experimentierfreude, ohne vorrangig ökonomisches Interesse zu verfolgen, und spielen in seinem Gesamtwerk nur eine untergeordnete Rolle, wie die geringe Anzahl dieser Arbeiten verdeutlicht. 31 Motive sind bekannt, alle zwischen 1996 und 1900 entstanden, danach »verstummte« die Produktion und er widmete sich wieder ausschließlich seiner Hauptaufgabe, der Malerei. Hatte er doch mit den Grunewaldbildern »sein« Thema gefunden, das ihm nicht nur ein gutes Auskommen sicherte, sondern auch dem Interesse des aufgeklärten Bürgertums entsprach. Die Gunst seiner Anhänger durch eine künstlerische Radikalisierung aufs Spiel zu setzen, kam ihm vermutlich nicht in den Sinn. »Experimentelle« Arbeiten, insbesondere die Farblithografien, auf denen er sich mit Flächen, Formen und Kontrasten von Edvard Munchs farbigen Drucken inspiriert technisch und kompositionell ausprobierte, blieben unpubliziert, aufs Private beschränkt.[1]

Baumgruppen, Dünen-, Wasserlandschaften und kranichartige Fantasievögel bilden die Motive seiner druckgrafischen Arbeiten. Von einer Stilentwicklung zu sprechen, fällt schwer, da er sich nur sporadisch und über wenige Jahre hinweg mit dieser künstlerischen Ausdrucksform auseinandersetzte. Gleichwohl kristallisierten sich fünf Werkgruppen heraus, die nicht zwangsläufig der zeitlichen Abfolge entsprechen, da die Arbeiten nicht datiert sind:[2] kraftvolle Baumgruppen, jugendstilhaft-manierierte Blätter, klar geschichtete Kompositionen sowie Darstellungen mit aufgelösten Konturen und stark schraffierte Radierungen in ausgeprägten Hell-Dunkel-Kontrasten. Mit Ausnahme der Vögel, dem einzigen lebendigen Motiv, das er für gewagte Farbkombinationen mit leicht mystischem Inhalt – von der Formsprache des Japonismus inspiriert – verwendete, blieb er auch in der Druckgrafik der Landschaft treu.

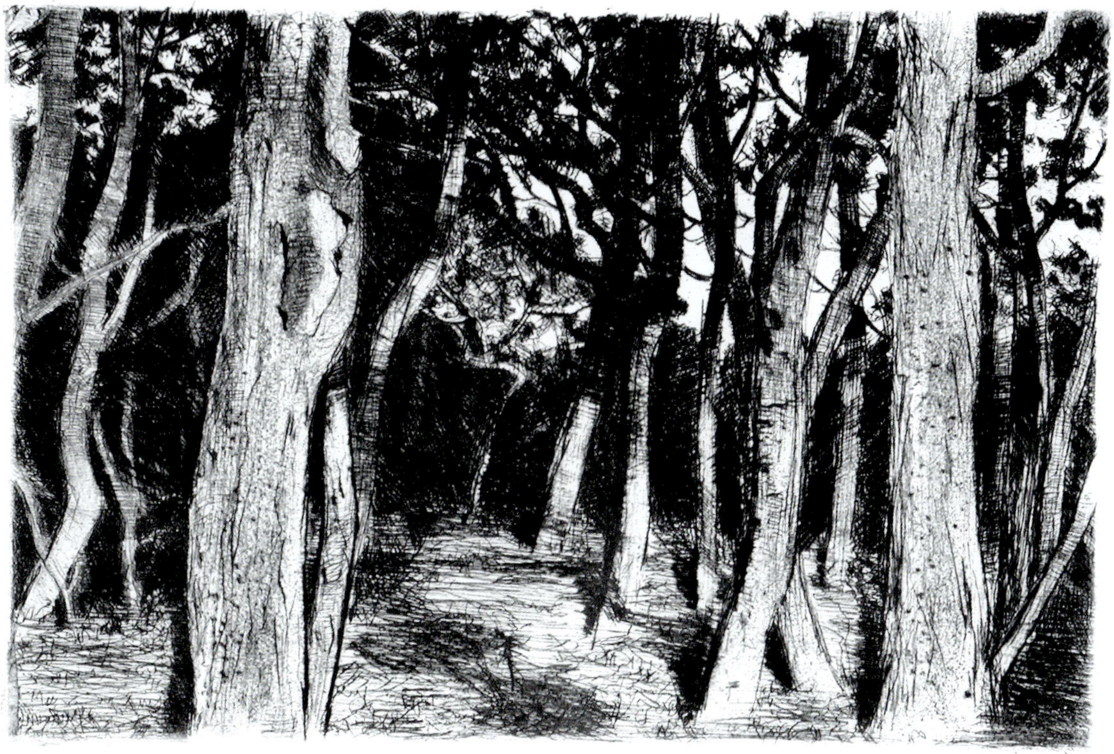

Baumgruppe, 1895

Kaltnadel auf Velin
Los Angeles, County Museum of Art

Der Blick gleitet zwischen Bäume und Gehölz. Rechts und links im Vordergrund stehen zwei größere Stämme, angeschnitten ohne Kronen und Wurzeln. Etwas unheimlich wirkt der Wald, der nach Innen immer dichter wird und märchenhafte Assoziationen weckt. Leistikow nutzt die Druckgrafik, um mit Flächen, Strukturen und Hell-Dunkel-Kontrasten zu spielen und technische Möglichkeiten zu erproben.

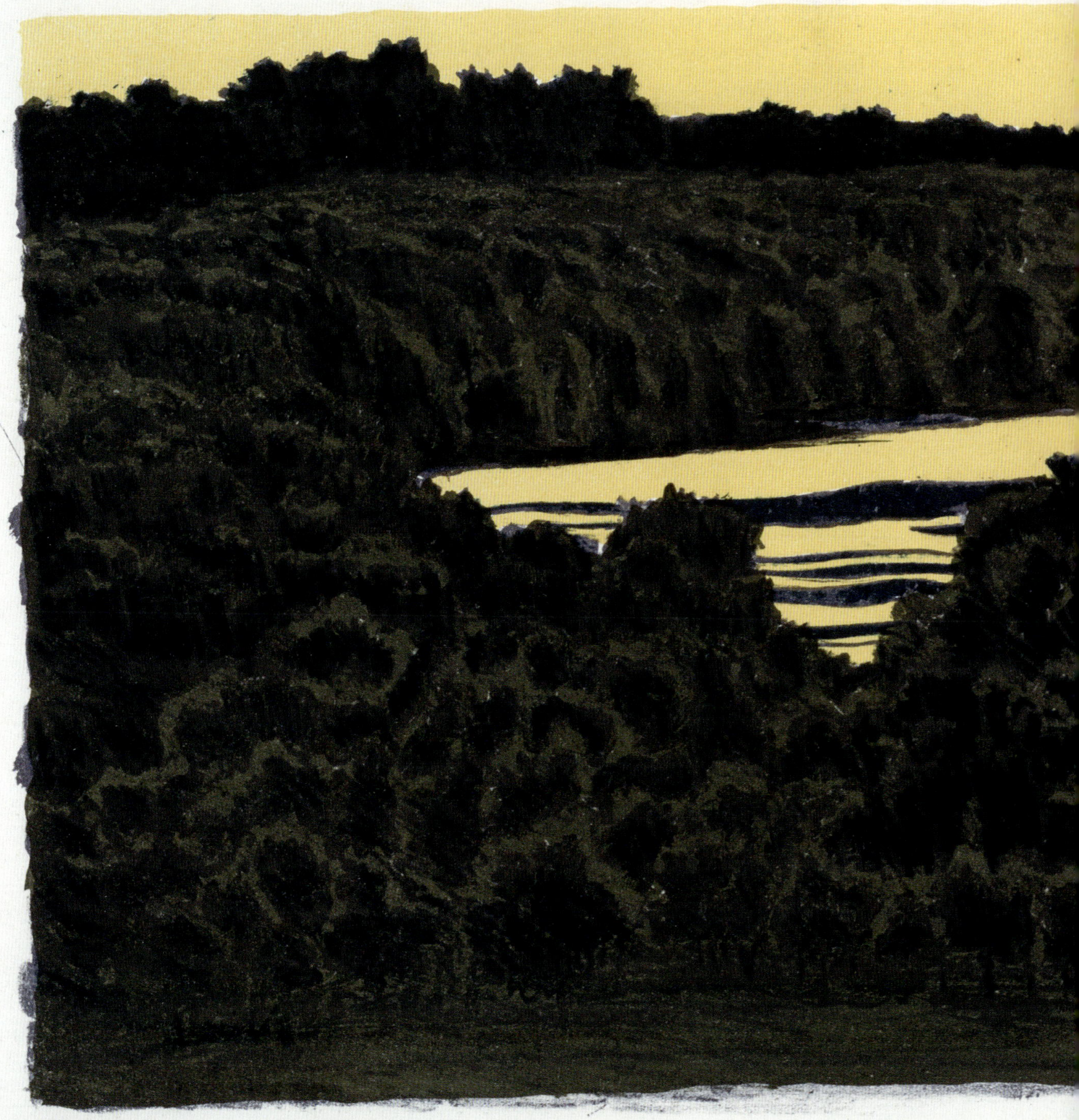

Schlachtensee, 1898

Lithografie (violetter Druck),
1. Zustand, 29,7 × 50,2 cm
Staatliche Museen zu Berlin, Kupferstichkabinett

Die Ansicht zeigt den Abschnitt eines Sees, der von dichtem Wald mit gut erkennbaren Baumwipfeln umgeben ist und sich entlang der geschwungenen Uferlinie erstreckt.

Die Seedarstellung in gedecktem Gelb demonstriert Leistikows experimentellen Umgang mit Farbe im druckgrafischen Bereich und seine Fähigkeit, Stimmung und Atmosphäre damit zu variieren. Obwohl der märkische See erkennbar bleibt, experimentiert der Künstler mit unterschiedlichen Wirkungen, indem er die Farbtöne von Himmel und Wasser verändert und damit die Grenze des naturalistisch-realistischen Kunstverständnisses auslotet.

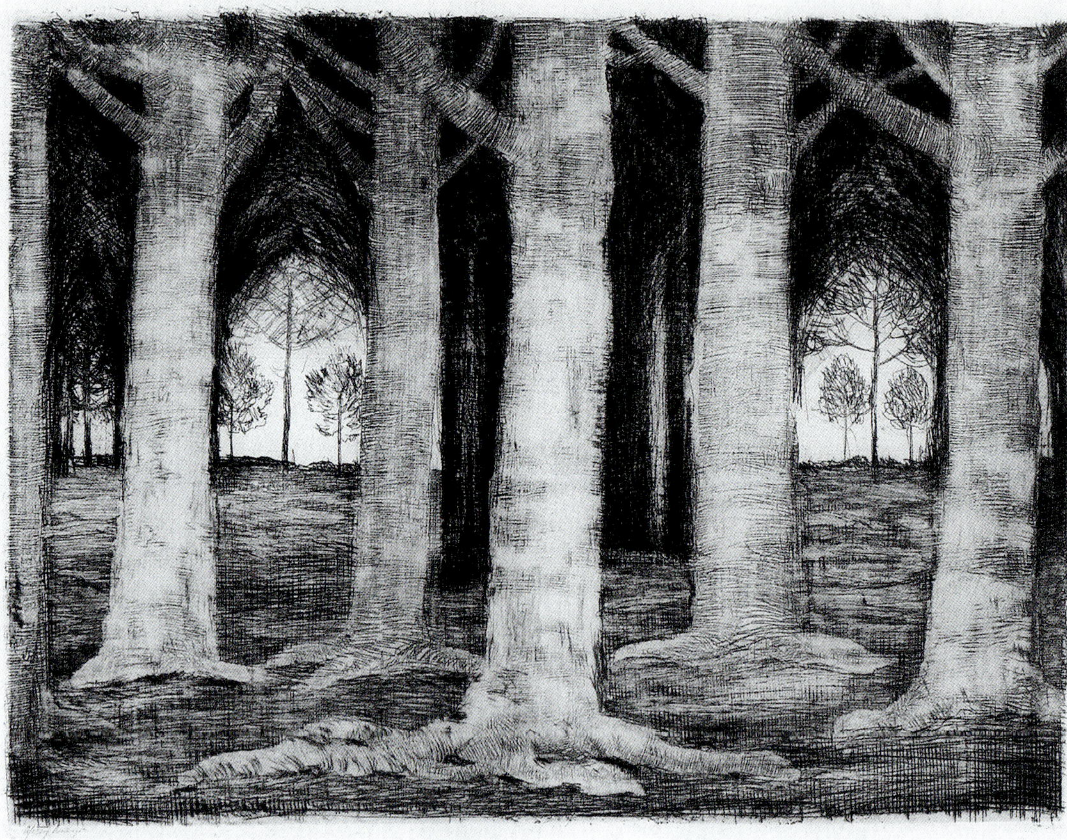

Im Wald (auch: Buchenwald), 1898

Radierung auf Papier, 16,7 × 32,2 cm
Bydgoszcz (Polen), Muzeum Okregowe

Fünf statuarisch angeordnete Buchenstämme bilden einen natürlichen »Walddom«, der an gotische Architektur erinnert. Das Licht des Himmels dringt von rechts und links nach vorne zwischen die im Vordergrund stehenden Stämme, wie durch zwei Kirchenfenster, von zartem Astwerk dekoriert. Der tiefe Waldausschnitt mit seinen majestätischen Baumsäulen, geheimnisvoll und mystisch, verknüpft Domarchitektur mit dem Waldesinneren als hätte sich die Natur ihren Raum für die religiöse Andacht zurückerobert.

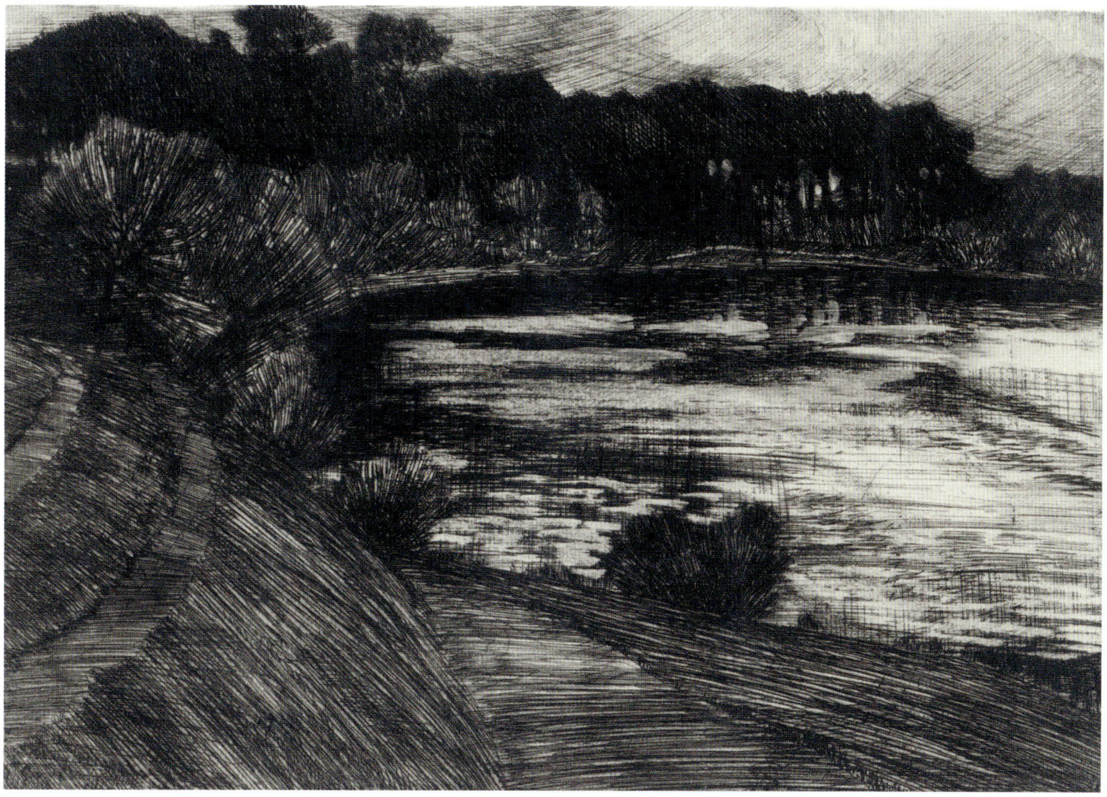

Waldsee, vor 1898

Radierung, Kaltnadel und Aquatinta, 14,6 × 19,8 cm
Staatliche Museen zu Berlin, Kupferstichkabinett

Von einer leichten Anhöhe aus schweift der Blick über das halbrunde Teilstück eines Sees, vermutlich des Schlachtensees, dessen Ufer im Hintergrund von Gebüsch und Kiefern gesäumt ist und auf der linken Seite einen Weg mit zwei Fahrrinnen aufweist, der durch Bäume ins Unbekannte nach links führt.

Diese Ansicht, in der lange Striche und Schraffen große Flächen modellieren, die keinerlei Ornamentik aufweisen, war vermutlich das letzte märkische Motiv Leistikows, danach folgten nur noch Dünen- bzw. Küstendarstellungen, bis er 1900 die druckgrafische Arbeit komplett einstellte.

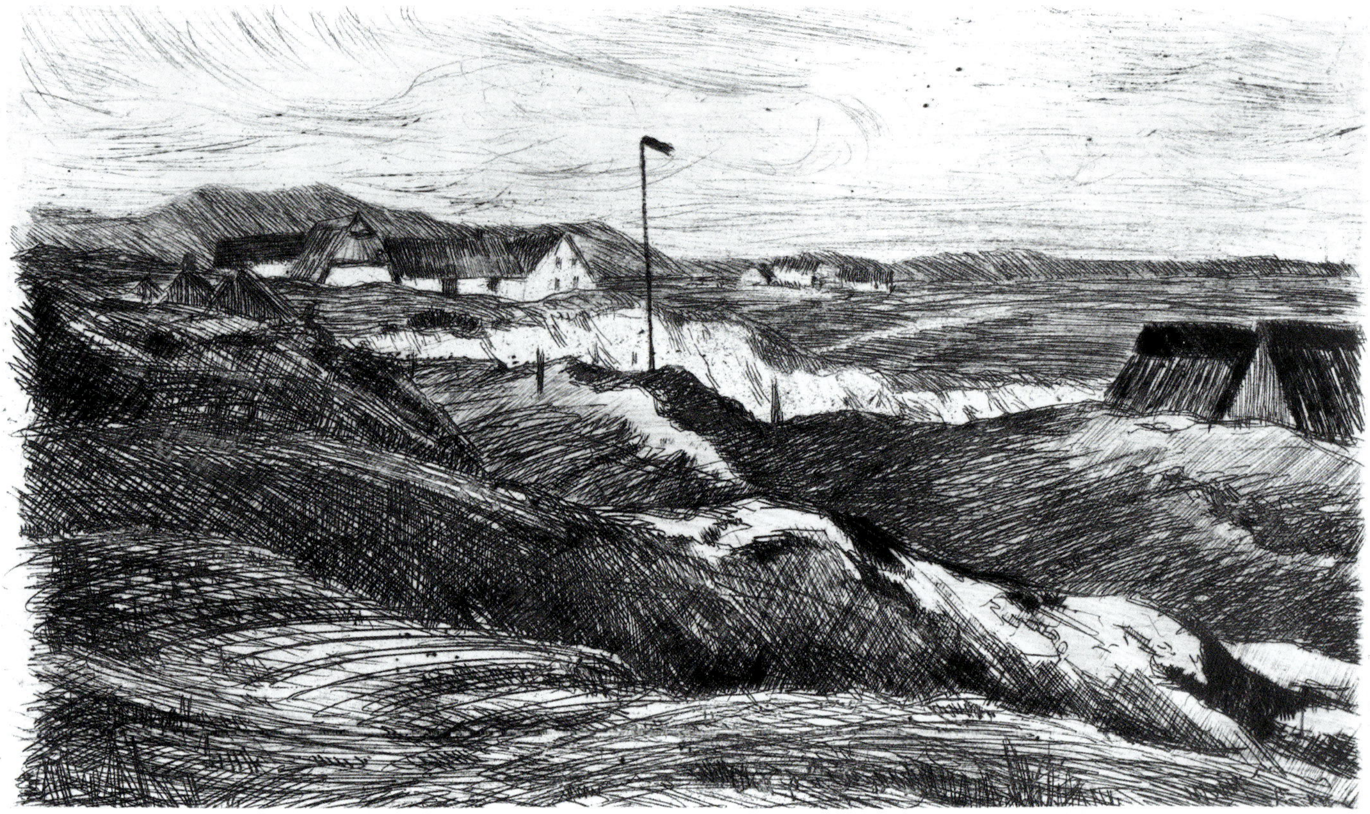

Dünenlandschaft, 1900

Kaltnadelradierung auf kräftigem Kupferdruckpapier,
1. Zustand, 16,7 × 23,8 cm
Staatliche Museen zu Berlin, Kupferstichkabinett

Die Radierung zeigt eine weitere Dünenlandschaft mit einem Strandabschnitt und dem Meer. Links oben ist ein reetgedecktes Gehöft zu sehen, in der Mitte steht eine Stange mit einer wehenden Fahne. Die Ansicht ist eine der letzten druckgrafischen Arbeiten Leistikows und ähnelt technisch und motivisch den ersten Blättern, sodass von einer Stilentwicklung nicht gesprochen werden kann, da er sich nur sporadisch mit den künstlerischen Möglichkeiten der Radierung und Lithografie beschäftigte.

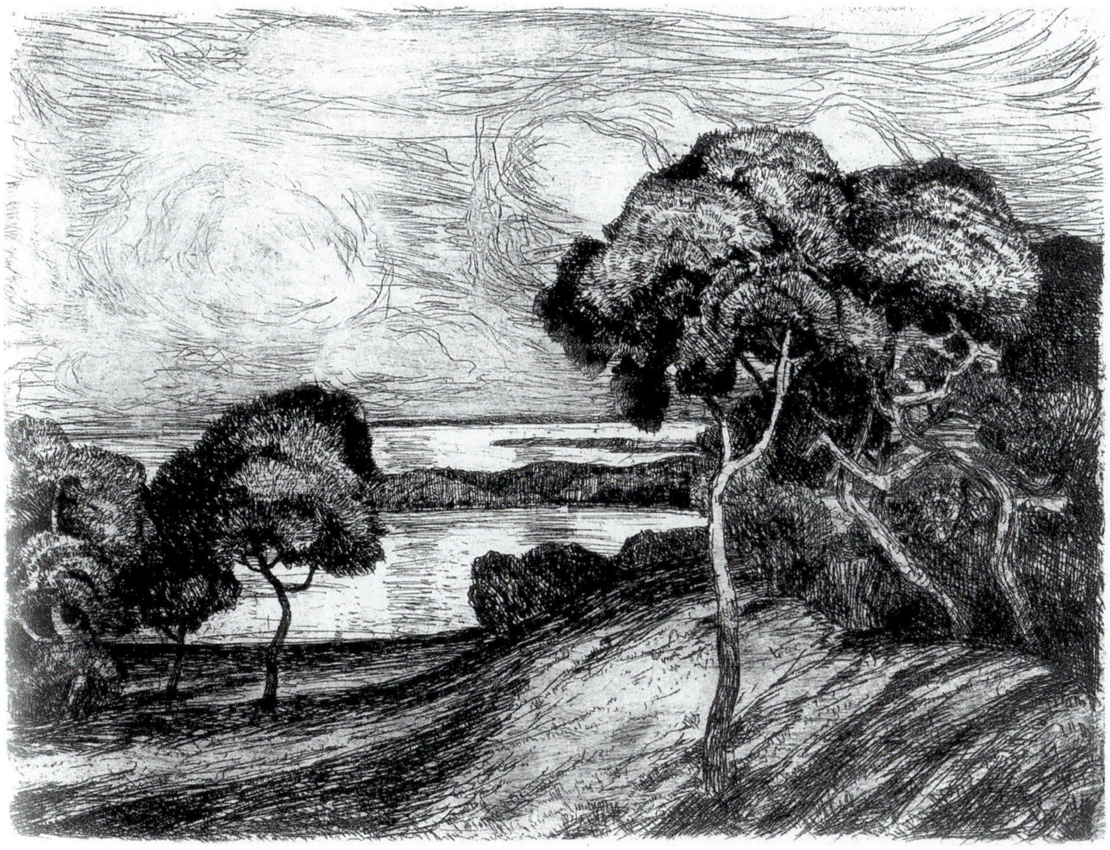

Weite Seenlandschaft, 1908

Kaltnadelradierung, 24,8 × 34,3 cm

Ansicht von einer Seenlandschaft, die den Blick von einer Anhöhe über eine Wiese aufs Wasser bis zum Horizont schweifen lässt. Darüber erstreckt sich ein hoher Himmel mit drei Wolken, im vorderen Teil stehen verbogene Bäume mit dichten Kronen, die in ungewöhnlich unkonturierten Wolkenformationen übergehen und undurchdringlich wirken. »Leistikow interpretiert Landschaft, sie ist ein Synonym für eine innere seelische und geistige Beschaffenheit. Man kann sich dem Zwang, der Eindeutigkeit der ›Weiten Landschaft‹ kaum entziehen, sie erreicht eine beklemmende Wirkung«.[1]

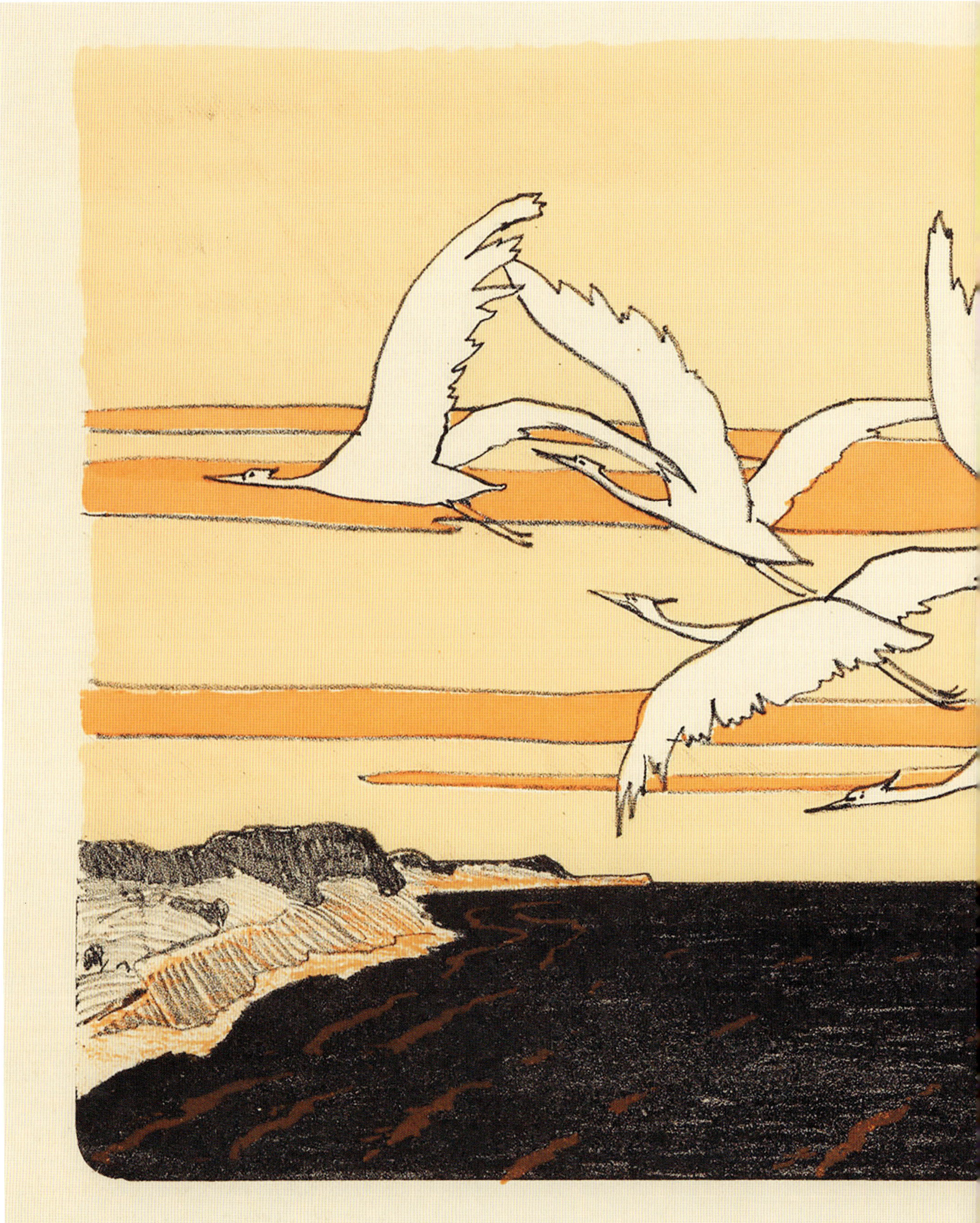

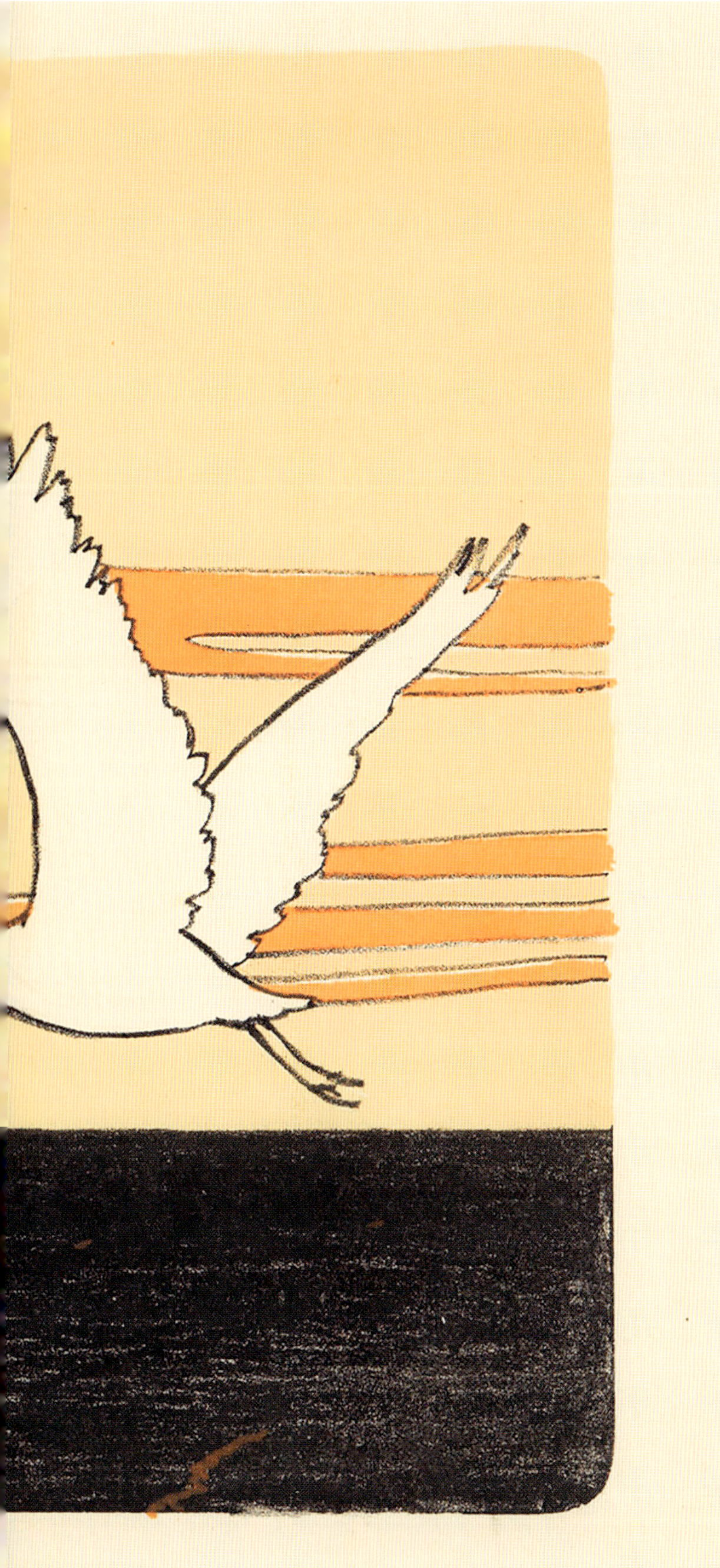

Kraniche, 1897/98

Algraphie, 21,9 × 28 cm
Stadtmuseum Berlin

Vier Fantasievögel, Kranichen ähnlich, fliegen nach links über das Meer, unter ihnen ist ein Küstenabschnitt zu sehen.

Von der Formsprache des Japonismus inspiriert, experimentierte Leistikow mit dem Motiv der großen Vögel, um den Ausdruck des Naturempfindens in Landschaftsräumen zu verstärken. Bei diesem Blatt testete er auch die Farbigkeit. Verschiedene Varianten sind bekannt, in denen der Himmel orange oder türkis eingefärbt wurde und mutmaßlich gab es auch grün gehimmelte Japandrucke.

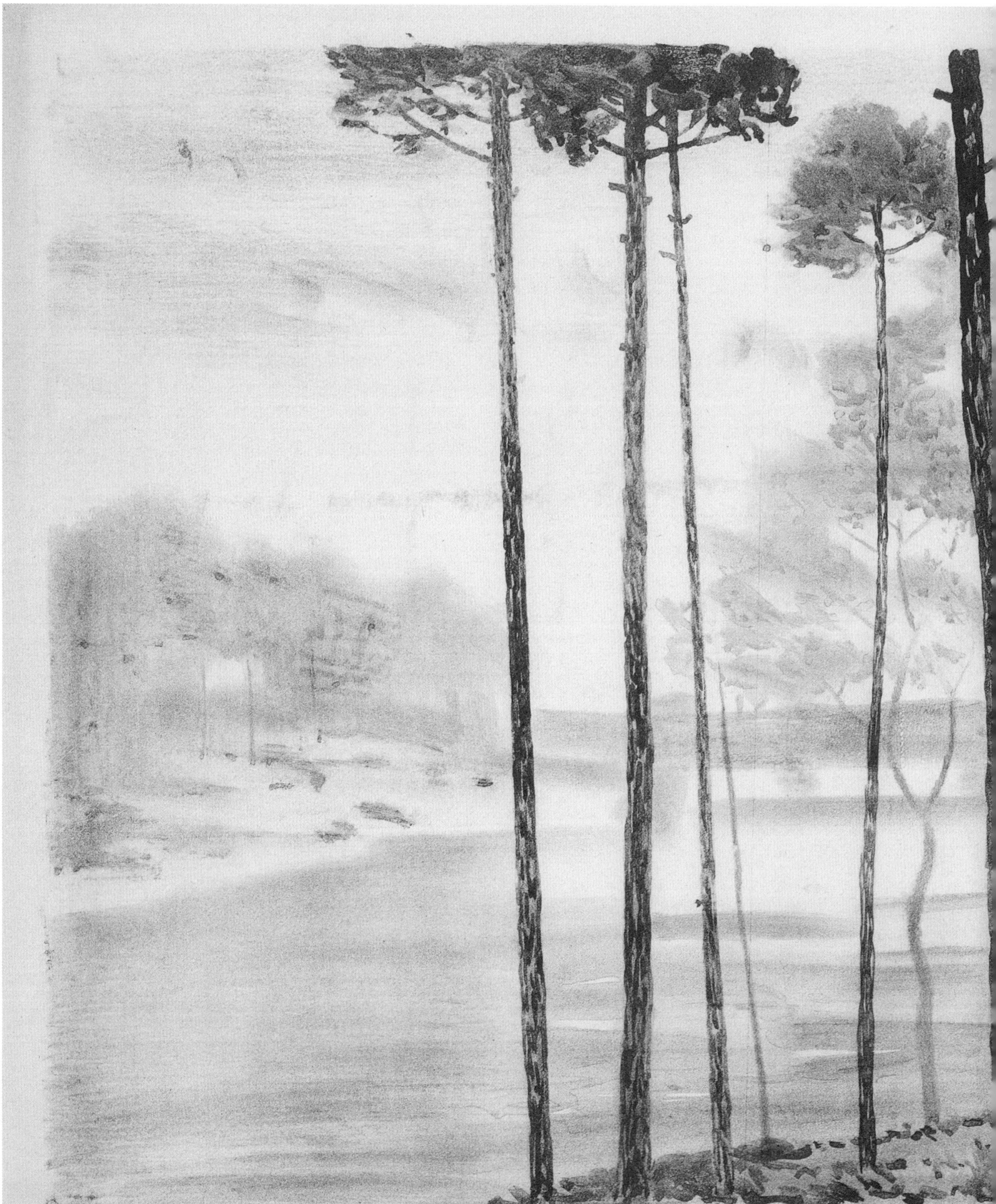

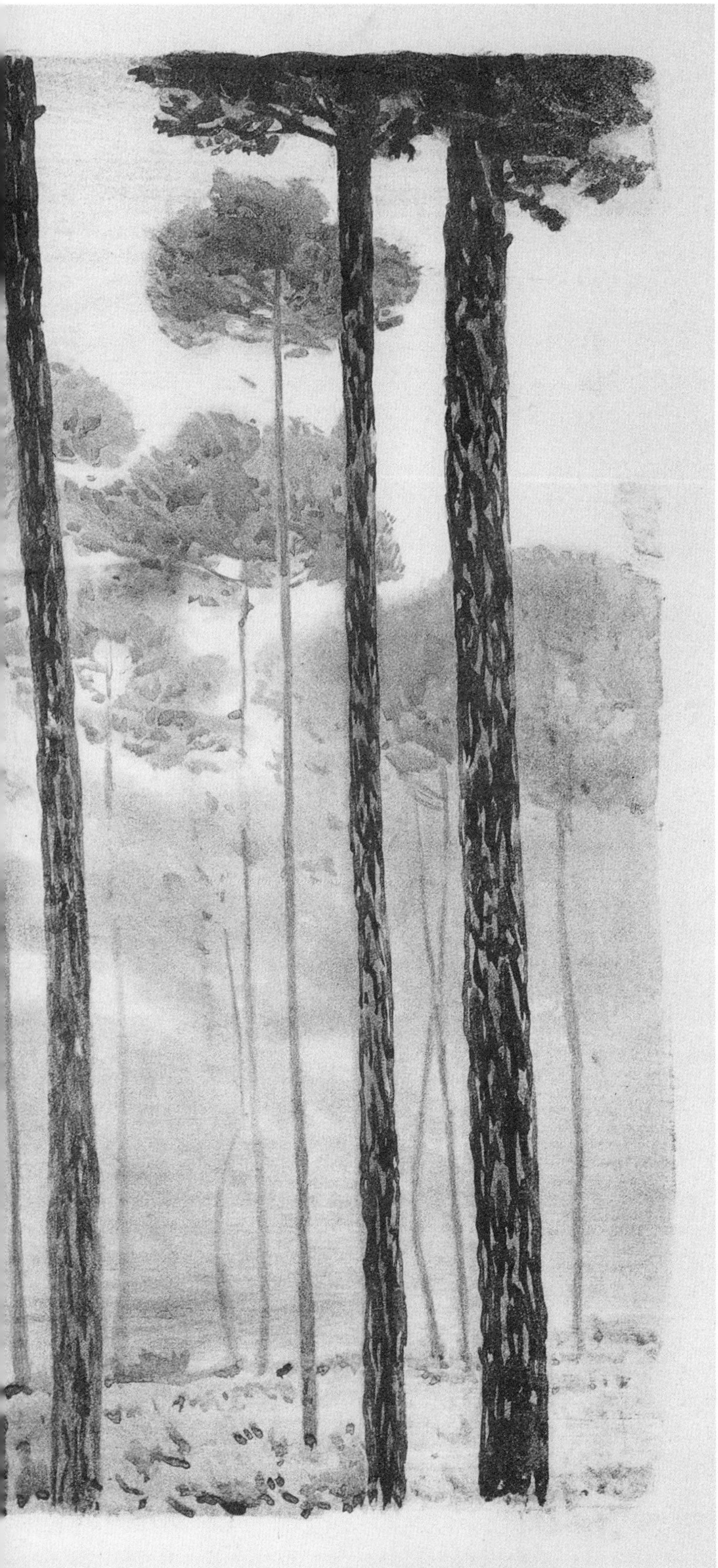

Abend am Schlachtensee

Lithographie, 39,7 × 50,2
Staatliche Museen zu Berlin, Kupferstichkabinett

Vom unteren bis zum oberen Rand recken sich Kiefernstämme in die Höhe, ganz in der Handschrift Leistikows, angeschnitten, ohne Kronen und Wurzeln. Dahinter liegt der See, spiegelglatt und glänzend, von einem bewaldeten, halbrunden Uferstück begrenzt.

Die klar erkennbare Landschaft ist in Vorder-, Mittel- und Hintergrund unterteilt, fast wie in Schichten. Diese Komposition erzeugt einen beruhigenden Gesamteindruck und vermittelt naturalistische Authentizität.

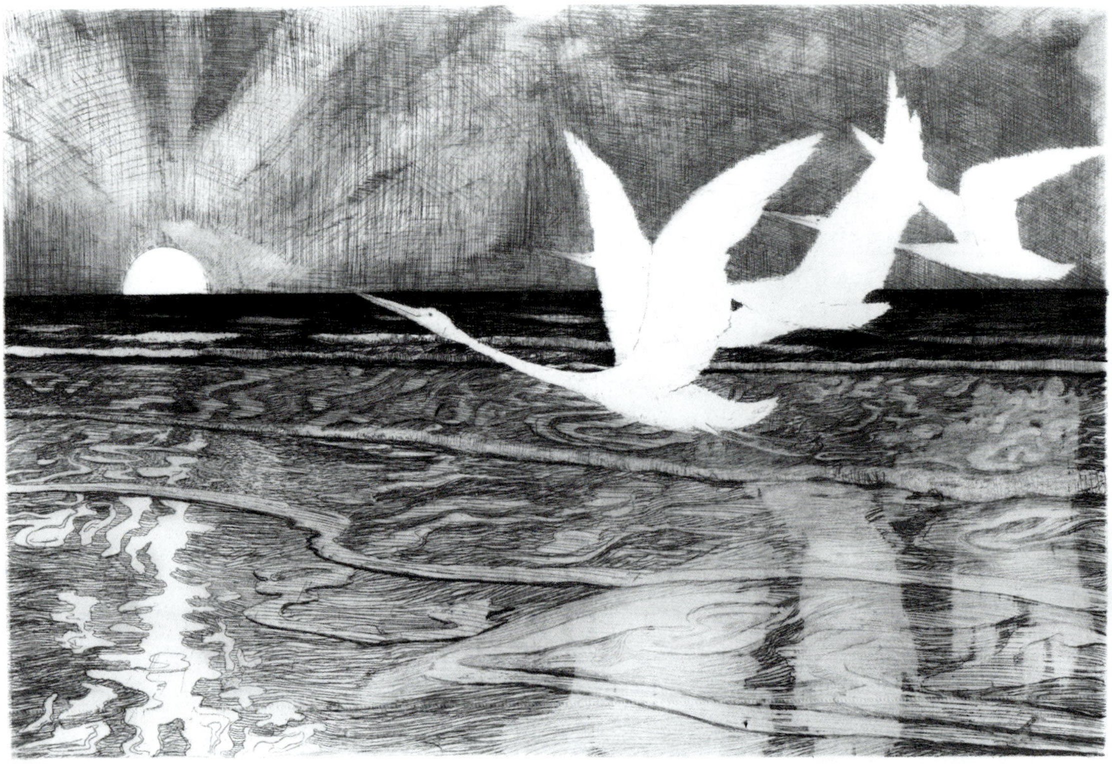

Letzte Flügelschläge, vor 1898

Radierung mit Kaltnadel, 35,2 × 49,9 cm
Staatliche Museen zu Berlin, Kupferstichkabinett

Drei kranichartige Vögel, die sich einer exakten Definition entziehen, fliegen über ein in flachen Wellen ans Ufer fließendes Meer, vom oberen rechten Bildrand nach links ins ferne Unbekannte. Die Sonne steht halb über dem Horizont im Hintergrund und strahlt in den Himmel und aufs Wasser, dessen Oberfläche und Wellenschlag sorgfältig mit feinem Strich und Ornamentik, jugendstilartig herausgearbeitet wurde. Gegen das Licht tritt die feine, filigrane Struktur besonders hervor, wodurch eine fast magische Atmosphäre entsteht.

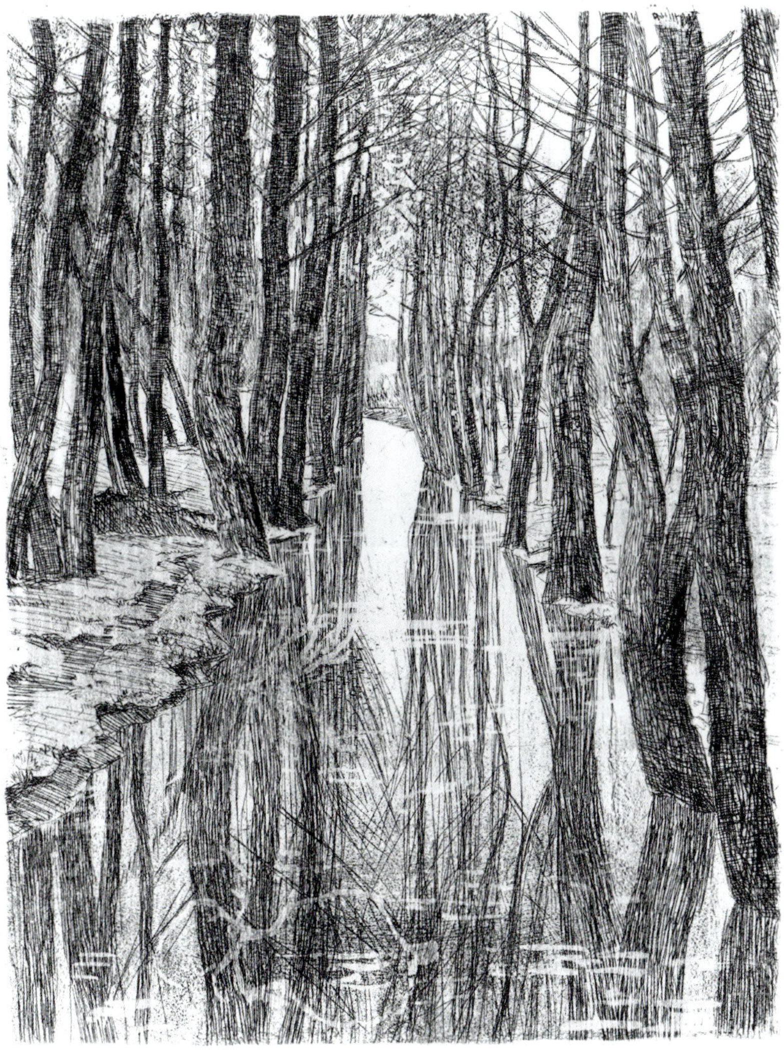

Wasserloch (auch: Canal), o. J.

Radierung und etwas Kaltnadel auf Kupferdruckkarton,
1. Zustand, 19,7 × 14,8 cm
Staatliche Museen zu Berlin, Kupferstichkabinett

Ein Bach schlängelt sich vom unteren Rand durch die Mitte des Blattes nach hinten. Zu beiden Seiten wird das Wasser von einer stattlichen Zahl an Baumstämmen begrenzt, deren Schatten sich auf der glatten Oberfläche spiegeln. Das obere Drittel ist netzartig von Ästen durchzogen, was Raum für Interpretationen lässt. Diese Radierung strahlt etwas Märchenhaftes aus und kann daher als Gegenbild zu Rationalisierung und Modernisierung verstanden werden. Durch die verwunschene Atmosphäre und die idyllische Szenerie entführt das Blatt den Betrachter in eine romantisierte Welt, die im starken Kontrast zur nüchternen und effizienzorientierten Realität der Moderne steht.

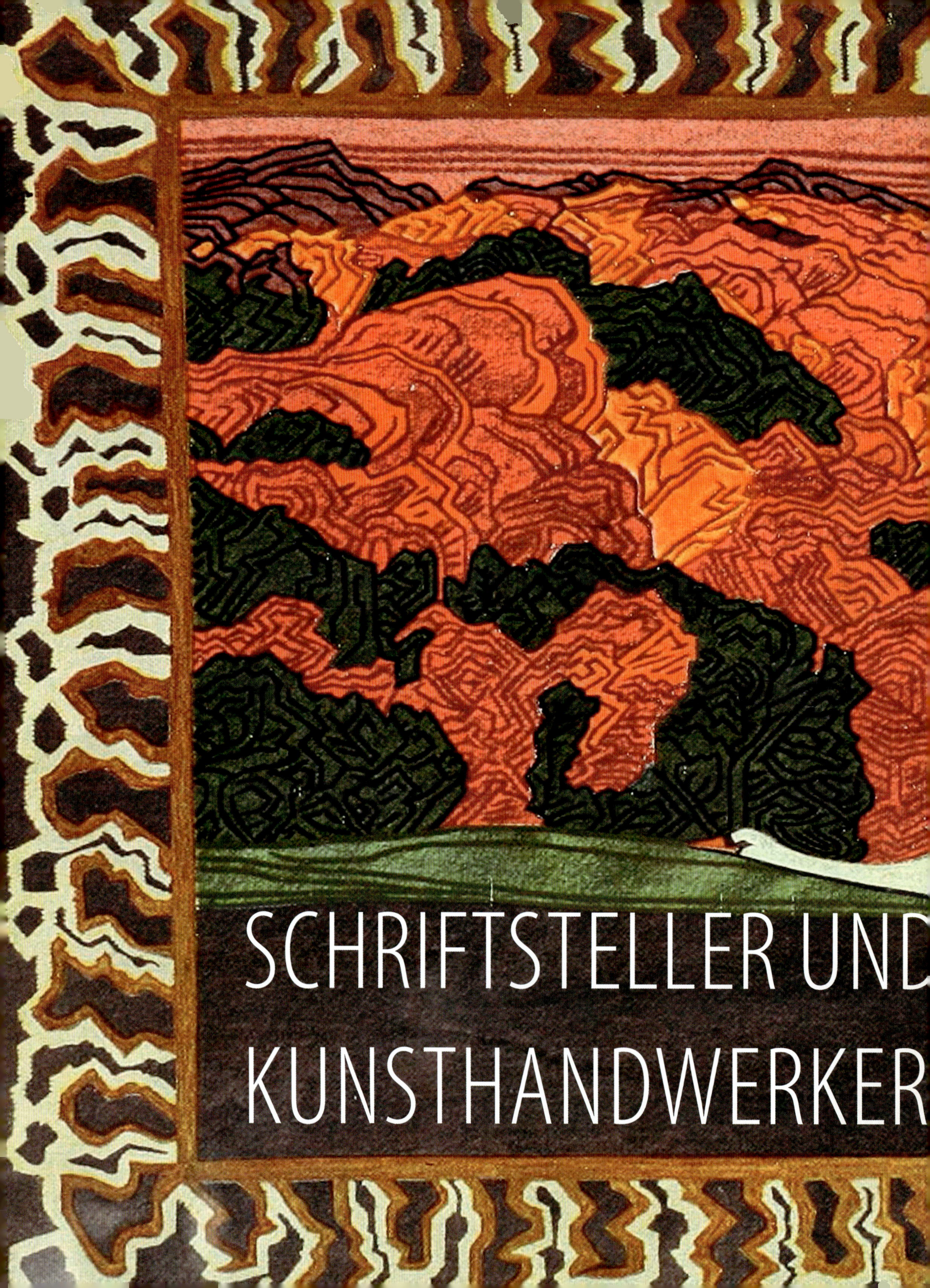

SCHRIFTSTELLER UND KUNSTHANDWERKER

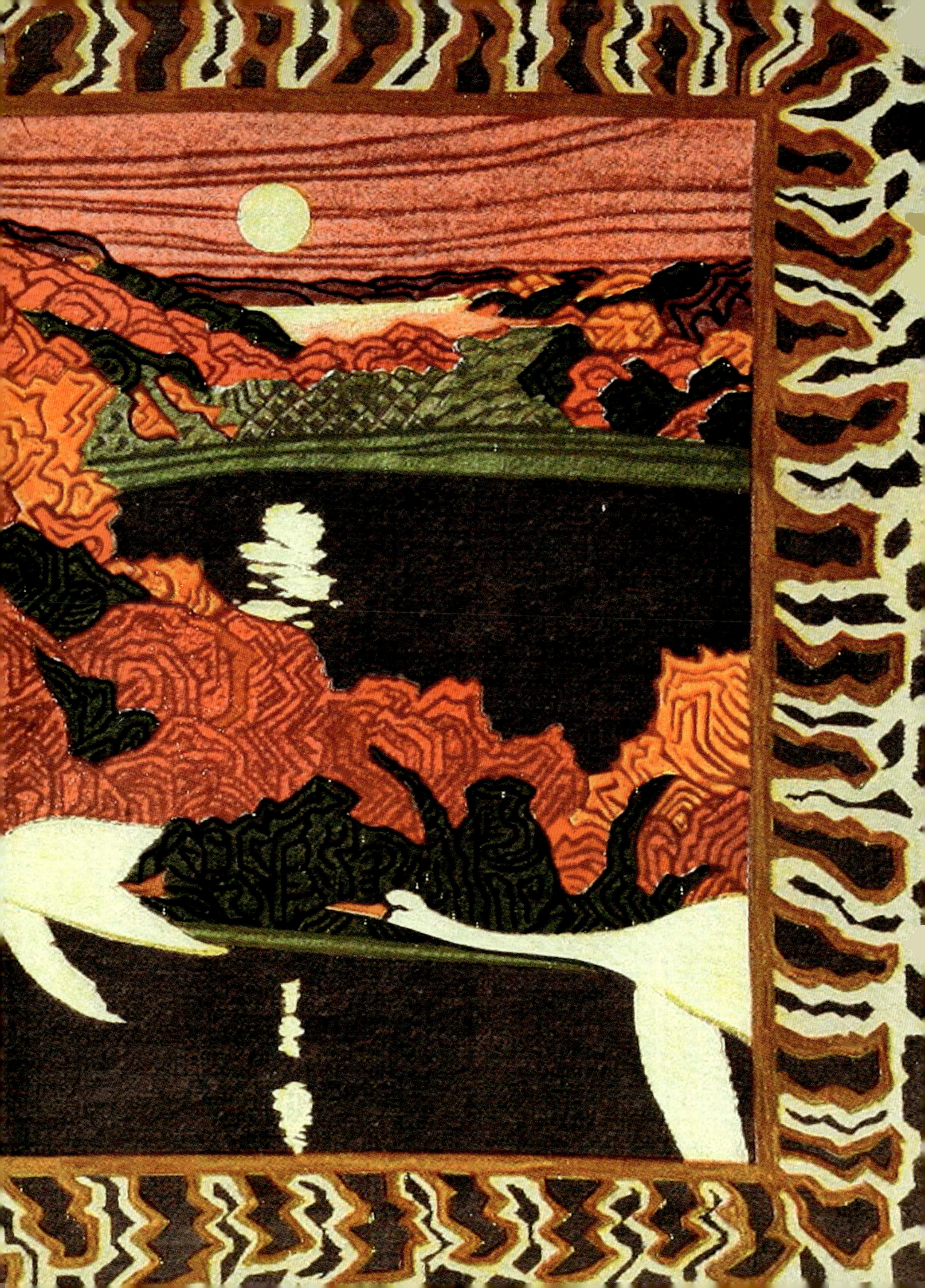

Experimenten und Neuem gegenüber aufgeschlossen, versuchte sich Walter Leistikow Mitte der 1890er Jahre, in einer Phase besonderer Schaffenskraft, auch auf anderen Gestaltungsgebieten als der Malerei. Kontakte zur literarischen Avantgarde Berlins, zum Friedrichshagener Dichterkreis um Gerhart Hauptmann, spornten ihn an, die Feder in die Hand zu nehmen und eigene Texte zu verfassen. Mehr als eine Novelle[1] und ein Roman mit autobiografischen Zügen, dem kein Erfolg vergönnt war, sind allerdings nicht bekannt. Dass Leistikow die schriftstellerischen Bemühungen schnell wieder einstellte, kann deshalb kaum überraschen. Lieber setzte er Zeit und Kraft für befriedigendere Ausdrucksmöglichkeiten ein und beteiligte sich aktiv am künstlerischen Reformprozess seiner Zeit, um die Erneuerung von Kunst und Kunstgewerbe voranzutreiben.

Im Vergleich zur Autorenschaft tat sich Leistikow als ein kreativer Gestalter kunstgewerblicher Erzeugnisse hervor, der Kunst und Handwerk vereinigen wollte. Dazu trug seine Nordlandbegeisterung bei, »die Suche nach unverfälschten Stilformen, jenseits akademischer Traditionen und historischer Zitate«.[2] Skandinavische Tendenzen und die Entdeckung der »Volkskunst« dienten als Inspiration, um sich von überkommenen Formen zu befreien. Heidnisch ornamentale Motive wie Wikingerschiffe, Wellen, Gletscher oder Pferdeköpfe wurden durch Stilisierung in edle Dekore und Entwürfe für Möbel, Wandschirme, Bildteppiche und Tapetenmuster verwandelt. 1902 endete Leistikows Auseinandersetzung mit dem Kunstgewerbe. Spätere Entwürfe sind nicht bekannt.

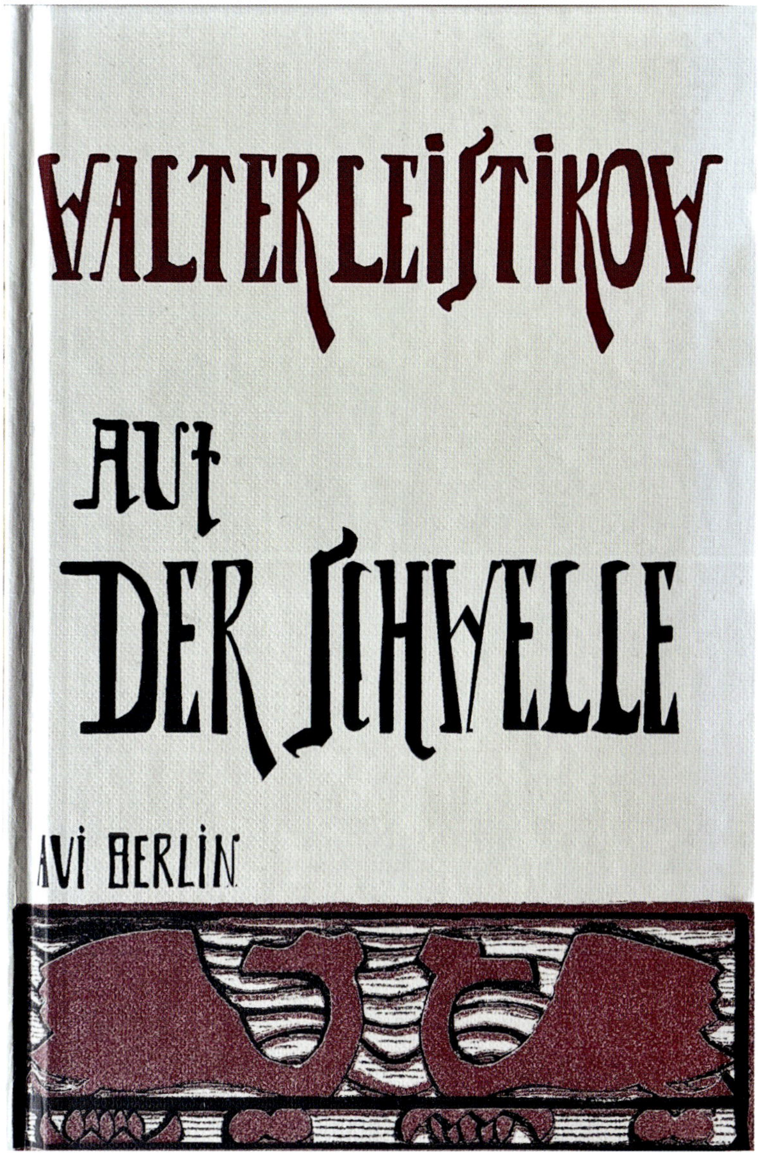

Das Cover seines Romans »Auf der Schwelle« entwarf Walter Leistikow selbst.

Fotografie einer Neuauflage

»Auf der Schwelle« nannte Leistikow sinnfällig seinen Künstlerroman, der 1896 bei Schuster & Löffler in Berlin erschien. An die Struktur eines Bildungsromans angelehnt durchläuft sein Held Hans Lürssen, eine Mischung aus Leistikow selbst und Gerhart Hauptmann, verschiedene Stationen auf dem Weg zum leidenschaftlichen Künstler. Dreißigjährig lässt Leistikow eigene Erfahrungen einfließen, doch spürt der Leser sein Bemühen, denn dem dichten Ideenpanorama fehlt es an Glaubhaftigkeit. Den mangelnden Erfolg nahm der Autor gelassen und scherzte sogar, die stilisierten Schwäne auf dem von ihm entworfenen Umschlag würden für Strümpfe gehalten und das einzige verkaufte Exemplar der Auflage habe er erworben.

Bildteppich »Corvi Noctis« (Nachtraben), 1896/97

Wolle auf Leinenkette gewebt
182 × 180 cm (mit Fransen 236 cm)
Berlin, Bröhan-Museum

Vier schwarze Raben schweben mit weit ausgebreiteten Flügeln über die Wasserfläche einer nächtlichen Fjordlandschaft. Im Hintergrund leuchtet der Vollmond. Die Vögel wirken aufgewühlt, die Bewegungen sind dynamisch, fast meint der Betrachter sie aus geöffneten Schnäbeln kreischen zu hören.

Der stilisierte Bildteppich in kontrastreichen Rot- und Blautönen und mit breitem Ornamentband darf als Beispiel für die dekorative Interpretation der Natur Leistikows verstanden werden und ist dem Jugendstil zuzuordnen. Er schuf die Vorlage für mehrere Wandteppiche, die von der norwegischen Textilkünstlerin Frida Hansen in ihrer Weberei im heutigen Oslo gefertigt wurden.

»Corvi Noctis« gehört zu den bekanntesten Arbeiten Leistikows. Die meisten Teppiche Leistikows gingen verloren. Die »Nachtraben« bilden eine Ausnahme und wurde immer wieder ausgestellt und kommentiert. Das Motiv hatte Leistikow zuerst in Öl gemalt (1895/96, verschollen), angeregt durch eine altnordische Sage.

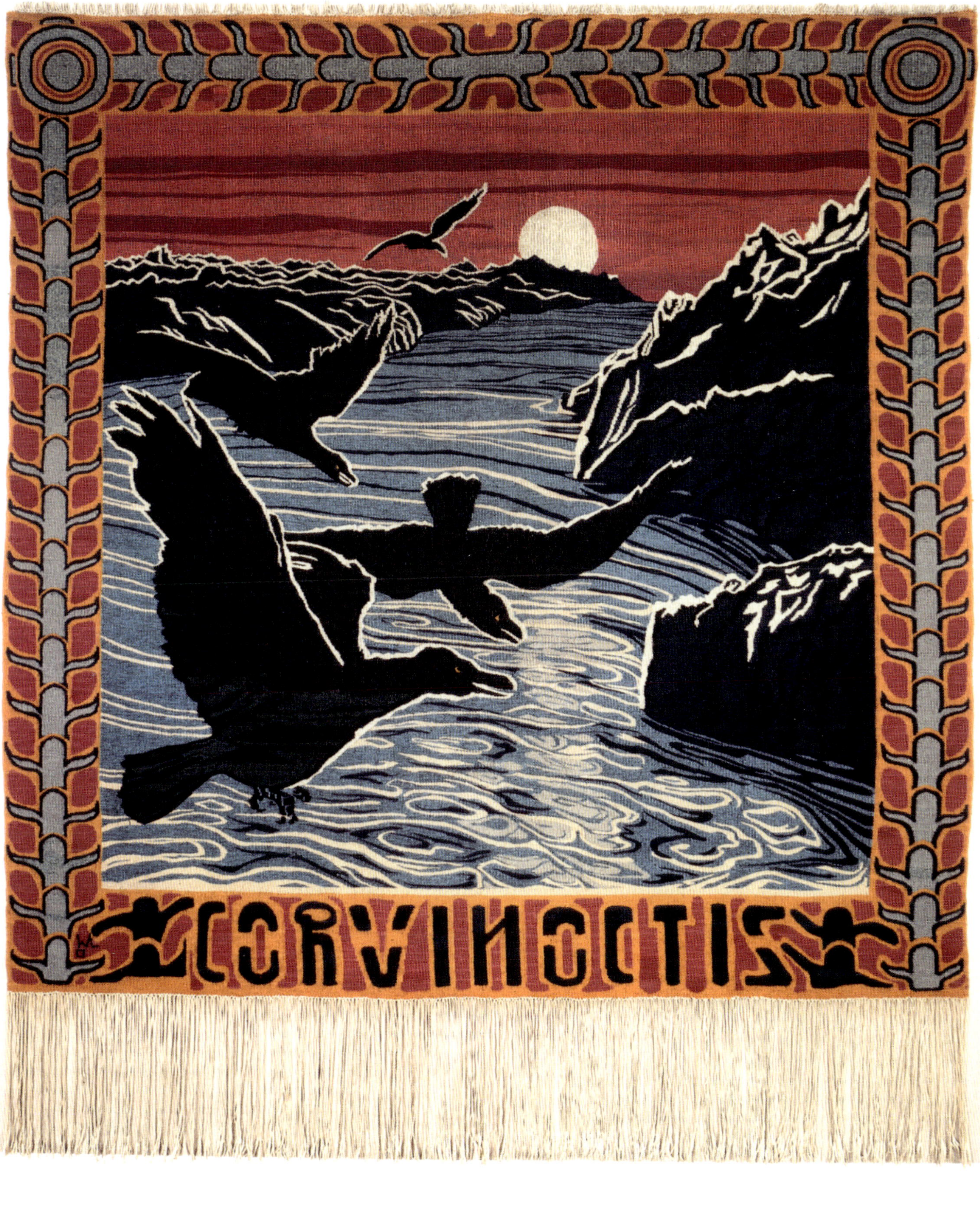
CORVI NOCTIS

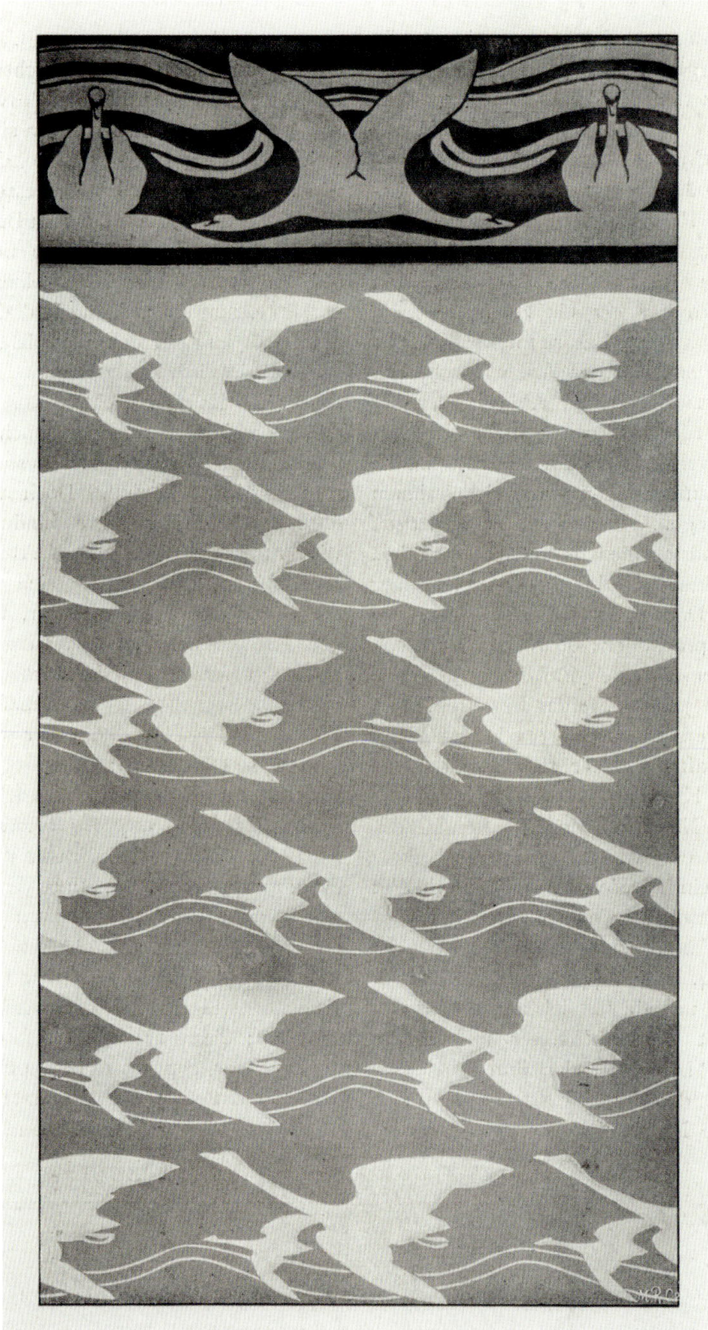

Zierleiste mit Schwänen, 1897

Für die Wohnung des Kunstförderers und -sammlers Harry Graf Kessler in der Berliner Köthener Straße entwarf Walter Leistikow 1897 einen Zimmerfries mit fortlaufendem Schwanenmotiv. Kessler hatte sich mit den erlesenen Jugendstilmöbeln Henry van de Veldes eingerichtet. Die lineare, dekorative Interpretation der Natur als Wandschmuck, farblich und stilistisch reduziert, trug vermutlich zur Vervollständigung seiner eleganten Einrichtung bei und zeugte von Stilsicherheit.

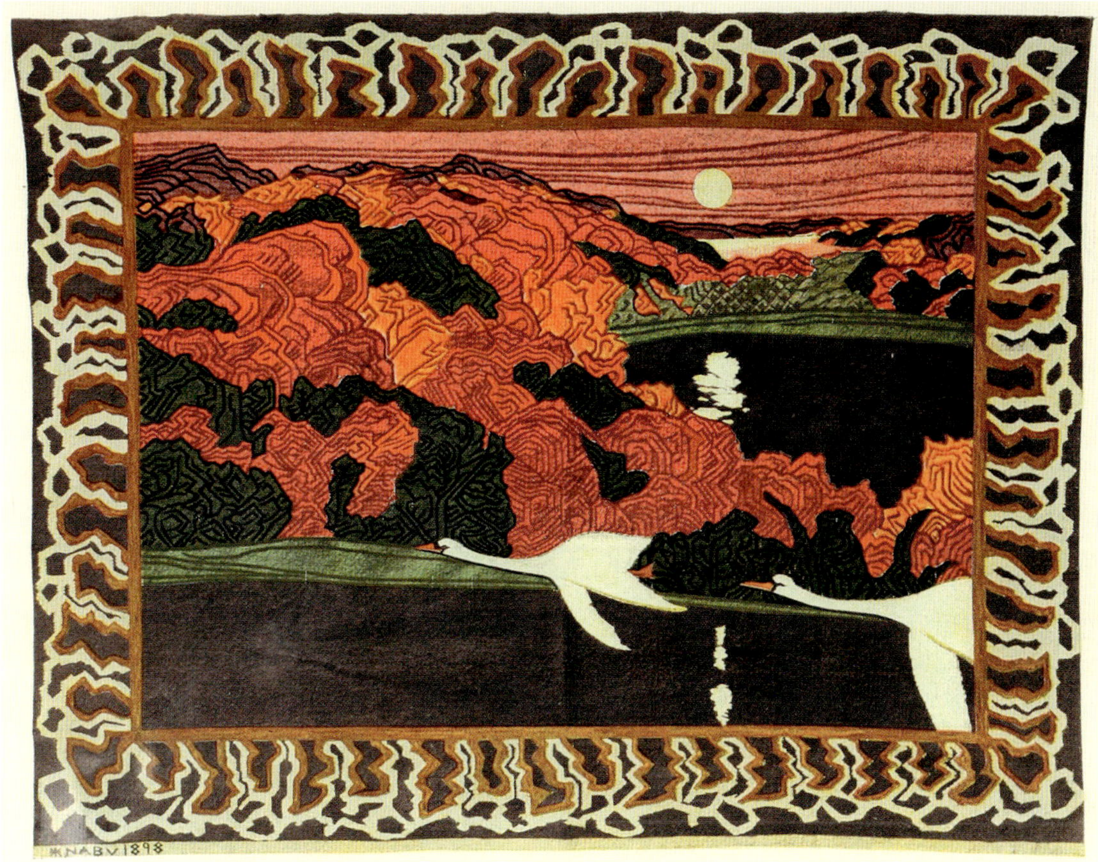

Wandteppich in Handweberei, 1898
ausgeführt in Kopenhagen

Zwei weiße Schwäne gleiten mit gestreckten Hälsen durch die Luft. Hinter einem dichten, hügeligen Wald in kräftigen Braun-, Rot- und Grüntönen mit gebrochenen Konturen spiegelt sich der Vollmond im Wasser.

»Schwanenteppich« ist ein weiteres Beispiel für eine Jugendstil-Komposition, die aus einer gemalten Stimmungslandschaft entstanden ist. Die norwegische Handweberin Frida Hansen übertrug dieses Motiv im Jahr 1898 in eine gewebte Ornamentlandschaft, die von einer gezackten Linienbordüre umrahmt wird.

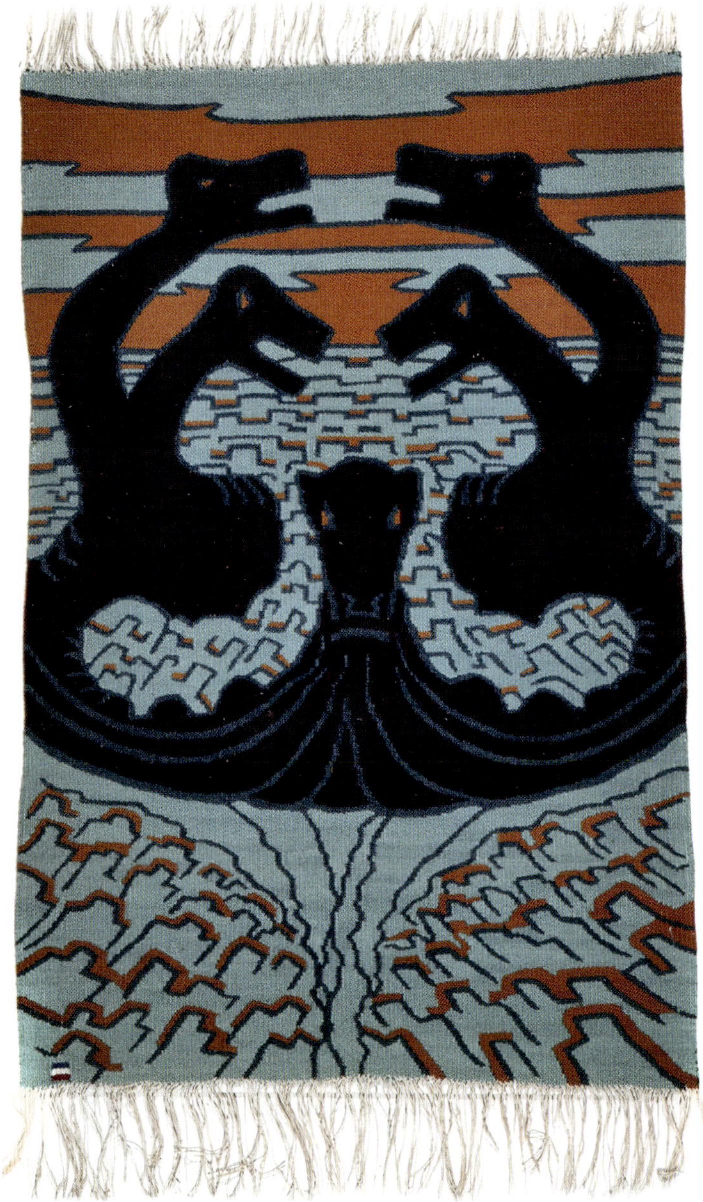

Stuhllehnenbezug Kielwasser und Wikingerschiff, 1898

Wolle auf Leinenkette, gewebt
ca. 76 × 52 cm
Museumsberg Flensburg

Ein Wikingerschiff in Drachenform steuert im aufgewirbelten Kielwasser auf hoher See. Der Himmel wird durch die rotblauen Flächen dramatisch inszeniert.

Die Übertragung fremder Volkskultur in einen Webstoff gelang Leistikow mit diesem Entwurf. Exotisch und dekorativ kombinierte er mustergültig nordische Motive mit der Ästhetik des Jugendstils und schuf eine harmonische Verbindung zwischen Moderne und Tradition. Durch diese Symbiose entstand ein Kunstwerk, das künstlerische Innovation und kulturelles Erbe in einem neuen Kontext vereinte.

Walter Leistikow forderte eine »Renaissance des Kunstgewerbes« und setzte sich aktiv für die Vereinigung von Kunst und Handwerk ein. Der stillosen Wiederholung überkommener Formen überdrüssig, verfolgte er das Ziel, Intellekt und Volksgeist zu vereinen, um durch frische Ideen aus unverbrauchten Quellen eine neue Richtung im Kunstgewerbe anzuschieben.

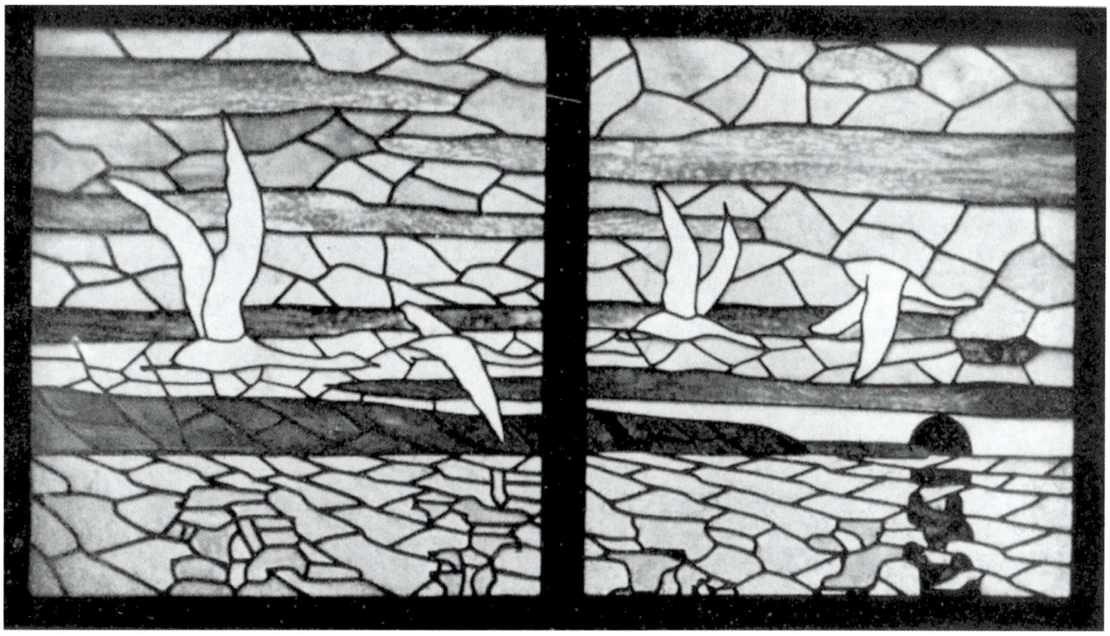

Verglasung mit fliegenden Schwänen, 1899
ausgeführt von F. W. Holler, Krefeld

Und immer wieder fliegende Vögel. Große, in flüchtigen Bewegungen durch die Lüfte gleitende Vögel, die Leistikow vom experimentierfreudigen Jugendstil angeregt, in kunstvolle Motive zu verwandeln vermochte.

Ziehende Schwäne vor einer Küstenlandschaft wurden für zwei Mosaikverglasungen auf das Wesentliche reduziert. Die Konturen der Vögel sind auf wenige Bleistege beschränkt, die Farbgebung in Rosé-, Violett- und Lilatönen ist flächig und kontrastreich. Dennoch bleibt die zurückhaltende Darstellung, die in der Krefelder Kunstglaserei F. W. Holler gefertigt wurde, gegenständlich und dekorativ.

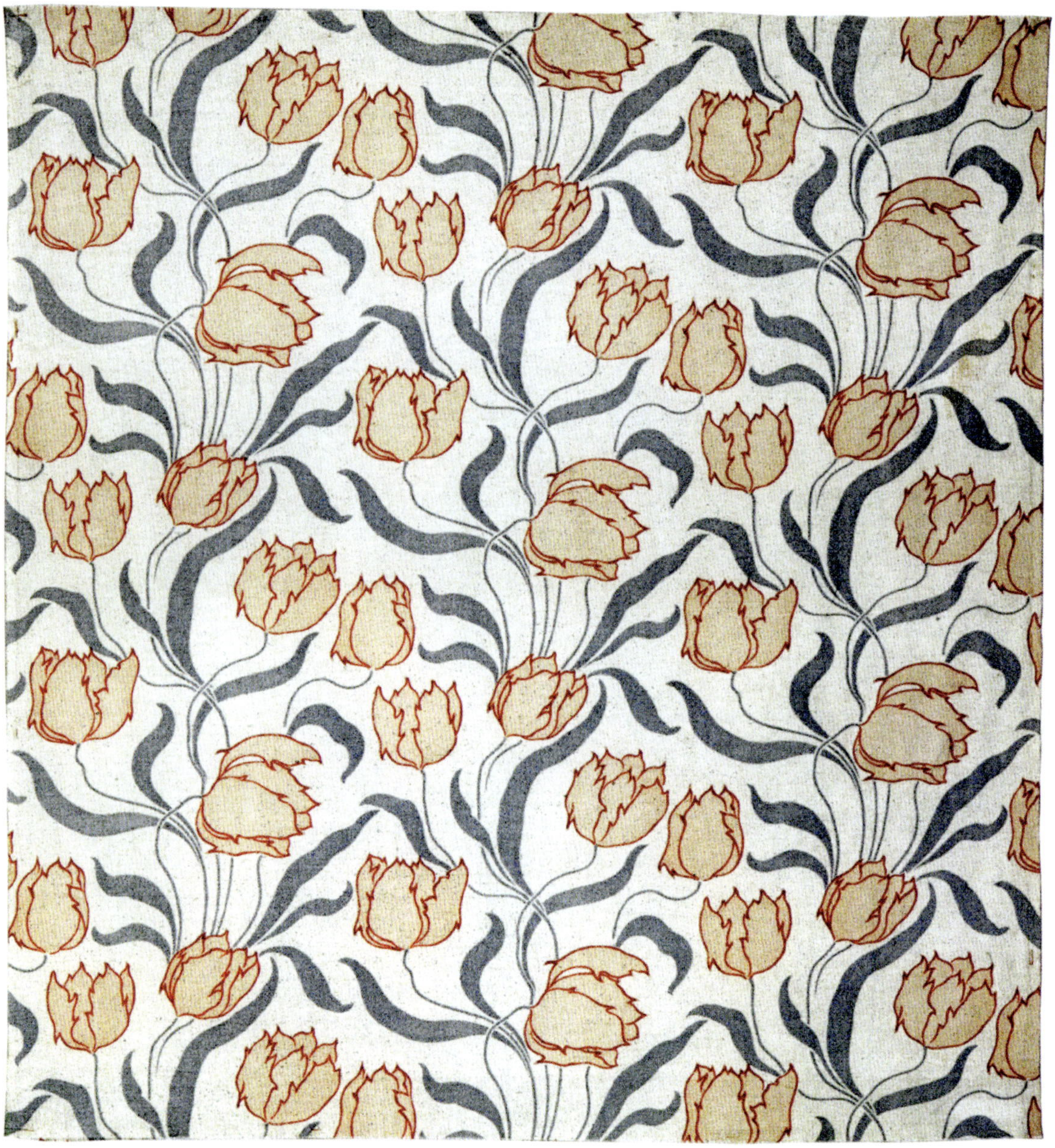

Druckstoff mit Papageientulpen, um 1899

Stoffbahnen mit originalen Webkanten, 88 × 84 cm
Deutsches Textilmuseum Krefeld Inv. Nr. 05091

Die Lust am Dekorativen lebte Leistikow in fantasievollen Entwürfen für Tapeten und Stoffe aus. Vögel und Blumen, Wasser und Wolken wurden zu Motiven seiner farbenfrohen Rapportmuster, die er in linierten Reihungen großzügig anordnete. Die Nähe zum Jugendstil ist offensichtlich, denn Pflanzen und Vögel gelten als beliebte Schmuckornamente dieser Stilepoche. Beispiele für seine Textilentwürfe sind rar. Lediglich ein Stoffmuster aus Tulpen für eine Krefelder Textilfabrik in zartem Rosa und graublauen Tönen ist auffindbar.

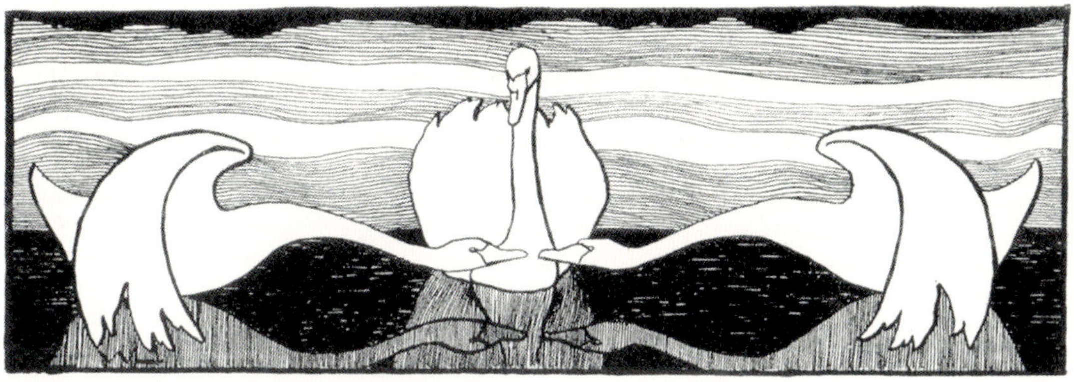

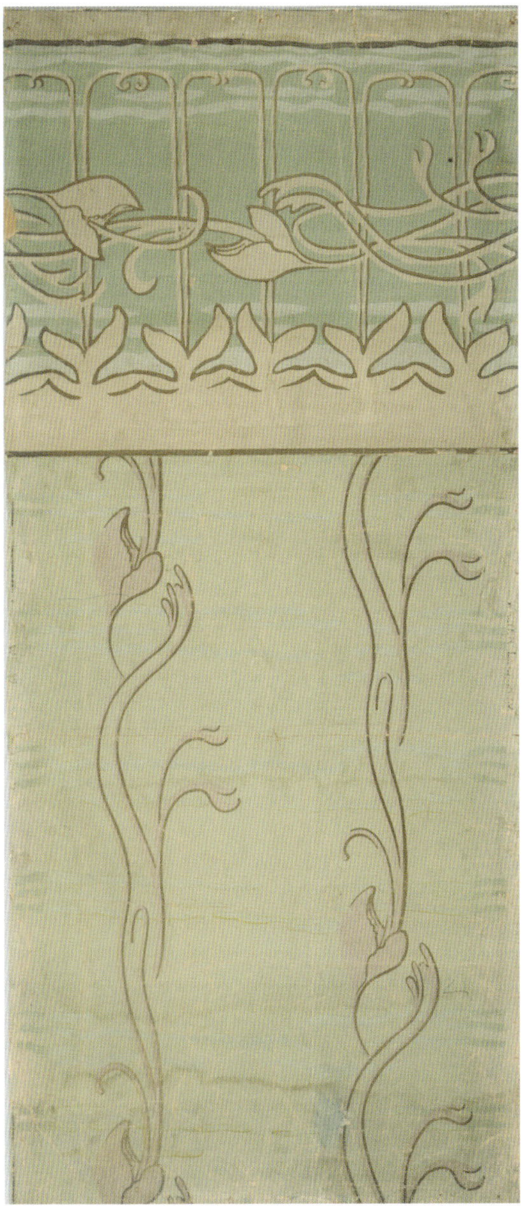

Tapete mit Fries, 1898

ausgeführt von Adolph Burchardt Söhne

Rapporttapete mit Fries und Pflanzenddekor, 1899

Farbiger Handdruck auf Papier, 147 × 66 cm
MHK, Deutsches Tapetenmuseum, Kassel

Leistikows dekorative Begabung zeigte sich auch in Tapetenentwürfen, die er für die Berliner Manufaktur Adolph Burchardt Söhne fertigte. Charakteristisch für seine Komposition ist die Zweiteilung der Fläche, in einen breiten bildhaft gestalteten an der Wand umlaufenden Fries und ein darunter in vertikale Richtung verlaufendes, großflächiges Hauptmuster, das aus ornamentalen, vegetabilen Motiven wie Blumen, Vögel, Wasser und Wolken sowie zwei bis drei Grundtönen besteht.

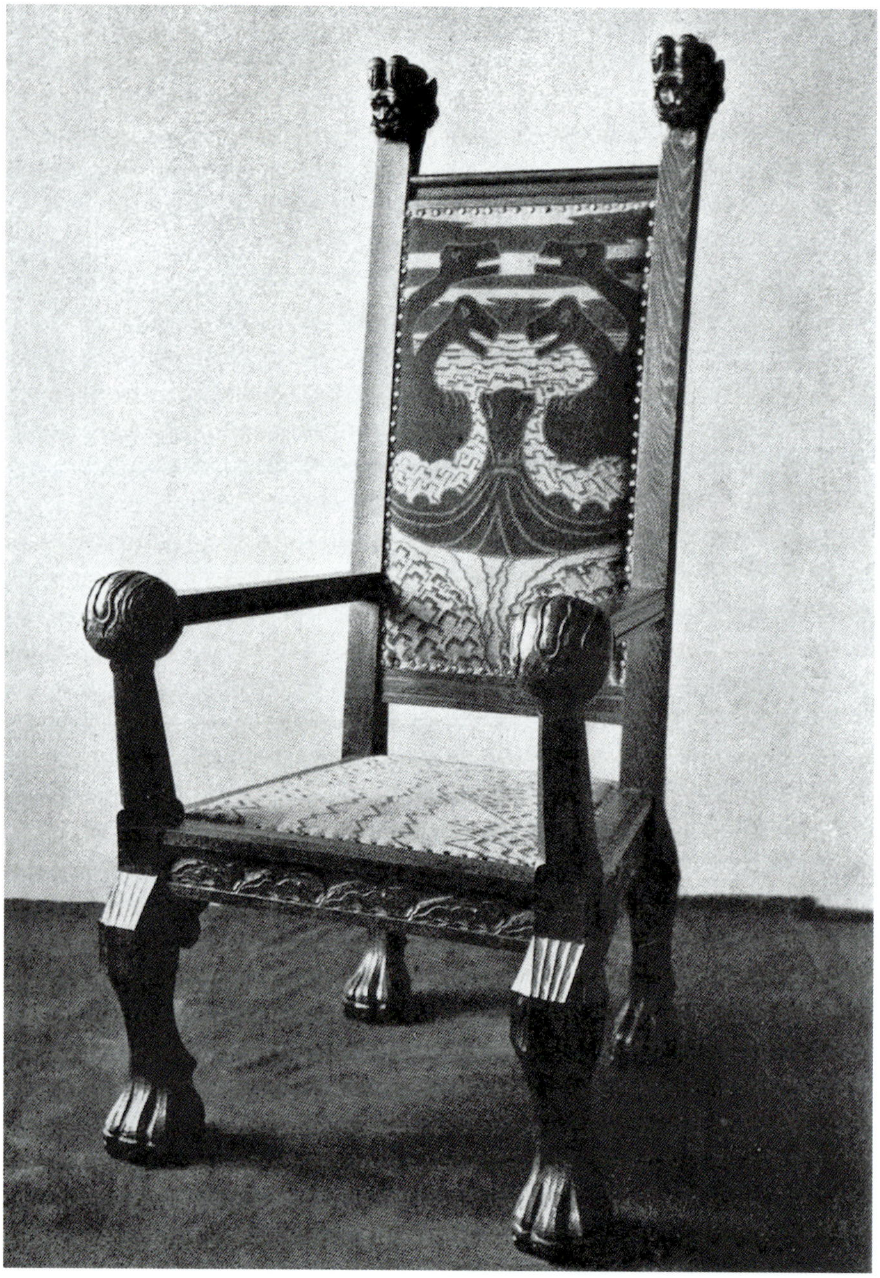

Armlehnstuhl mit Scherrebeker Gobelinbezug, 1898

Ein Armlehnstuhl und ein dreiteiliger Paravent bestätigen Leistikows Nordlandbegeisterung.

Die Holzgestelle im Drachenstil für Wandschirm und Stuhl hatte Leistikow nach eigenen Angaben von der Berliner Tischlerei Carl Miller fertigen lassen (um 1897). Die Stoffentwürfe, stark stilisiert, mit Drachenköpfen, Wikingerschiffen, Wind, Wellen und Felsen webte die renommierte Kunstwebeschule Scherrebek, die in Nordschleswig ansässig war. Gleichwohl kamen die Möbel bei der Kunstkritik nicht gut an und mussten sich als »derbe Urvätermöbel« verspotten lassen.

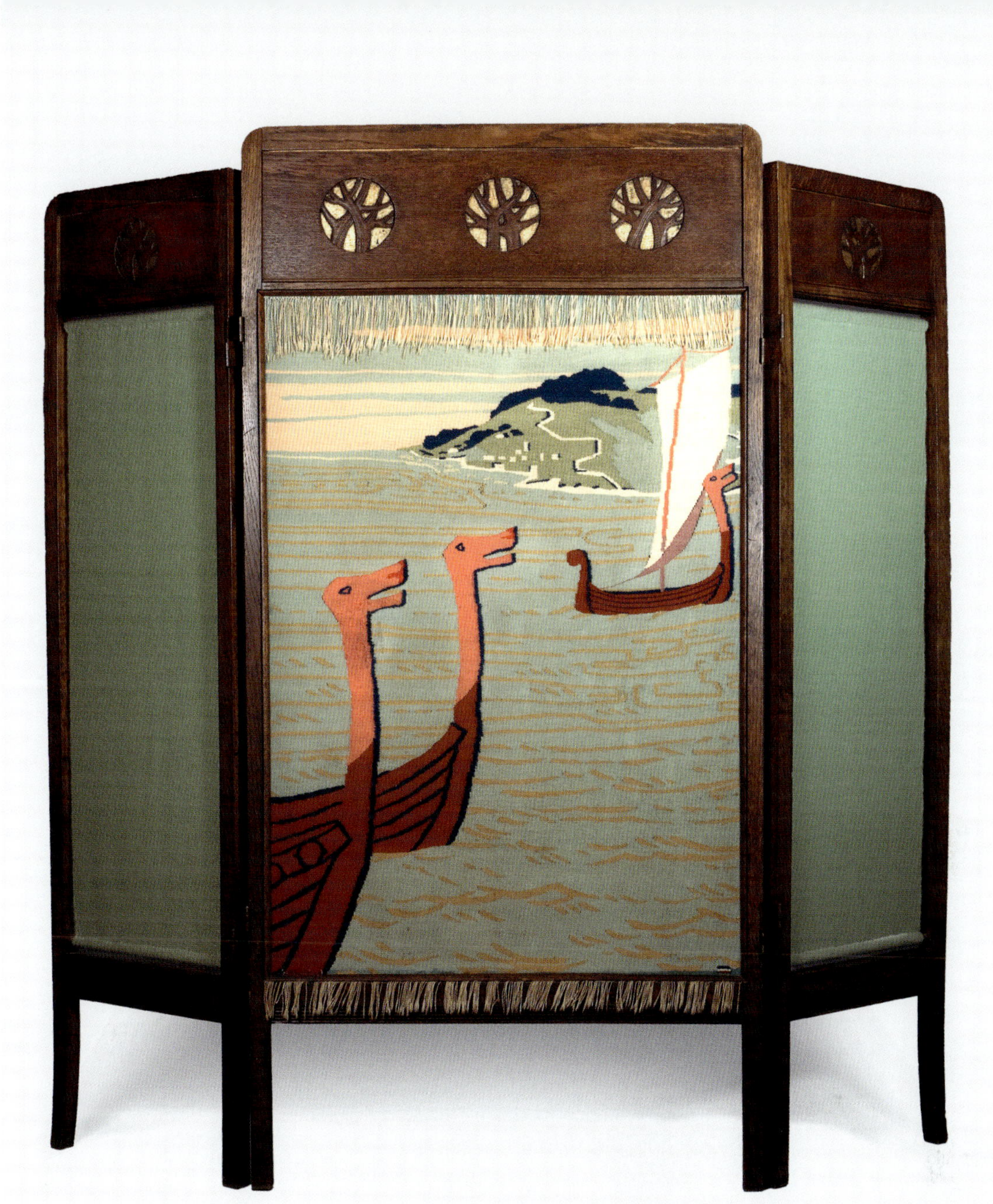

Paravent mit Scherrebek-Bezug, vor 1898

Dreiteiliger Paravant (Mittelfeld: »Wind und Wellen«, Seitenteile: neutral ergänzt)
Eichenholz, Leinenkette, Wollschuss
133 × 133 × 2,5 cm
Stiftung Schleswig-Holsteinische Landesmuseen
Schloss Gottorf; Inv. Nr. 1988-1040

Drei nordische Wikingerschiffe liegen im Mittelteil des dreiflügeligen Paravents in bewegtem Wasser. Im Hintergrund ist ein bewaldeter Felsen zu sehen, auf dem sich ein Wanderweg Richtung Gipfel schlängelt. Die ebenfalls reich gestalteten Seitenteile, die verloren gegangen sind, aber vermutlich die Drachenschiffe von vorne zeigten, enthielten wie auch der Mittelteil japanische Elemente.

Leistikows Wandschirm verkörpert den Versuch, den Geist einer fremden Volkskultur mit der eigenen Kunstfertigkeit zu verschmelzen und somit seinem künstlerischen Ideal näherzukommen.

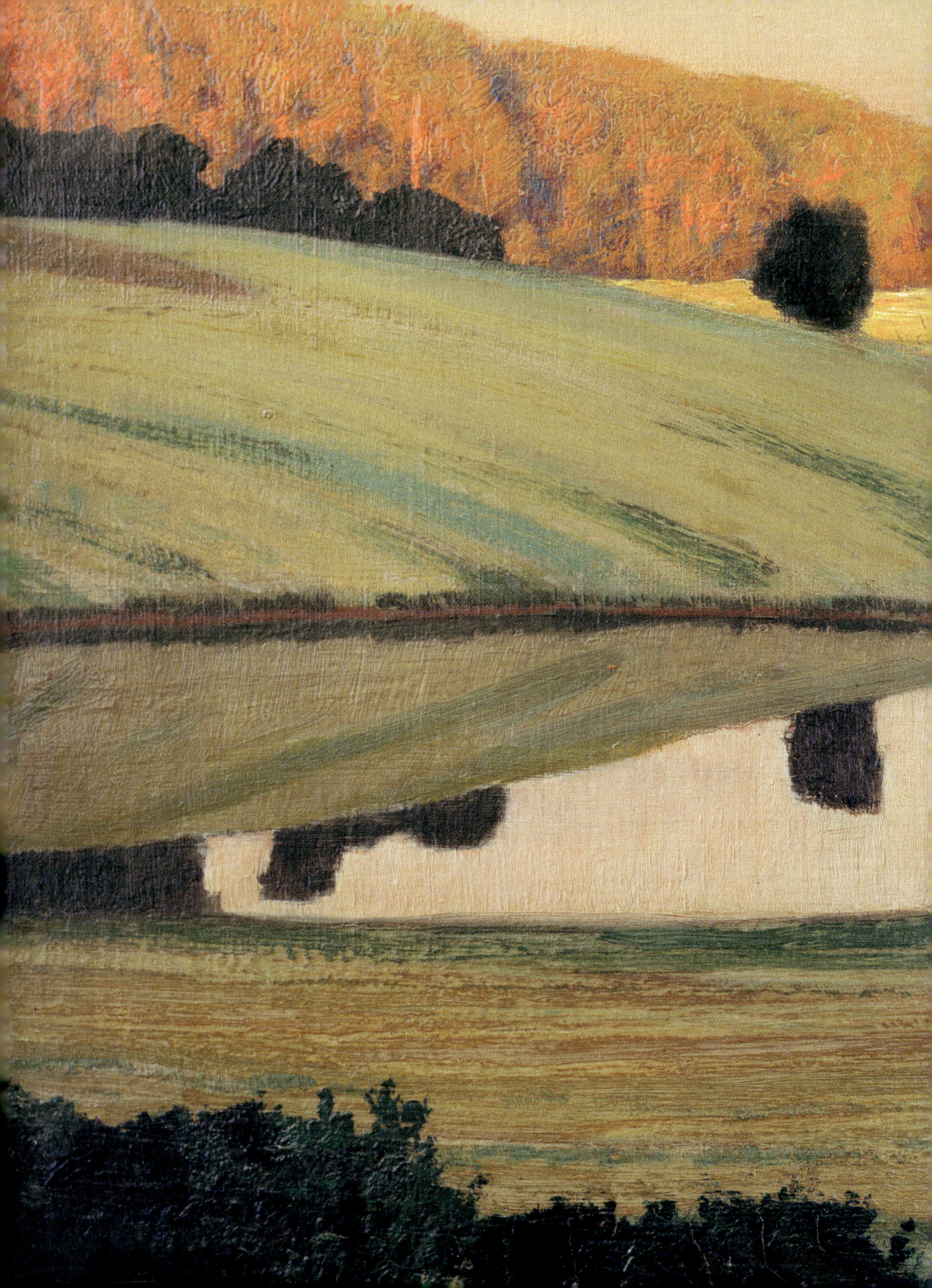

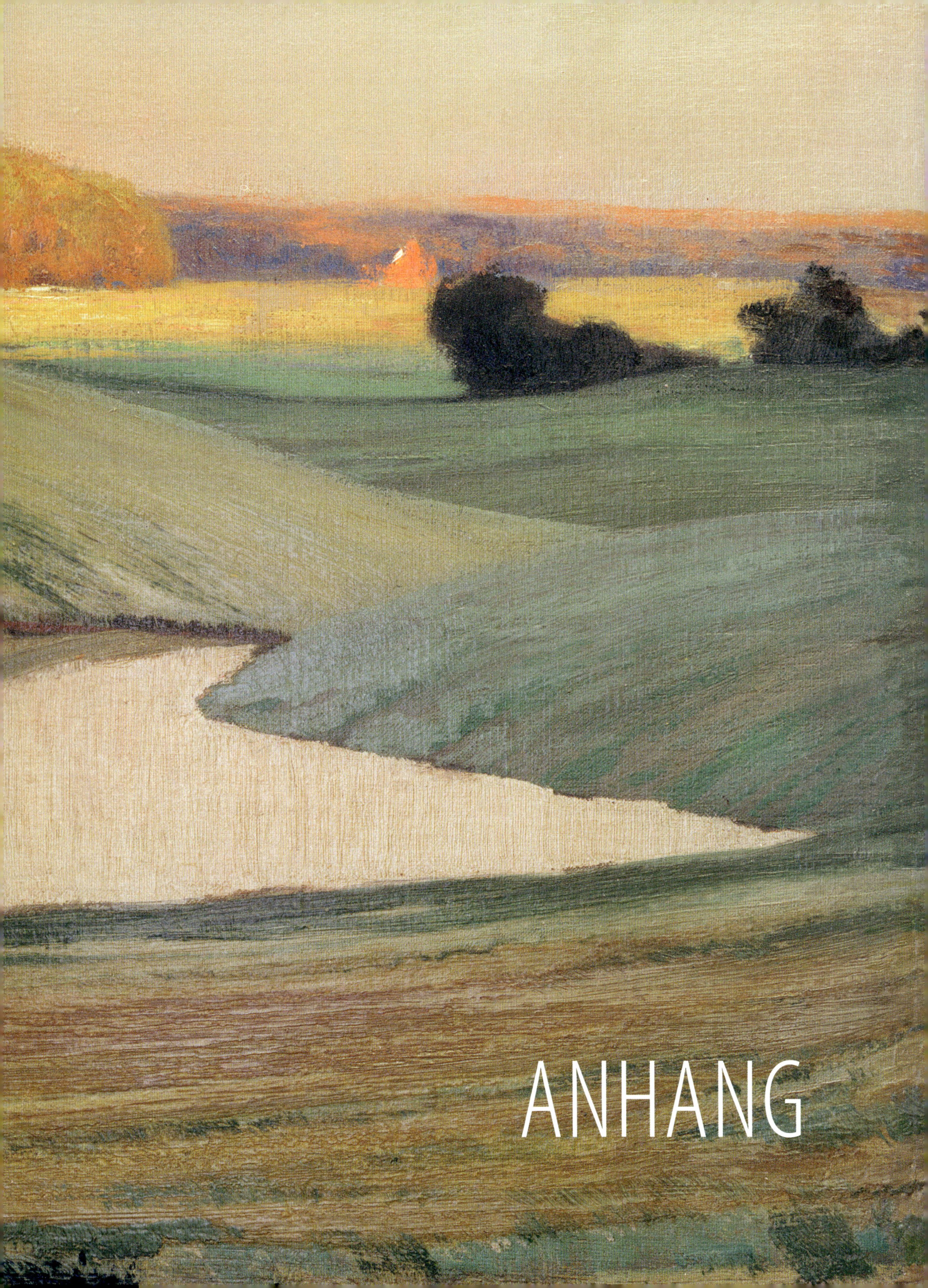

ANHANG

Anmerkungen

EINFÜHRUNG

1 Corinth, Lovis: Das Leben Walter Leistikows. Ein Stück Berliner Kulturgeschichte, Berlin 1910, S. 7.

2 Leistikow, Walter: Seine Cousine, in: Freie Bühne 4, 1893, S. 121.

3 Ebd., S. 199.

4 Bröhan, Margrit: Walter Leistikow (1865 – 1908). Maler der Berliner Landschaft, Berlin 1988, S. 18.

5 Corinth, Lovis: Das Leben Walter Leistikows, S. 24.

6 Bröhan, Margrit: Walter Leistikow – Leben und Werk, in: Ingeborg Becker (Hg.): Stimmungslandschaften. Gemälde von Walter Leistikow, Ausstellungskatalog Bröhan-Museum, Berlin/ München 2008, S. 54.

7 Meister, Sabine: Der Fall Leistikow, Mythen, Strategien und Erfolge, in: Stimmungslandschaften, S. 57.

8 Ebd., S. 50

9 Ebd., S. 55.

10 R. Rennbauer über Schultes Kunstsalon am 21.2.1897, in: Stimmungslandschaften, S. 55.

11 Bröhan, Margrit in: Walter Leistikow. Briefe von 1889–1908, Berlin 2018, S. 18.

FRÜHE LANDSCHAFTEN

1 Corinth, Lovis: Das Leben Walter Leistikows, S. 26.

DIE MÄRKISCHE MOTIVWELT

1 Land, Hans: Walter Leistikow, in: Weltrundschau, Leipzig 1905, S. 326.

2 Bröhan, Margrit: Walter Leistikow, S. 55.

3 Bie, Oscar: Walter Leistikow, in: Kunst und Künstler 2, Berlin 1904, S. 260.

DIE KRAFT DES NORDENS

1 Hoffmann, Tobias: Landschaft zwischen Impressionismus und Expressionismus. Werke von Leistikow und Hagemeister als malerisches Ereignis, in: Tobias Hoffmann (Hg.): Landschaft zwischen Impressionismus und Expressionismus, Meisterwerke von Hagemeister und Leistikow, Ausstellungskatalog Bröhan-Museum, Berlin 2017, S. 9.

2 Becker, Ingeborg: Flüsternde Schatten, in: Stimmungslandschaften, S. 89.

STIMMUNGSLANDSCHAFTEN

1 Bröhan, Margrit: Walter Leistikow, S. 55.

2 Lacher, Reimar F.: Leistikows Motivwelt, in: Stimmungslandschaften, S. 78.

DRUCKGRAFIK

1 Ausnahme: »Kraniche«, Algrafie, 1998.

2 Nass, Markus: Walter Leistikow. Das druckgraphische Werk, Berlin 1999, S. 10–11.

3 Ebd., S. 10.

SCHRIFTSTELLER UND KUNSTHANDWERKER

1 Leistikow, Walter: Seine Cousine.

2 Kanowski, Claudia: »Kunst und Handwerk müssen wieder Eins werden…«, in: Stimmungslandschaften, S. 107.

Literaturverzeichnis

Becker, Ingeborg (Hg.): Stimmungslandschaften. Gemälde von Walter Leistikow (1865–1908), Ausstellungskatalog Bröhan-Museum Berlin/München 2008

Bilang, Karla: Walter Leistikow. Maler und Werk, Dresden 1989

Bröhan, Margrit: Walter Leistikow (1865–1908). Maler der Berliner Landschaft, Berlin 1988

Bröhan, Margrit: Walter Leistikow. Landschaftsbilder, Berlin 1994

Corinth, Lovis: Das Leben Walter Leistikows. Ein Stück Berliner Kulturgeschichte, Berlin 1910

Hoffmann, Tobias (Hg.): Landschaft zwischen Impressionismus und Expressionismus, Meisterwerke von Hagemeister und Leistikow, Ausstellungskatalog Bröhan-Museum, Berlin 2017

Grosskopf, Anna; Hoffmann, Tobias; Meister, Sabine (Hg.): Skandal! Mythos! Moderne! Die Vereinigung der XI in Berlin, Köln 2019

Kunst und Künstler: Illustrierte Monatsschrift für bildende Kunst und Kunstgewerbe 2, Berlin 1904

Leistikow, Walter: Seine Cousine, in: Freie Bühne IV, 1892

Leistikow, Walter: Auf der Schwelle, Reprint, Berlin 2008

Meister, Sabine: Walter Leistikow. Briefe von 1898–1908, hrsg. von Margrit Bröhan, Berlin 2018

Nass, Markus: Walter Leistikow. Das druckgraphische Werk, Berlin 1999

Weltrundschau: Illustriertes Universum-Jahrbuch, Leipzig 1905

Verzeichnis der abgebildeten Werke

EINFÜHRUNG

Trauerfeier für Walter Leistikow im Secessionsgebäude am Kurfürstendamm
Fotografie, 1908

Bromberg (heutiges Bydgoszcz in Polen)
Bildpostkarte, um 1900

Die Proklamierung des Deutschen Kaiserreiches, 1885, von Anton von Werner
Öl auf Leinwand, 167 × 202 cm
Friedrichsruh, Bismarck-Museum

Walter Leistikow mit seiner Frau Anna, 1902, von Edvard Munch
Lithografie, 53 × 86,8 cm
Staatliche Museen zu Berlin, Kupferstichkabinett

Grunewaldsee (auch: Sonnenuntergang über dem Grunewaldsee), 1895
Öl auf Leinwand, 166 × 250 cm
Berlin, Märkisches Museum

Walter Leistikow in seinem Atelier in Schöneberg
Fotografie, 1902

Plakatentwurf für die Kunstausstellung der Berliner Secession, 1899, von Ludwig von Hofmann
Pastell und Aquarell, 59,3 × 45,3 cm
Leipzig, Museum der Bildenden Künste

Ausstellung Berliner Secession 1899
Fotografien, 1899

Sanatorium »Hubertus« in Schlachtensee
Fotografie, 1930

FRÜHE LANDSCHAFTEN

Ährensammler, 1886
Öl auf Papier, 23,5 × 36 cm
Bydgoszcz (Polen), Muzeum Okregowe

Küstenlandschaft bei Vitt auf der Insel Rügen mit Blick auf Kap Arkona, 1886
Öl auf Leinwand auf Karton, 40 × 57 cm
Leihgabe des Landes Nordrhein-Westfalen
Inv. Nr. 4836
Regensburg, Kunstforum Ostdeutsche Galerie

Fischer, 1886
Öl auf Papier, 28,5 × 37 cm
Bydgoszcz (Polen), Muzeum Okregowe

Wäscherinnen am Seeufer, 1886
Öl auf Karton, 30,4 × 43,5 cm
Schweinfurt, Sammlung Georg Schäfer

Ziegeleien in Eckernförde, 1887
Verbleib unbekannt

Bauer (Holzfäller), 1888
Öl auf Leinwand, 47,5 × 40 cm
Bydgoszcz (Polen), Muzeum Okregowe

Flussufer, 1887
Öl auf Leinwand, 41 × 58 cm
Privatsammlung

Breege auf Rügen, 1888
Öl auf Leinwand, 49,3 × 83 cm
Museum für Kunst und Kulturgeschichte der Stadt Dortmund

Am Jasmunder Boden auf Rügen, 1888
Öl auf Leinwand, 42 × 56 cm
Zürich, Galerie Feilchenfeldt

Die Gänseliesel am Müggelsee (oder »Am Brunnen«), 1889
Öl auf Leinwand, 75,5 × 110,8 cm
Ehemals Galerie Neupert, Zürich; Privatbesitz Schweiz, Nachlass
Foto: Fuis Photographie, Köln

Helgoland, 1889
Öl auf Leinwand, 64,6 × 81,2 cm
Sammlung HypoVereinsbank – UniCredit Group München

DIE MÄRKISCHE MOTIVWELT

Waldsee im Winter, um 1894/95
Öl auf Holz, 53,2 × 69 cm
Berlin, Stiftung Stadtmuseum

Einsamer Waldteich, um 1894
Öl auf Leinwand, 61 × 80,5 cm
Schweinfurt, Sammlung Georg Schäfer

Walddickicht, um 1895
Öl auf Leinwand, 61,5 × 100 cm
Bydgoszcz (Polen), Muzeum Okregowe

Bäume, 1895-1899
Öl auf Leinwand, 89 × 129 cm
Bydgoszcz (Polen), Muzeum Okregowe

Brücke am Dianasee, um 1900
Öl auf Leinwand, 124 × 153 cm
Museum Charlottenburg-Wilmersdorf
Foto: Fotostudio Hans-Joachim Bartsch

Blühende Kastanien, 1900
Öl auf Leinwand, 76,2 × 100,3 cm
Privatsammlung

Das Bruch, um 1902
Öl auf Leinwand, 87 × 129 cm
Berlin, Stiftung Stadtmuseum

Waldstück mit Sandgrube, um 1905
Öl auf Leinwand, 30 × 50 cm
Staatliche Museen zu Berlin, Nationalgalerie

Dünen an der Ostsee, um 1902
Öl auf Leinwand, 64 × 76 cm
Bydgoszcz (Polen), Muzeum Okregowe

Zwei Gouachen: Märkische Seelandschaften, undatiert
Aquarell/ Gouache auf Papier, 18 × 25,5 cm
Kunsthandel, Van Ham

Landschaft, Ufer mit Bäumen und Büschen, o. J.
Öl auf Leinwand, 53,7 × 67,3 cm
Bydgoszcz (Polen), Muzeum Okregowe

DIE KRAFT DES NORDENS

Die alten Lotsenboote, um 1894/95
Öl auf Leinwand, 105 × 125,5 cm
Staatliche Museen zu Berlin, Nationalgalerie

Dünen auf Juist, 1900
Öl auf Leinwand, 46,5 × 64 cm
Berlin, Bröhan-Museum

Herbst (auch: Norwegisches Hochgebirge), um 1895
Öl auf Leinwand, 103 × 130 cm
Berlinische Galerie, Berlin

Berglandschaft mit Blick zum schneebedeckten Ortler, vor 1903
Deckfarben auf Papier, 47 × 61,7 cm
Berlin, Bröhan-Museum
Foto: Martin Adam, Berlin

Hochgebirge, 1908
Öl auf Leinwand, 80,5 × 105,5 cm
Berlin, Bröhan-Museum

Haus in Dänemark, 1898
Öl auf Leinwand, 78 × 107,5 cm
Belvedere, Wien

Küste in Dänemark, 1898
Gouache auf Pappe, 50 × 34 cm
Bröhan-Museum, Berlin
Foto: Martin Adam, Berlin

Der Maler Leistikow, 1900
Gemälde von Lovis Corinth
Öl auf Leinwand, 60 × 49 cm
Staatliche Museen zu Berlin, Nationalgalerie

Meer bei untergehender Sonne, um 1902
Pastell auf Papier, 49 × 64,5 cm
Bydgoszcz (Polen), Muzeum Okregowe

Meer (auch: Blaue See), um 1902
Gouache auf Papier, 45,5 cm × 64 cm
Bydgoszcz (Polen), Muzeum Okregowe

Abend an der Nordsee (auch: Seestück), o. J.
Pastell auf Pappe, 54 × 69 cm
Privatbesitz
Foto: Martin Adam, Berlin

STIMMUNGSLANDSCHAFTEN

Märkischer Waldsee mit zwei Birken, um 1895
Öl auf Leinwand, 55,5 × 67,5 cm
Berlin, Bröhan-Museum

Abendstimmung am Schlachtensee, um 1895
Öl auf Leinwand, 73 × 93 cm
Berlin, Stiftung Stadtmuseum

Der Hafen, um 1895
Öl auf Leinwand, 76 × 112 cm
Bröhan-Museum, Berlin
Foto: Martin Adam, Berlin

Fischerboote im Hafen, um 1895
Aquarell, 32 × 46 cm
Privatbesitz
Foto: Martin Adam, Berlin

Grunewaldsee (auch: Sonnenuntergang über dem Grunewaldsee), 1895
Öl auf Leinwand, 166 × 250 cm
Berlin, Märkisches Museum

Schlachtensee, 1898
Farblithografie auf Velin, 1. Zustand, 13,3 × 21 cm
Staatliche Museen zu Berlin, Kupferstichkabinett

An der Havel, 1898
Öl auf Leinwand, 76,5 × 101,5 cm
Bezirksmuseum in Toruń, Polen

Märkischer See, um 1900
Öl auf Leinwand, 46 × 68 cm
Berlin, Bröhan-Museum

Grunewaldsee, 1902
Öl auf Leinwand, 76 × 104 cm
Leipzig, Museum der Bildenden Künste

Teich in der Mark, o. J.
Öl auf Sperrholz, 60 × 52 cm
Berlin, Bröhan-Museum

Ziehende Schwäne bei untergehender Sonne, o. J.
Öl auf Leinwand, 53 × 78 cm
Privatbesitz
Foto: Martin Adam, Berlin

DRUCKGRAFIK

Baumgruppe, 1895
Kaltnadel auf Velin
Los Angeles, County Museum of Art

Schlachtensee, 1898
Lithografie (violetter Druck), 1. Zustand, 29,7 × 50,2 cm
Staatliche Museen zu Berlin, Kupferstichkabinett

Im Wald (auch: Buchenwald), 1898
Radierung auf Papier, 16,7 × 32,2 cm
Bydgoszcz (Polen), Muzeum Okregowe

Waldsee, vor 1898
Radierung, Kaltnadel und Aquatinta, 14,6 × 19,8 cm
Staatliche Museen zu Berlin, Kupferstichkabinett

Dünenlandschaft, 1900
Kaltnadelradierung auf kräftigem Kupferdruckpapier, 1. Zustand, 16,7 × 23,8 cm
Staatliche Museen zu Berlin, Kupferstichkabinett

Weite Seenlandschaft, 1908
Kaltnadelradierung, 24,8 × 34,3 cm

Kraniche, 1897/98
Algraphie, 21,9 × 28 cm
Stadtmuseum Berlin

Abend am Schlachtensee
Lithographie, 39,7 × 50,2 cm
Staatliche Museen zu Berlin, Kupferstichkabinett

Letzte Flügelschläge, vor 1898
Radierung mit Kaltnadel, 35.2 × 49,9 cm
Staatliche Museen zu Berlin, Kupferstichkabinett

Wasserloch (auch: Canal), o. J.
Radierung und etwas Kaltnadel auf Kupferdruckkarton, 1. Zustand, 19,7 × 14,8 cm
Staatliche Museen zu Berlin, Kupferstichkabinett

SCHRIFTSTELLER UND KUNSTHANDWERKER

Roman »Auf der Schwelle«, 1896
Fotografie einer Neuauflage

Bildteppich Corvi Noctis (Nachtraben), 1896/97
Wolle auf Leinenkette, gewebt, 180 × 182 cm
Bröhan-Museum, Berlin
Foto: Martin Adam, Berlin

Zierleiste mit Schwänen, 1897

Wandteppich in Handweberei, 1898
ausgeführt in Kopenhagen

Stuhllehnenbezug Kielwasser und Wikingerschiff, 1898
Wolle auf Leinenkette, gewebt, ca. 76 × 52 cm
Museumsberg Flensburg Inv. Nr. 12585 a
Foto: Ina Steinhusen

Verglasung mit fliegenden Schwänen, 1899
ausgeführt von F. W. Holler, Krefeld

Druckstoff mit Papageientulpen, um 1899
Stoffbahnen mit originalen Webkanten, 88 × 84 cm
Deutsches Textilmuseum Krefeld Inv. Nr. 05091

Rapporttapete mit Fries und Pflanzenddekor, 1899
Farbiger Handdruck auf Papier, 147 × 66 cm
MHK, Deutsches Tapetenmuseum, Kassel
Foto: Ute Brunzel

Tapete mit Fries, 1898
ausgeführt von Adolf Burchardt Söhne

Armlehnstuhl mit Scherrebeker Gobelinbezug, 1898

Paravent mit Scherrebek Bezug, vor 1898
Dreiteiliger Paravant (Mittelfeld: »Wind und Wellen«; Seitenteile: neutral ergänzt)
Eichenholz, Leinenkette, Wollschuss
133 × 133 × 2,5 cm
Stiftung Schleswig-Holsteinische Landesmuseen
Schloss Gottorf., Inv. Nr. 1988-1040

Bildnachweis

Archiv Bröhan-Museum, Berlin: S. 68 (Vermächtnis aus der Sammlung Werner und Irmgard Küpper, Berlin), 78/79 (Vermächtnis aus der Sammlung Werner und Irmgard Küpper, Berlin), 71, 80/90, 86/87, 88/89, 100/101, 123 (Erworben aus Mitteln der Stiftung Deutsche Klassenlotterie Berlin)

bpk / Jürgen Liepe: S. 38/39, 92/93

bpk / Kupferstichkabinett, SMB: S. 106/107, 114/115, 117 (Volker-H. Schneide), 109 (Dietmar Katz), 110, 116 (Jörg P. Anders)

bpk / Staatsbibliothek zu Berlin: S. 28 (Carola Seifert), 124 (Dietmar Katz)

Deutsches Textilmuseum Krefeld: S. 128

Gemeinfrei: S. 8, 14, 111, 121, 127, 129 oben, 130

Hessen Kassel Heritage, Deutsches Tapetenmuseum: S. 129 unten

Kunsthaus Lempertz: S. 36/37

Mauritius images: S. 5, 70, 94/95, 102/103, 112/113, 118/119, 125

Museum Charlottenburg-Wilmersdorf: S. 48/49

Museum Flensburg: S. 126

Sammlung des Bezirksmuseums Leon Wyczółkowski in Bydgoszcz: S. 74/75, 76/77, 108

Stiftung Schleswig-Holsteinische Landesmuseen Schloss Gottorf: S. 131

Alle übrigen Bilder: akg-images

DIE AUTORIN

Nicole Bröhan studierte nach einer Ausbildung zur Antiquariatsbuchhändlerin Kunstgeschichte und Germanistik. Nach Tätigkeiten in Verlagen und im Bereich der Presse- und Öffentlichkeitsarbeit folgte die Gründung eines Musemsshops, den sie viele Jahre lang betrieb. Daneben schrieb sie als freie Autorin für verschiedene Zeitungen und veröffentlichte Sachbücher und Künstlerbiografien.